武器装备研制项目系统工程管理

张健壮　史克禄　编著

中国宇航出版社
·北京·

图书在版编目（CIP）数据

武器装备研制项目系统工程管理 / 张健壮，史克禄编著．--北京:中国宇航出版社，2015.5
ISBN 978-7-5159-0921-9

Ⅰ.①武…　Ⅱ.①张…　②史…　Ⅲ.①武器装备—研制—项目管理　Ⅳ.①E139

中国版本图书馆 CIP 数据核字（2015）第 094417 号

责任编辑　杨　洁　　　封面设计　文道思

出版发行　中国宇航出版社

社　址　北京市阜成路 8 号　　邮　编　100830
(010)60286808　　(010)68768548
网　址　www.caphbook.com
经　销　新华书店
发行部　(010)60286888　　(010)68371900
(010)60286887　　(010)60286804(传真)
零售店　读者服务部
(010)68371105
承　印　北京画中画印刷有限公司
版　次　2015 年 5 月第 1 版　　2015 年 5 月第 1 次印刷
规　格　880×1230　　开　本　1/32
印　张　9.75　　字　数　278 千字
书　号　ISBN 978-7-5159-0921-9
定　价　85.00 元

本书如有印装质量问题，可与发行部联系调换

前 言

重大武器装备的研制项目是一个复杂的大型工程，必须用系统工程的理论和方法，协调处理系统、子系统、设备之间的关系，控制系统内部和系统之间的接口，平衡技术、性能、进度、经费和风险。

系统设计是重大武器装备研制的主要环节。设计质量决定了系统固有质量，也决定了大部分系统寿命周期费用。由于种种原因，系统设计可能出现失误，导致设计方案频繁更改，给样机的研制、装配、总装、调试、测试、试验、产品的试生产和批生产带来不利影响，直接影响研制项目的性能、进度和费用目标的实现。系统设计方面的问题只有通过系统工程的理论与方法才能解决。

本书的目的是介绍武器装备系统工程管理的知识体系和系统工程管理的方法与技术，推广中美两国军工企业系统工程管理的成功经验，促进我国武器装备研制项目的系统工程管理水平的提高。

全书由绪言、武器装备系统工程的发展、中国武器装备研制程序及其系统工程要求、美国武器装备研制程序、系统工程管理框架、系统工程过程、权衡研究、技术状态管理、技术产品度量、技术审查与审核、技术数据管理、接口管理、技术设计制造成熟度管理、技术风险管理、美国武器装备研制阶段的系统工程活动、案例等16章组成。

绪言阐述系统工程管理在武器装备研制中的重要地位，指出我国武器装备研制中存在的一些问题。现在我国和欧美国家的大型工程，无论是军事工程，还是民用航天工程，都按国家的采办政策行事，都有一些系统工程标准可循。绪言介绍了美国武器装备的采办政策，对世界主要的系统工程标准进行了评价。近二十年来，随着我国武器装备的信息化程度的提高，我国研制的武器系统的规模越来越大，越来越复杂，信息化复杂大系统的研制成为武器装备研制的必然趋势。为此，绪言不仅探讨了系统与系统工程的定义，还介绍了体系与体系工程的定义和应用。

第2章“武器装备系统工程的发展”全面回顾我国系统工程和美国系统工程的发展历史，介绍了我国武器装备系统工程的现状和美国军用系统工程标准的演变和升级。

第3章“中国武器装备研制程序及其系统工程要求”回顾了我国武器装备研制程序的演变历程，完整地介绍了我国现行的战略武器装备研制程序和对系统工程的要求。我国从东风二号导弹首次飞行失败中真正地知道了系统工程、研制程序和各种必要的地面试验对研制项目成败的决定作用。我国现行的武器装备研制程序和系统工程要求是几十年来武器装备研制的经验与教训的总结。

第4章“美国武器装备研制程序”全面回顾了美国武器装备研制程序的发展历史，完整地介绍美军2008年版的武器装备研制程序，其中包括3个里程碑决策点和5个研制阶段。3个里程碑和5个研制阶段保证：采用的技术是成熟的，设计是稳定的，制造过程是可控的，生产出来的产品是达到性能和效能标准的，采购成本和使用与保障成本是最低的。读者可将我国的研制程序与美国的研制程序对比来读，从中发现和借鉴美国研制程序的长处。

第5章“系统工程管理框架”全面介绍了美国国防部的系统工程管理的框架。这个框架将系统工程管理分为系统工程策划、系统工程活动以及分析与控制3个部分。系统工程策划是制定一个指导工程活动的路线图；系统工程活动是开展系统工程过程的各项基本活动；分析与控制是采用适宜的工具和技术控制和管理系统工程过程。

第6章“系统工程过程”全面呈现系统工程的技术过程，这个过程是产品逐步实现的过程。系统工程过程保证完成一个合理的系统设计，最终向作战使用用户提供所需要的作战使用能力。

第7章“权衡研究”的重点是权衡研究过程。权衡研究是在系统工程过程中解决冲突的决策方法。这一章通过列举装备费用效能分析和灵敏度分析两个案例说明权衡研究的应用。

第8章“技术状态管理”回顾了技术状态管理的发展史，介绍了技术状态管理的全部内容，其中包括技术状态管理策划、技术状态标识、技术状态控制、技术状态记实、技术状态审核。技术状态管理策划部分弥补了新版技术状态管理标准的缺失部分。

第9章“技术产品度量”讨论产品度量、技术性能度量、管理过程度量、软件质量度量和获得值。介绍软件质量特性体系、技术性能度量程序和获得值程序。本章建议，产品质量度量应贯穿于整个研制过程，并延伸到交付用户使用之后。

第10章“技术审查与审核”几乎包括全部的武器装备研制技术审查和审核。从数量看，美军的技术审查与审核项目多于我军的技术审查与审核项目。从内容看，我军的技术审查与审核偏重于技术过程，而美军的技术审查与审核偏重于技术管理过程。

随着我国武器装备研制生产过程的数字化和信息化的发展，以及产品数据管理的普及，使得技术数据管理越来越重要，本书用一章的篇幅专门讨论技术数据管理。

第11章“技术数据管理”的内容是近十年来进入欧美国家武器装备和航天产品的系统工程的知识领域。技术数据管理是将政策、程序和信息技术应用于技术数据的识别、获取、管理、维护、访问、保护和使用，目的是在整个寿命周期内对系统的研制、使用和保障提供支持。为方便技术数据的管理，本章对数据、技术数据和技术产品数据进行分类，并描述了技术数据管理程序。

第12章“接口管理”：最新一代武器装备的发展，陆、海、空、天、电各作战单元，指挥控制、情报通信、综合保障等作战要素组成联合作战体系，复杂大系统的接口管理的重要意义被越来越多的研制项目接受。接口管理已经成为系统工程知识体系中的重要成员。本章介绍了接口类别、接口层次、接口定义文件、接口管理要求和接口管理过程。

第 13 章“技术设计制造成熟度管理”全面介绍了美国国防采办项目中强制性要求的技术成熟度、设计成熟度和制造成熟度管理方法。美军采办管理条例规定，一项研制产品在转入下一个采办阶段前必须达到要求的技术成熟度等级、设计成熟度等级和制造成熟度等级。技术设计制造成熟度管理是科学的武器装备研制生产管理办法，可最大限度地满足战术技术指标要求，降低研制费用，缩短研制周期。我国国防工业已经开始推广技术成熟度管理办法，中国航天科技集团公司第九研究院已在探索制造成熟度的应用。制造成熟度的管理也必将在我国国防工业得到全面的推广和应用。

第 14 章“技术风险管理”详细地分析了我国武器装备研制技术风险的主要成因，向读者介绍一个完整的风险管理过程，这个风险管理过程是参照美国国防部、美国国家航空航天局的风险管理过程构建的，适用于硬件和软件。风险管理过程由风险识别、风险分析、风险缓解策划、风险缓解实施、风险监测等部分组成，形成一个完整的环路，本章全面地讨论各个环节的工作任务。

第 15 章“美国武器装备研制阶段的系统工程活动”：我国的研制程序和系统工程要求没有明确在哪个阶段应该开展什么样的系统工程活动。美国的《国防采办指南》第 4 章对每个研制阶段提出了具体的系统工程活动要求，这非常值得我国武器装备研制项目来学习和借鉴。本章全面介绍了美国武器装备各研制阶段应该开展哪些系统工程管理活动，如何开展系统工程管理活动，每个研制阶段应该设立什么样的准入准则和放行准则，如何达到准入准则和放行准则的要求，如何达到每个阶段的技术成熟度、设计成熟度和制造成熟度的要求，每个研制阶段应开展哪些技术审查和技术审核。

第16章“案例”收录*F*-35联合攻击战斗机、联合空对面防区外导弹增程型、三维探测远程雷达、地面/空中任务导向雷达、联合轻型战术车5个案例。通过阅读这5个案例，读者可以知道如何开展技术设计制造成熟度管理活动。我国武器系统的研制单位可以从中借鉴美国武器系统研制项目的技术成熟度、设计成熟度和制造成熟度的管理经验。

随着我国经济的发展，工业基础不断夯实，国防科技水平整体提高，我国重大武器装备的研制广度和深度已经达到前所未有的水平，结束了十年磨一剑的历史。我国国防工业在数字化、信息化和精细化方面进行了多方面的探索和实践，武器装备系统工程管理水平大幅度上升。如今，利用现代化信息技术，通过大规模协同作业，研制效率大幅度提升，研制周期大幅度缩短。我们相信，在不远的将来，有中国国防工业特色的系统工程管理体系将建立起来。

由于作者水平有限，书中不妥之处在所难免，诚恳希望读者批评指正。

编著者

2014年12月

目　录

第1章　绪言

重大武器装备的研制项目是一个复杂的大型工程，项目管理的任务是以国家武器装备研制中长期计划和武器装备研制合同为依据，用系统工程的理论和方法，协调处理系统、子系统、设备之间的关系，控制武器装备系统内部和系统之间的接口，统筹平衡技术、性能、进度、经费和风险，评估和控制系统、子系统和单机中的各类风险，寻求最佳技术经济效益的途径，实现武器装备系统作战效能和作战适应性的研制目标。

设计、试验、生产是重大武器装备研制的3个主要环节。从设计来说，设计质量决定了产品固有质量。由于受设计师思维能力、客观条件与实践经验的限制，每项设计都可能因设计失误和考虑不周等原因导致设计不稳定，而不稳定的设计会给样机的研制、产品的试生产和批生产带来很大的困难，直接影响研制项目的性能、进度和费用目标的实现。

一个武器装备从方案论证开始，经研制、定型、批量生产直至装备部队要进行大量的试验活动，各种硬件和软件都要经过试验，各种试验费占研制经费的很大比例。由于考虑不周全或准备不充分，试验很可能失败或达不到预定目的，从而产生进度风险和费用风险。

承制单位从样机制造、小批试生产，到按设计要求批量生产出符合作战使用要求的产品，涉及技术与工业基础能力、设计、资金、材料、过程能力与控制、质量管理、制造人员、研制生产设施、制造管理等诸多因素，若处理不当，将引发各种制造风险。

武器装备研制的项目管理涉及计划管理、范围管理、进度管理、费用管理、质量管理、人力资源管理、沟通管理、风险管理、物资管理、系统工程管理、软件工程管理、后勤保障管理、试验与评定管理、制造管理等众多知识领域，这些知识领域构成了项目管理知识体系。无论项目管理知识体系中的哪一个工作流程出现问题，都有可能妨碍研制项目总体目标的实现。

系统工程管理在武器系统的研制过程中起着核心的作用。系统工程管理的内容包括：需求分析、功能分析与功能分配、设计综合、系统设计方案验证、工作分解结构、技术状态管理、技术审查与技术审核、权衡研究、建模与仿真、度量指标管理、风险管理、系统管理规划、产品改进、系统研制组织建设、研制合同管理等。以上每一项内容都可能包含风险，因此，从本质上讲，系统工程管理也是风险管理，通过各项系统工程过程的实施，使研制项目的技术性能、进度、费用与风险处于平衡的状态。

国内外大型工程项目的成功经验表明，重大工程项目必须用系统工程的理论和方法进行管理，必须包括工程项目管理的全部知识体系。在这一方面，美国的曼哈顿原子弹计划和阿波罗登月计划堪称是典范。

曼哈顿计划是人类史上第一个规模最大、最复杂的工业与科学工程，开始于 1942 年，结束于 1946 年，动用了150 000多人，耗资 20 亿美元（1945 年），仅用三年多的时间，成功制造出 4 枚原子弹，1 枚用于试验，2 枚投向了日本的广岛和长崎，加速了第二次世界大战中日本的投降。

阿波罗工程开始于 1961 年 5 月，结束于 1972 年 12 月，历经 11 年，成功将 12 名航天员送到月球并安全返回。阿波罗工程总共花费 254 亿美元（1969 年），有 40 多万人参与，涉及 2 万多家企业、大学和研究机构。工程结束后，阿波罗飞船仍然在发挥作用，往返于天空实验室与地球，运载航天员和各种物资，并与苏联的联盟－19 飞船实现了对接。

曼哈顿计划和阿波罗工程成功的关键是应用了系统工程的思路，整个工程在进度计划、质量管理、可靠性评估和项目管理过程等方面都采用了系统工程方法，选用了正确的技术路线，把风险控制在了可接受的水平，大大缩短了工程所耗时间，并使研制费用保持在允许的范围。

进入21世纪后，我国的武器装备研制生产进入了新的历史时期，新型的战略导弹、战术导弹、各类军用卫星、歼击机、直升机、运输机的研制生产快速发展，形成了以二代装备为主体、三代装备为骨干的现代武器装备体系。为满足国家安全的需要，我国正在研制更先进的新一代武器装备。新一代武器装备的特点是技术性能要求更高，系统更加复杂，研制周期更长，投资量更多，技术风险、费用风险和进度风险更高。

我国的武器装备研制目前依然存在各种各样的问题。例如：在设计方面，性能指标要求过高，采用不成熟的新技术，可靠性、安全性、维修性和保障性设计不充分，参数设计缺少优化，各种分配缺少权衡研究，设计变更缺乏详细的论证和验证，更改过多、控制不严；在试验方面，试验计划不周详，试验项目不合理，试验条件设置不科学；在生产方面，设计人员对工艺知识了解不够，设计与工艺脱节，设计可生产性和可制造性差，为满足产品高性能的需要，大量采用新材料和新工艺，关键特殊工艺不成熟，质量管理不到位，生产过程波动大，产品生产效率不高，产品单位生产成本高，成品率低，批生产能力差。这些问题往往造成武器装备研制费用不断攀高，研制周期不断延长，采购使用保障成本难以控制，装备可靠性差，使用寿命短，维修和保障达不到作战使用要求。

经过半个多世纪的发展，系统工程的理论与方法已经成为我国武器装备研制的重要支撑。以上的各种问题将逐步地得到解决。

总结我国武器装备研制项目的系统工程最佳实践，借鉴国外大型武器系统和大型工程项目的系统工程的成功经验，系统、全面地学习和掌握系统工程的理论与方法，对我国新一代重大武器装备研制项目的成功具有巨大的现实意义。

1.1　系统与系统工程的定义

1.1.1　系统

系统是由各种设备、技能和技术组成，能够执行和保障某项作战任务的综合体。一个完整的系统包括作战和保障所需的一切设备、相关的设施、武器装备、软件、勤务和人员等要素，是一个能够在规定的作战环境中不需外援的作战单位。（美国国防部，MIL－STD－499《系统工程管理》，1969 年）

系统是能够完成某项工作任务的设备、人员及技术的组合。一个完整的系统应包括在规定的工作环境下，使系统的工作和保障可以达到自给所需的一切设备、有关的设施、器材、软件、服务和人员。（中华人民共和国军用标准 GJB 451—90《可靠性维修性术语》）

系统是由各种设备、设施、器材、软件、资料、勤务和人员组成，能够执行和保障某项作战任务的综合体。（中华人民共和国军用标准 GJB 2993—1997《武器装备研制项目管理》）

系统是有能力满足规定需求或规定目标的由人员、产品和过程集成的综合体。（美国国防部，《系统工程概论》，2001 年）

综上所述，一个系统一般由相关的子系统、设备组、部件等元素以及它们之间的接口组成。根据系统定义，系统的元素可能包括硬件、软件和人员。系统层次中的许多元素自身根据定义也可以被认为是一个“系统”，但实际上代表的是系统层次中的子系统。子系统、设备组或部件的层次数量取决于所研制的系统的复杂性。

1.1.2　系统工程

系统工程是将科学和工程的成果应用到：

1）通过定义、综合、设计、试验与评价等迭代过程，把作战使用需求转换成系统性能参数描述和系统技术状态；

2）综合相关技术参数，确保物理接口、功能接口和项目接口全部兼容，优化系统总体定义，优化总体设计；

3）将可靠性、维修性、安全性、生存性、人的因素以及其他有关因素集成到整个工程成果中去，以期实现费用、进度、保障性和技术性能目标。（美国国防部，MIL－STD－499《系统工程管理》，1969 年）

系统工程是控制系统研制的全部活动、实现所有系统要素优化平衡的管理职能。系统工程是一个过程，通过这个过程，把作战需求转化为一组系统参数的描述，然后对这些参数进行综合，最终优化整个系统的效能。（美国防务系统管理学院，《系统工程管理指南》，1990 年）

系统工程是一个跨学科的工程管理过程，该工程管理过程逐步形成并验证一套综合性的、在整个寿命周期内平衡的、能够满足用户需求的系统解决方案。（美国防务系统管理学院，《系统工程概论》，2001 年）

系统工程是一个跨学科的方法和过程，其内容包括逐步形成、验证和持续保障一个一体化的、寿命周期内均衡的、由系统解决方案、人员解决方案和过程解决方案构成的集合体的全部技术活动，其目标是满足用户的需求。系统工程是技术活动和技术管理活动的综合机制，技术活动和技术管理活动包括系统的概念分析、系统的解决方案分析、系统的工程与制造研制、系统的生产与部署、系统的使用与保障、系统的退役处置、系统的用户培训，以及系统的各种寿命周期过程。（美国《国防采办指南》，2012 年）

系统工程是为满足费用、进度、技术性能和保障性的整体目标，科学和工程工作在下列各方面的应用：

1）通过运用定义、综合、分析、设计、试验和评定的迭代过程，将作战需求转变为一组系统性能参数和系统技术状态的描述；

2）综合有关的技术参数，确保所有物理的、功能的和程序的接口的兼容性，以便优化整个系统的定义和设计；

3）将可靠性、维修性、安全性、生存性、人的因素和其他有关因素综合到整个工程工作中。（中华人民共和国军用标准 GJB 2116—94《武器装备研制项目工作分解结构》）

从以上的定义内容看，我国军用标准对系统和系统工程的定义与美国国防部的定义大致相同。美国《国防采办指南》2012 年版本对系统工程的定义则脱胎于国际系统工程委员会的《系统工程手册》对系统工程的定义。美国国防部早期对系统工程的定义偏重技术方面，20 世纪 90 年代以后，系统工程的定义内容是技术活动和技术管理活动并举，这更符合武器装备研制项目的实际情况，对我国国防工业将来定义系统工程也是很好的借鉴。

1.2 系统工程的方针与政策

我国国军标 GJB 2993—1997《武器装备研制项目管理》提出了系统工程管理的要求，系统工程管理要求在我国武器装备研制生产的方针政策中显得单薄，离形成完整的政策体系还有很长的路要走。美国防务采办的系统工程管理已经形成较为完整的政策体系和执行体系，随着防务战略的演变和新防务技术的出现而发展。美国国防部认为，系统工程方法对于实现综合性的均衡的系统解决方案至关重要。为了贯彻落实关于系统工程的各项要求，美国国防部制定了相应的方针和政策。这些方针和政策主要体现在国防部的指令和指示中。

1）国防部指令 DoDD 5000.1 要求：

采办项目的管理应运用系统工程的理论和方法，优化整个系统的性能，最小化总拥有权费用。在切实可行的情况下，采用模块化的开放系统方法。

2）国防部指示 DoDI 5000.2 规定：

严密的系统工程理论与方法是保证国防部应对研制和维持所需作战能力的挑战必不可少的手段。系统工程提供了各种集成的技术过程，在系统族和体系的大环境中，确定和平衡系统性能、费用、进度和风险。系统工程应是项目策划的有机组成部分，应对系统工程进行精心的设计，为整个采办寿命周期提供支持。

自里程碑A起，项目指挥应为每个里程碑评审编制一份系统工程计划（systems engineering plan）。里程碑B以及后续阶段的系统工程计划应支持项目的采办策略。系统工程计划应详细说明项目的总体技术途径，其中包括关键的技术风险、各种过程、各项资源、各项度量指标和切实可行的工作业绩激励措施。系统工程计划还应详细规定各种技术审查的时间节点、实施细则和成功准则。

3）2009年《武器系统采办改革法实施细则》规定：

系统工程计划提供：

a）执行、管理和控制项目的技术途径的详细行动计划；

b）确定实施全部系统要求的方法，包括合同引用；

c）反映政府和承包商的活动、职能和责任。

4）指令类备忘录 DTM 11 - 009《防务经营系统采办政策》要求：

在编制系统工程计划的过程中，项目指挥和系统工程师一方面应严格地评估项目的全寿命周期技术途径和采办方法，包括权衡空间、经济承受性、过程控制、人员调配和预算等项内容，另一方面应维持能够满足作战需求的设计方案。

1.3 系统工程的过程标准和能力模型

目前有很多过程标准和能力模型可用于硬件工程和软件工程的系统工程过程，不同的研制项目可根据自身的特点，选用合适的能力模型，剪裁适用的过程标准。系统工程过程由技术过程和技术管理过程组成，装备承制方可通过各种系统工程过程实现研制项目的各项目标。通用的系统工程过程标准和模型有：

1）ISO/IEC 12207：2008《Systems and Software Engineering》;

2）ANSI/EIA－632《Processes for Engineering a System》;

3）IEEE Std 1220－1998《IEEE Standard for Application and Management of the Systems Engineering Process》;

4）EIA/IS－731《Systems Engineering Capability Model》;

5）《CMMI® for Development》, Version 1.3;

6）《CMMI® for Acquisition》, Version 1.3。

随着武器装备信息化的提升，软件产品在武器系统中的作用愈来愈重要。软件产品的研制一般采用美国卡耐基梅隆大学软件工程研究院的CMM（capability maturity model），它是受美国国防部委托制定的软件过程改良、评估模型，也称为SEI SW－CMM。该模型于1991年发布，目前修改至1.3版，并发展成为系列标准模型。CMM的核心是把软件开发视为一个过程，并根据这一原则对软件开发和维护进行过程监控和研究，使其规范化和标准化。

1.4 系统工程标准评价

承制方的系统工程标准体系对一个研制项目的成功至关重要。选用哪个系统工程标准是项目指挥和系统总设计师必须考虑的问题。目前国际标准化组织、欧洲航天标准化合作组织、美国电气电子工程师协会、美国国家标准协会、美国国家航空航天局、美国国防部等的系统工程标准或系统工程指南，构成了基本的系统工程知识体系，为开展系统工程活动提供了一个综合性的平台。

(1) ISO/IEC 15288：2008《系统和软件工程——系统寿命周期过程》

ISO/IEC 15288：2008《系统和软件工程——系统寿命周期过程(Systems and Software Engineering—System Life Cycle Processes)》的系统寿命周期过程含有相当多的内容，其中包括：采办过程、供应过程；寿命周期模型管理过程、基础设施管理过程、项目投资组合管理过程、人力资源管理过程、质量管理过程；项目评估与控制过程、决策管理过程、风险管理过程、技术状态管理过程、信息管理过程、度量过程；利益攸关方需求定义过程、需求分析过程、体系构架设计过程、实施过程、集成过程、验证过程、确认过程、转移过程、使用过程、维护过程、处置过程。从以上的各类过程可以看出，该标准是系统工程知识体系与项目管理知识体系的融合，项目管理知识体系的内容占有很大的比例。

(2) IEEE Std 1220™-2005《系统工程过程的应用与管理标准》

IEEE Std 1220™-2005《系统工程过程的应用与管理标准(IEEE Standard for Application and Management of the Systems Engineering Process)》分为6章。第4、5、6章是主要内容。第4章一般要求有14节，即：系统工程过程、系统工程的政策与程序、计划技术活动、研制策略、建模与样机研制、综合数据与工具库、综合数据包、规范树、系统分解结构、系统工程活动的综合、技术审查、质量管理、产品与工艺改进。第5章研制阶段划分将研制阶段划分为系统定义、初步设计、详细设计、制造装配集成试验、生产与保障等5个阶段。第6章系统工程过程有8项内容：需求分析、需求确认、功能分析、功能验证、综合、设计验证、系统分析、控制。该系统工程标准的内容较为全面，偏重技术过程，缺乏风险管理、技术状态管理、度量、数据管理、接口管理、技术评估等技术过程管理内容。

(3) EIA-632《系统工程过程》

EIA-632《系统工程过程 (Processes for Engineering a System)》是电子工业联盟和国际系统工程委员会联合制定的标准，该标准内容丰富、全面，其中包括采办与供应过程、技术策划评估控制过程、系统设计过程、产品实现过程、系统分析过程、要求确认过程、系统验证过程、最终产品确认过程、接口管理、风险管理、技术审查、成本数据采集与控制、系统方案、系统寿命周期等项内容。这个标准在美国民品开发中有较大的应用范围，美军武器装备的采办也借用其中的一些内容。

（4）ECSS - E - 10A《航天工程》

ECSS - E - 10A《航天工程（Space Engineering)》是欧洲航天标准化合作组织制定的标准，用于航天系统的研制。该标准的篇幅不大，但内容全面，分为 5 章。第 4 章是一般要求，第 5 章是详细要求。第 4 章的内容包括系统工程管理计划、系统工程与控制、需求工程、保障分析、设计与技术状态和系统工程接口管理、数据管理、环境工程、人因工程、风险管理。第 5 章的详细要求有系统工程输入、系统工程集成与控制、要求工程、分析、设计与技术状态、验证等。ECSS - E - 10A《航天工程》是欧洲航天项目的牵头标准，与其他的有关航天研制项目的标准配合使用。

（5）NPR 7123. 1A NASA《系统工程过程与要求》

美国国家航空航天局的标准 NPR 7123. 1A《NASA 系统工程过程与要求（NASA Systems Engineering Processes and Requirements)》将系统工程活动分为系统设计过程、技术管理过程和产品实现过程 3 部分。系统设计过程包括利益攸关方预期定义、技术要求定义、逻辑分解和设计方案定义等 4 个方面的内容。技术管理过程覆盖技术规划、要求管理、接口管理、技术风险管理、技术状态管理、技术数据管理、技术评估、决策分析等 8 个领域。产品实现过程分为产品实施、产品集成、产品验证、产品确认、产品转移等 5 个阶段。该标准是当今内容最全面的系统工程知识体系，涵盖了系统过程应该开展的全部活动，是美国近 60 年来航天产品研制的经验与教训的总结。该标准的不足之处是其中一般要求全面，详细要求过于简略。

（6）国防部《国防采办指南》第 4 章

美国国防部在 1974 年的 MIL - STD - 499A《工程管理》后就没有颁布新的系统工程标准，只是非正式地在 1993 年和 2005 年分别推出 MIL - STD - 499B《系统工程（草案)》和 MIL - STD - 499C《系统工程（草案)》。这 3 个标准构建了完整的系统工程知识体系。

但遗憾的是，标准中一般要求全面，详细要求不够详细。美国国防部《国防采办指南（Defense Acquisition Guidebook）》2012 年版和 2013 年版的第 4 章补全了 499 系列系统工程标准的不足之处，全面而详细地规定了国防采办项目的系统工程活动。《国防采办指南》虽然不是军用标准，但也是指导性的纲领，武器装备研制的承包商必须贯彻执行。该指南将采办项目系统工程分为技术过程和技术管理过程。每个过程由 8 个知识领域构成，如表 1－1 所示。该指南的显著特点是对每个研制阶段的系统工程活动该做什么和怎样做进行了详细说明，并提出了严格要求。

表 1－1　美国国防采办项目系统工程

技术管理过程	技术过程
技术规划	利益攸关方需求定义
决策分析	要求分析
技术评估	体系结构设计
要求管理	实施
风险管理	集成
技术状态管理	验证
技术数据管理	确认
接口管理	转移

以上的标准和指南都是先进的系统工程知识体系，都可用于武器装备研制项目的系统工程活动，但美国国防部《国防采办指南》的系统工程知识体系是以武器装备采办项目为服务对象，而且内容全面、详细，制定严格，因而更适合武器装备的研制项目。

1.5　体系工程

体系工程是 21 世纪初系统科学领域兴起的一个新的领域方向，主要解决信息时代传统系统工程面临的挑战——宏观体系需求的动态性与模糊性、多系统的集成与交互工程以及大规模集成系统的演化工程实践问题。体系工程是一门高度综合性的管理工程技术，涉及众多学科[1]，在武器装备的研制中得到广泛的应用。世界大国继续坚持不懈地发展越来越复杂而又必须能给联合军事行动和多国联盟军事行动以支撑的武器系统，体系工程因而成为形成相应军事能力的关键。与此同时，这些国家也面临严峻的挑战，即如何使研制开发的系统与那些往往互不联系的现有系统进行融合集成，形成更大更多的军事力量[2]。进入 21 世纪后，通过武器装备体系实现综合作战能力一直指导着美国武器装备采办政策的改革。

1.5.1 体系的定义

体系是一个由多个独立的系统整合的具有独特能力的更大规模的系统组合或排列。（A SoS is defined as a set or arrangement of systems that results from independent systems integrated into a larger system that delivers unique capabilities[3].）

体系是由一组成员系统组成，这些成员系统可以根据实际情况动态地添加或删减，每个成员系统都具备一定的功能并自我管理，当它们集合在一起时便产生出某种卓越的能力[4]。

目前有代表性的体系例子，军用的有美国导弹防御体系、美国空军的空中作战中心、美国海军的海军一体化防空火控能力系统，民用的有互联网、航空系统、智能交通系统等。

1.5.2 体系工程的定义

体系工程是计划、分析、组织和集成现有系统和新系统的混合能力，将这种能力转化为大于成员系统能力之和的体系能力。体系工程是横跨系统的从里程碑 A 前到退役处置的整个寿命周期的活动。（SoS engineering deals with planning, analyzing, organizing, and integrating the capabilities of a mix of existing and new systems into a SoS capability greater than the sum of the capabilities of the constituent parts. SoS engineering is an activity that spans the entire system's life cycle; from pre - Milestone A through Disposal[5].)

1.5.3 体系工程的特点

体系工程有7大特点，即：

1）将体系能力目标转换成体系需求；

2）评估体系能力目标实现的程度；

3）预测和评估外部变化对体系和体系成员系统的影响；

4）了解体系的成员系统以及它们之间的关系；

5）设计一个持久的体系框架；

6）评价新的体系需求和新的武器装备解决方案；

7）体系设计师协调体系新增加的能力，监测和整合系统的变化，改进体系的性能。

以上7个特点使系统工程的技术过程和技术管理过程同样适用于体系工程[6]。

第 2 章　武器装备系统工程的发展

2.1　引言

现代意义的系统工程诞生于第二次世界大战期间，首先应用于英国的防空系统的分析和美国的奈基（Nike）防空导弹的研制。第二次世界大战结束后，系统工程的理论和方法在核潜艇、洲际弹道导弹、大型喷气客机、大型军用飞机、阿波罗登月工程、卫星、飞船、行星探测、航天飞机、国际空间站、导弹防御体系等重大复杂的军用和民用工程中得到广泛的应用，并取得了举世瞩目的成就。

1956 年美国兰德公司推出系统分析法，1962 美国通信工程师霍尔出版著作《系统工程方法论》，提出著名的三维结构方法体系，1969 年和 1974 年美国国防部先后颁布军用标准 MIL－STD－499《系统工程管理》和 MIL－STD－499A《系统工程》，构建了武器系统研制的系统工程管理框架。这些文献奠定了武器装备研制系统工程管理知识体系的基础，之后，在半个多世纪的武器系统的研制生产实践中，武器装备研制系统工程管理知识体系得到不断的完善和发展，最终形成了系统工程管理这一学科。关于系统工程发展的重大事件，见表 2－1 和表 2－2。

表 2－1　系统工程发展的里程碑

年份	事件
1937 年	英国多学科小组分析防空系统
1939—1945 年	美国贝尔实验室支持奈基防空导弹的研制
1951—1980 年	美国麻省理工学院定义和管理赛其（Sage）半自动地面防空系统
1956 年	美国兰德公司推出系统分析法

续表

年份	事件
1962 年	霍尔出版著作《系统工程方法论》
1969 年	美国麻省理工学院 Jay Forrester 教授用系统动力学模拟城市系统
1990 年	美国国家系统工程委员会成立
1995 年	美国国家系统工程委员会演变成国际系统工程委员会

表 2-2　系统工程标准的发展

年份	标准
1969 年	美军标 MIL-STD-499
1974 年	美军标 MIL-STD-499A
1979 年	美陆军外场手册 770-78
1994 年	美军标 MIL-STD-499B（没有正式发布）
1994 年	EIA 632 IS（过渡标准）
1998 年	EIA 632
1999 年	IEEE 1220
2002 年	ISO/IEC 15288：2002
2008 年	ISO/IEC 15288：2008

注：数据来源于《国际系统工程委员会系统工程手册》（2010 年版）。

2.2　中国武器装备系统工程的发展

2.2.1　中国武器装备系统工程的起源

1956 年，新中国历史上第一个科技规划——《1956—1967 年科学技术发展远景规划纲要（草案）》，把发展以导弹、原子弹、氢弹为代表的尖端技术放在突出位置。其后的“两弹一星”工程涉及行业和人员众多、专业技术复杂，组织研制这一工程具有极大的挑战性。1960 年，我国仿制的 1059 导弹发射成功。1962 年 3 月，我国自主研制的东风二号导弹首次试飞，升空后 21 秒出现故障，69 秒坠毁。经过故障分析发现，故障的原因是总体设计失误，没有深刻理解与掌握总体与子系统之间的内在关系，在方案设计上没有进行充分的可靠性论证，对地面试验的重要性认识不足，设计、生产和试验之间缺乏联系与协调，没有按研制程序办事等。

通过总结经验与教训，研制人员认识到，武器装备研制是一个非常复杂的整体，由许多功能相异而又相互关联与制约的子系统所组成；为保证型号工程总体性能的实现，各子系统必须按总体所提出的技术要求来进行研制并保证其实现，而总体性能指标必须建立在子系统可能实现的基础之上；必须严格按型号研制的客观规律办事，特别是应该在进行充分地面试验的基础上才能进行飞行试验。基于这些共识开始形成了我国航天系统工程管理的理念，并反映在1962年11月颁布的《国防部第五研究院暂行条例（草案）》。该条例内容包括：

1）制定型号研制程序，强调必须按照各个阶段要求开展工作；

2）建立技术责任制与总设计师系统；

3）强化总体意识，明确实现总体设计意图是研制过程中的主导；

4）组织管理要在统一的计划与调度下进行。

随着东风二号中程地地战术导弹的研制成功，其后历经东风三号中程地地战略导弹、东风四号远程地地战略导弹和早期长征系列运载火箭的研制成功，特别是东风五号洲际地地战略弹道导弹的研制成功，航天型号研制项目逐步形成一套比较科学的管理思想、指导原则和管理方法，可以概括如下：

1）型号研制的目标是实现整体的优化。总体设计中技术途径和技术方案的选择必须是整体优化，而不是追求某一子系统或单项设备的先进。

2）预先研究是型号研制的技术基础。

3）必须严格按研制程序，分阶段、有步骤地进行研制。

4）技术抓总与技术协调的功能与作用，是实现型号研制整体优化的关键。

5）建立以型号研制计划为中心的综合平台，强化研制中的指挥与调度，完善质量管理体系。

6）充分利用导弹研制成果，进行运载火箭研制和型号改型，是加速不同型号发展的重要途径。

1997 年 3 月 8 日，《中国航天工业总公司强化科研生产管理的若干意见（试行）》，即“72 条”正式颁发，并于同年 4 月 9 日颁发了《强化型号质量管理的若干要求》，即“28 条”，两者统称“100 条”。这两个科研生产和型号管理的规定，在国防部第五研究院《暂行条例》的基础上对航天型号工程管理体系与方法有了进一步的创新与发展，引进了新的思想与科学方法，并再次强调了系统工程方法。

在总结“两弹一星”的成功经验时，著名科学家钱学森曾指出：“在开创我国导弹与运载火箭事业的进程所遇到的各类难题中，应当说不是导弹与航天技术开发工作中的具体技术问题，而是如何运用科学的组织管理方法，组建一个高效、有序的导弹与火箭工程开发组织管理系统。”这一科学的组织管理系统，就是航天工程的系统工程[7]。因此，可以说，中国武器装备系统工程起源于中国的战略导弹工程。

2.2.2　中国武器装备系统工程的发展

自 1980 年起，中国运载火箭技术研究院的近十名专家，经过 10 年的创作，写成了《飞行器系统工程》，该书于 1996 年出版发行。《飞行器系统工程》全面而详细地介绍了美国当时的重大武器采办的研制程序及其构成阶段，即方案（概念）探索阶段、方案设计阶段、全面研制阶段、生产与部署阶段、使用运行阶段和更新替换阶段。作者们根据之前二三十年来国内外运载火箭技术的新发展和系统工程管理概念的发展进步，把结构优化设计理论、权衡分析、基线概念、接口管理、技术审查要求、样机制造与计算机模拟、可靠性工程、维修性工程、系统安全性、电磁兼容性、人素工程、生存性与易损性、可生产性、技术状态管理、风险分析与管理、全寿命费用和定费用设计、性能度量、系统效能分析和效费比分析、大型综合试验、综合后勤保障等新概念、新理论、新方法引进到飞行器总体设计工作中来。这本著作促进和推动了总体设计和系统工程管理的科学化、规范化、程序化。

中国国防工业非常重视对美国系统工程理论与实践的研究与借鉴，在20世纪80年代组织人员翻译并出版了《系统工程管理指南》（1983年版）和《系统工程管理指南》（1986年版），在20世纪90年代组织人员更系统地翻译并出版了美军武器装备采办管理系列文献，其中包括《系统工程管理指南》《研究研制试验评价/采办管理指南》《综合后勤保障指南》《工程项目管理手册》《风险分析与管理指南》《试验与评价管理指南》《武器装备计算机资源管理指南》和《制造管理指南》。2000年后，又组织人员翻译并出版了《系统工程概论》《国防采办管理概览》《国防采办策略指南》《联合采办项目管理手册》《试验与评定管理》《国防采办风险管理指南》《采办后勤指南》《间接费用管理指南》和《国防采办指南》。以上美国国防部文献的中文版本对武器装备研制项目系统工程理论与方法的知识在中国国防工业的传播起了极其重要的作用，也极大地促进了中国武器装备研制项目系统工程理论与方法的发展。在总结我国武器装备研制生产的经验和借鉴美国武器装备研制生产的实践基础上，中国国防科学技术工业委员会在1997年颁布中华人民共和国国家军用标准GJB 2993—1997《武器装备研制项目管理》，把我国的武器装备研制纳入了规范化和程序化的轨道。

2.2.3 中国武器装备系统工程的现状

中国国防工业经过60年的发展，初步建立了一套系统工程过程的技术和管理方法，形成了诸如“集同设计”“重心前移”“从源头抓起”“零缺陷管理”的系统工程管理思想，以及质量问题归零“双五条”、技术状态更改“五条”、风险分析与控制要求、元器件管理

“五统一”等一系列方法规范[8]，但在系统化和规范化方面还有很大的发展空间，与美国相比存在很大的差距。中国制定了战略武器装备研制程序、常规武器装备研制程序和武器装备研制项目管理文件，但没有发布中国武器装备系统工程过程与要求的文件、手册或指南。指导武器装备研制项目有许多零散的管理文件（如《航天产品质量问题归零实施指南》）和零散的标准（如《武器装备研制项目工作分解结构、技术状态管理》），但没有形成统一的、全面的系统工程过程与要求标准体系[9]。当前存在的不足具体体现在以下几方面：

1）系统工程的理论研究落后于系统工程的实践，系统工程的理论体系框架没有建立起来，系统工程技术尚未形成完整的规范体系，缺乏对武器装备全寿命周期内的各项活动及其各类影响因素的统筹考虑[10]。虽然国内一些企业都围绕自己的业务领域形成了系统工程标准体系，但还很不完善。突出表现在没有覆盖系统工程全寿命周期关键活动，如系统工程前端的任务分析及后端的测试与运行管理标准等不系统、不全面。此外，没有对系统工程规律、方法、体系进行持续研究，进而形成对系统工程任务长效支持的机制。

2）系统工程技术手段尚不完备。国内已研究开发了多类面向系统设计、验证和在线支持的系统设计和仿真系统，具备了演示功能，但与工程实用尚有差距，不能有效支撑全系统集成设计与仿真。此外，我国军工企业还没有普遍实现真正意义上的协同设计，只有少数的武器系统研制型号能够在协同机制和协同平台的支持下开展协同设计工作，尤其是总体方案的协同设计工作，没有实现三维设计组织管理架构，形成完善的总体数字化设计和管理体系，全线打通三维设计制造链。

3）系统工程实施经验总结与应用不足。我们尚未系统地对五十多年的系统工程实践的成功经验和失败教训进行总结、提炼和提高，进而建立起完备的、规范的系统工程标准和手册。随着富有经验的老一代人逐渐脱离岗位，也带来了系统工程经验流失、系统工程人才严重短缺的问题[11]。

2.3 美国武器装备系统工程的发展

1939 年，英国雷达研究部门“建立了世界上第一个有组织地、自觉地按照系统的观点、用系统工程方法分析和研究作战使用问题的小组”[12]。

1957 年，美国密执安大学出版了第一本专门讨论系统工程的教科书《系统工程：大规模系统设计导论》，在之后的几十年里，工程技术领域围绕系统工程概念、术语、方法和工具进行了广泛的研究和讨论。1969 年 7 月，美国空军颁布了系统工程管理标准 MIL-STD-499（USAF），目的是为了在政府有关人员准备招标书、进行合同谈判以及指导承包商准备系统工程管理计划等方面提供一组准则。499 在 1974 年升级为 499A。之后在 1994 年试用新的非正式标准 499B。在 499 系列标准的基础上，1994 年标准 ANSI/EIA 632《Processes for Engineering a System》问世，1998 年标准 IEEE 1220《IEEE Standard for Application and Management of the Systems Engineering Process》诞生。

2.3.1 MIL-STD-499 和 MIL-STD-499A

1969 年 7 月 17 日，国防部发布美国空军起草的 MIL-STD-499《系统工程管理》，这标志着美国规范的武器装备研制程序开始应用于武器装备的研制生产。该标准把武器装备研制过程划分为方案设计、合同确定、采办、使用四个阶段。

在方案设计阶段（concept formulation phase），承制方通过优化过程选择技术途径和概念系统。依据优化准则，经过权衡研究，实现系统作战效能与系统全寿命费用的最佳组合。

在合同确定阶段（contract definition phase），承制方通过优化过程分配硬件、软件和人工技能的性能要求。优化过程强调综合考虑众多的技术因素，诸如可靠性、维修性、安全性、生存性、技术人员要求、后勤保障等。

在采办阶段（acquisition phase），承制方进行费用/效能分析，在考虑对系统的全部影响和全寿命周期费用后，就设计备选方案作出决策。

在使用阶段（operational phase），承制方继续进行费用/效能分析，与使用方订立技术服务合同。

MIL-STD-499《系统工程管理》还对武器装备研制提出了一般要求和详细要求。

一般要求包括总则、系统要求和系统工程管理计划三部分。系统工程管理计划是整个系统项目的计划，包含能够满足本标准一般要求和详细要求的方案。系统要求包括最低的可以接受的系统功能要求；系统、子系统和单机的技术性能要求；物资资源；各种约束条件。总则部分涉及的内容有：

1）编制合同工作分解结构，识别和控制工作分解结构各元素的技术风险；

2）保证设计的完整性；

3）优化系统要求；

4）综合考虑影响系统效能和全寿命周期费用的生存性、电磁兼容性、可靠性、维修性、安全性、人的因素、可生产性、标准化等；

5）综合考虑设计工程、系统保障工程、试验验证和生产工程；

6）保证系统之间和系统内部的设计充分性和所有工程接口的兼容性；

7）保证所有系统和项目技术要求的一致性和相关性；

8）保证系统和技术要求的持续可追溯性；

9）保证涉及设计备选方案的重大工程决策考虑系统/费用效能分析结果；

10）保证进行技术性能度量；

11）保证根据变化情况及时地、适当地重新定义系统要求和项目要求；

12）保证随着项目的进展不断地优化技术项目；

13）保证技术状态管理、数据管理、质量保证和价值工程等符合系统工程管理的要求；

14）保证系统工程数据输出与管理和信息系统兼容；

15）承制方通过系统工程管理过程管理其工程活动。

详细要求的内容包括以下各项：

1）编制和更新系统工程管理计划；

2）通过系统工程过程，按逻辑顺序开展研制工作；

3）任务和要求分析；

4）功能分析；

5）要求分配；

6）权衡研究；

7）设计优化和效能分析；

8）研制过程分阶段进行；

9）系统综合；

10）保证技术接口协调；

11）后勤保障分析和保障工作和谐一致；

12）可生产性分析；

13）编制技术状态项规范；

14）计划与控制技术项目；

15）项目风险分析；

16）工程项目综合；

17）项目审查；

18）系统要求审查；

19）系统设计审查；

20）初步设计审查；

21）关键设计审查；

22）技术性能度量；

23）接口控制；

24）文件档案控制；

25）按合同要求，充分而及时地编写和交付安装说明书、使用说明书、维护说明书、培训手册等技术资料；

26）工程集成[13]。

MIL－STD－499《系统工程管理》的颁布有三个目的。一是设立一组准则，用以指导承制方编制和实施某一工程项目的系统工程管理计划；二是为政府有关人员开展招评标活动、进行合同谈判提供指南；三是为确认承制方系统工程管理能力提供基础。要实现的目标是：1）高效率地完成对一个完整系统的工程定义，这一定义应反映政府对该系统的目标；2）高效率地计划和控制系统的设计、研制、试验和评定等项技术活动[14]。

MIL－STD－499《系统工程管理》的内容非常丰富，涵盖了美国当今武器装备采办过程要求的绝大部分，对以后的美国防务采办项目程序或美国防务采办管理系统产生了深远的影响。

1974年5月1日，国防部颁布MIL－STD－499《系统工程管理》的新版MIL－STD－499A《系统工程》。该版标准的特点是十分重视采办项目的费用、进度和技术性能风险。提出风险分析应识别关键性区域，应深入调查用于系统或硬件防护、样机制造、试验、备份研制的方法。项目风险分析也要应用于试验要求、技术性能测量参数和关键性里程碑决策。MIL－STD－499A在风险管理方面有四个特点：一是阐明风险分析是一项持续性的工作；二是规定了分析的对象，即费用、进度和技术参数；三是对风险源进行归类和分级；四是明确了风险分析的范围。

2.3.2　《系统工程管理指南》

MIL－STD－499A之后美国没有发布新的关于系统工程管理的标准，而是出版内容更加详细的指南。《系统工程管理指南（Systems Engineering Management Guide）》是具有里程碑意义的指导性文献，构造了完整的系统工程管理框架。《系统工程管理指南》有

1983 年、1986 年和 1990 年三个版次。《系统工程管理指南》吸纳了当时的美国国防部 DoDD 5000.1 和 DoDI 5000.2 文件的要求，设置了重大防务系统的采办过程、寿命周期费用、综合后勤保障、软件开发过程和计算机辅助技术管理等内容。这些内容正好针对在美国与苏联军事对峙的大背景下，武器采办项目的费用飞涨、交付期拖延、技术性能达不到要求的普遍现状，也符合当时美国武器系统信息化的要求。

在《系统工程管理指南》后，美军于 1999 年和 2001 年发行了两个版本的《系统工程概论（Systems Engineering Fundamentals）》。《系统工程概论》的最大亮点是把系统工程分为技术过程和技术管理过程，并明确提出，系统工程既是技术，也是管理。书中专设“模拟与仿真”一章，指导计算机在武器系统的研制中得到更高级的应用。

美国国防部和国防采办大学于 2004 年颁布《国防采办指南（Defense Acquisition Guidebook）》。该指南借用标准 ANSI/EIA 632 和标准 IEEE 1220 的内容，其中的第 4 章，专门用于阐述系统工程。该指南每年修改，每年发布新的版本，目前最新的是 2013 年 5 月的版本。该指南突出的特点是把信息化和体系化的武器装备的要求体现在第 4 章中。新的内容有体系工程、技术成熟度评估、接口管理、数据管理、持续保障要求等。

第3章　中国武器装备研制程序及其系统工程要求

3.1　引言

早在20世纪60年代初，我国国防部第五研究院为强调导弹研制要按科学规律办事，于1962年10月8日颁发的《国防部第五研究院暂行条例（草案）》中，明确规定了导弹研制工作应按8个阶段有序地开展。1979年航天工业部各研究院分别制定颁发了型号系统研制程序，将研制过程大体划分为7个阶段。1981年在总结以往经验的基础上，正式颁发了《型号研制程序暂行条例》，将型号系统研制按逻辑过程划分为指标论证阶段、方案阶段、初样阶段、试样阶段和定型阶段。1985年10月13日航天工业部正式颁发了《航天工业部关于弹道导弹、卫星、运载火箭及其地面设备研制程序的规定》和《航天工业部关于防空、海防导弹武器系统研制程序的规定》，要求各院（局、基地）严格遵守执行[89]。

在我国数十年武器装备研制的实践中，特别是导弹武器系统的研制实践中，一条最重要的经验是，必须运用系统工程的方法进行研制管理，必须严格按照研制程序办事。研制程序具有总体规划性、协调性、配套性和直观性，能够全面反映系统构成主要要素间的相互关系，相互关联、相互制约、前后衔接的逻辑关系，对研制项目管理者进行决策、统一认识、协调步伐和组织实施都起着至关重要的作用[90]，是降低研制项目性能风险、进度风险和费用风险的有效指导方法。

1995年8月中国人民解放军总参谋部、国防科工委、国家计委和财政部联合颁发国军标《常规武器装备研制程序》和《战略武器装备研制程序》，将常规武器装备研制程序分为论证阶段、方案阶段、工程研制阶段、设计定型阶段和生产定型阶段，将战略武器装备研制程序分为论证阶段、方案阶段、工程研制阶段和定型阶段。

1997 年 12 月国防科学技术工业委员会颁发国军标 GJB 2993—1997《武器装备研制项目管理》，延续《常规武器装备研制程序》和《战略武器装备研制程序》的阶段划分，但各阶段的工作要求更加详细具体。以下介绍战略武器装备的研制程序。

3.2 论证阶段

论证阶段的主要任务是通过论证和必要的试验，初步确定战术技术指标、总体技术方案以及初步的研制经费、研制周期和保障条件，编制《武器系统研制总要求》。

1）论证工作由使用方组织进行，使用方应根据武器装备研制中长期计划和武器装备的主要作战使用性能提出初步的战术技术指标以及经费、进度的控制指标，并据此邀请一个或数个持有武器装备许可证的单位进行多方案论证。

2）研制单位根据使用方的要求，组织进行技术、经济可行性研究及必要的验证试验，向使用方提出可达到的战术技术指标和初步总体技术方案，以及对研制经费、保障条件、研制周期预测的报告。

3）使用方会同研制主管部门对各总体技术方案进行评审，对技术、经费、周期、保障条件等因素综合权衡后，选出或优化组合一个最佳方案并选定武器装备研制的承制单位，按相关规定进行风险评估。根据经论证的战术技术指标和初步总体技术方案，编制《武器系统研制总要求》和《论证工作报告》。

4）论证工作结束时，使用方会同研制主管部门将《武器系统研制总要求》以及《论证工作报告》按相关程序报国家有关部门进行审查。审查通过后，批准下达《武器系统研制总要求》，作为后续阶段研制工作的基本依据。

3.3 方案阶段

方案阶段的主要任务是根据经批准的《武器系统研制总要求》，开展武器系统研制方案的论证、验证，形成《研制任务书》。

方案论证、验证工作由承制方组织实施，承制方按照《武器装备研制设计师系统和行政指挥工作条例》的要求，在方案阶段早期建立武器装备研制设计师系统和行政指挥系统，具体组织进行系统方案设计、关键技术攻关和新部件、子系统的试制与试验，根据装备的特点和需要进行模型样机或原理性样机的试制与试验工作。

1）使用方根据经批准的《武器系统研制总要求》，按照《武器装备研制合同暂行办法实施细则》的规定，与承制方签订方案阶段的研制合同，通过技术要求文件提出更加具体的战术技术指标要求；通过合同工作说明提出更加明确的研制工作要求。

2）承制方按照研制合同开展论证和验证工作，其主要工作包括：

a）对武器装备系统进行逐级分解，形成工作分解结构，为确定技术状态项、进行费用估算、进度安排和风险分析提供依据；

b）根据主要战术技术指标、使用要求和初步的总体技术方案，按照国家有关军用标准制定系统规范，在系统规范经批准后建立功能基线；

c）针对主要子系统、配套设备和保障设备，按照国家有关军用标准，编制研制规范；

d）制定接口控制文件；

e）制定研究工作总计划（含计划网络图），提出影响总进度的关键项目和解决途径；

f）制定试验与评定总计划（含系统、子系统和单项设备的试验计划），提出所需要的试验条件；

g）提出研制经费的概算及产品成本、价格的估算；

h）汇总确定新技术、新产品、新材料和新工艺项目，对其进行定量的评估，确认风险项目，制定相应的解决措施，并按风险管理的要求，开展风险控制工作；

i）分析研制条件，提出研制所需的重大技术改进项目、技术引进项目；

j）选定成品的承制单位（转承制方），签订成品研制合同；

k）制定综合保障计划，进行系统级和各保障要素级的保障性分析；

l）开展可靠性、维修性、标准化等工程工作，制定各工程专门计划；

m）落实研制、协作、加工、物资、引进、技术改造、基本建设等计划；

n）提出试制工艺总方案，进行工艺评审工作；

o）进行样机的设计、制造和审查；

p）按照国家有关军用标准编制《研制任务书》。

3）以上工作完成后，使用方会同承制方主管部门将武器装备研制项目的《研制任务书》呈报国家有关部门批准。

3.4 工程研制阶段

工程研制阶段的主要任务是根据经批准的《研制任务书》进行武器装备的设计、试制和试验。使用方和承制方以《研制任务书》为依据，按照《武器装备研制合同暂行办法实施细则》的规定，签订工程研制和设计定型阶段合同。将有关研制规范纳入合同作为研制项目的技术依据；将明确、具体的任务要求和管理要求纳入合同工作说明作为项目的工作和管理依据。

3.4.1 设计

承制方根据研制合同要求开展设计工作，其主要任务包括：

1）完成全套试制图样，按照国家有关军用标准编写产品规范、工艺规范、材料规范草案，并制定其他有关的技术文件；

2）按照有关国军标要求对试制图样进行工艺评审，评审设计的可生产性；

3）进行软件的开发测试；

4）完成样品试验件的制造和相应技术文件的编制；

5）制定试生产计划，确定生产所需的人力、物力并计算试制批成本；

6）设计、组织试制生产线；

7）完善综合保障计划，进行各保障项目的设计、试验和鉴定。

按照国家有关军用标准进行关键设计审查，以确定系统预期的性能能否达到、技术关键是否已经解决、各类风险是否已降低到可以接受的水平、试制生产是否已作好准备。在关键设计审查通过后，方可转入试制与试验。

3.4.2　试制与试验

承制方根据研制合同要求，开展试制和试验工作，其主要任务包括：

1）进行试生产准备，开展工装的设计、生产、安装和调试工作；

2）进行零件制造、部件装配、武器装备的总装和调试；

3）进行各种类型的研制试验（如：静力、动力、疲劳试验，各工程专门试验、系统软件测试、地面模拟试验等）；

4）开展武器装备的验证试验。

3.5　定型阶段

定型工作主要包括设计定型和生产定型（工艺定型）两个方面。设计定型的主要任务是对武器装备性能和使用要求进行的全面考核，以确认其是否达到《研制任务书》和研制合同的要求；生产定型

（工艺定型）的主要任务是对产品批量生产条件和质量稳定情况进行的全面考核，以确认其是否达到批量生产的标准。定型阶段最终确定产品规范、工艺规范和材料规范的正式版本，并形成正式的全套生产图样、有关技术文件及目录。

3.6 系统工程管理要求

1962年3月21日，中国第一枚自行设计研制的东风二号导弹首次飞行，导弹起飞后飞行不稳定，大幅度摇摆，试验失败。失败的原因是：在方案设计上没有进行充分的可靠性论证，设计时没有将整个箭体作为一个弹性体来考虑，稳定系统设计参数选择不当，从而使飞行稳定系统失常。同时，也没有认识到地面试验的重要性，在组织管理上没有按研制程序办事[91]。

国防部第五研究院认真总结经验教训，认为导弹飞行试验失败与全院的组织管理体制及总设计方案有关，从而建立起一些必要的管理制度，如图样管理制度，工艺审查制度，试验件加工制度，总体分系统的设计任务书制度，设计与研究试验之间研究任务书和试验大纲以及与使用部门的勤务指南等[92]。在1962年11月颁布《国防部第五研究院暂行条例（草案）》之后实施了一系列改进措施，包括总设计师以总体设计部为办事机构，实行项目技术抓总；实行“两条指挥线”，建立以总设计师系统为核心的技术指挥线和以计划调度为中心的综合计划管理行政指挥线；按预先研究、型号研制、小批生产“三步棋”安排科研生产，型号研制程序实行分阶段管理。

（1）总设计师以总体设计部为办事机构，实行项目技术抓总

早在1958年国防部第五研究院在分院设立了地地导弹和防空导弹的总体设计部，东风二号导弹首次飞行试验失败后，成立总设计师室，总设计师室设在五院院部。总设计师脱离设在分院的总体设计部，上下渠道不同，责任制不明确，因而缺乏应有的指挥权威。在总结经验、统一认识的基础上，明确了总体设计部是总设计师的

工作机构[93]。

总体设计部由熟悉导弹工程系统的各方面专业人员组成，总设计师负责领导。根据导弹武器系统的总体目标要求，总体设计部设计系统总体方案，决定整个系统的技术途径。总体设计部把系统作为它所从属的更大系统的组成部分进行研制，对它的所有技术要求都首先从实现这个更大系统的技术协调来考虑。总体设计部又把系统作为若干分系统有机结合的整体来进行设计；对每个分系统的技术要求都首先从实现整个系统技术协调的角度来考虑。对于研制中出现的分系统之间的矛盾以及分系统与系统之间的矛盾，总体设计部都首先从总体目标的需要来考虑。运用系统方法并综合运用有关学科的理论与方法，对导弹工程系统的结构、环境与功能进行总体分析、总体论证、总体设计、总体协调，包括系统建模、分析、优化、试验与评估，以求得满意的和最好的系统方案[94]。

总设计师是武器装备研制任务的技术总负责人，是设计技术方面的组织者、指挥者，重大技术问题的决策者。总设计师的主要职责是：

1）根据上级批准的战术技术指标要求，按照标准化、系列化、规格化、通用化的原则，组织方案论证，进行经费-效能（费效比）的全面分析，选择技术途径，提出总体方案，并参与拟制型号研制计划。

2）根据上级下达的《研制任务书》，制定研制程序，确定各分系统的设计任务书（协议书），组织型号设计，协调解决研制过程中的重大技术问题。

3）在研制过程中，进行可靠性设计，加强全面质量管理，从设计上确保武器装备的研制质量。

4）在战略武器型号的设计定型过程中，负责组织靶场和使用部门共同编制定型试验大纲；在常规武器型号的设计定型过程中，参与编制定型试验大纲。

5）在设计定型阶段，负责组织拟制设计定型技术文件。

6）召集有关设计师会议，协调并决定总体和各分系统研制中的重大技术问题。

7）提出型号研制和试验的技术保障要求。

8）推荐下属设计师人选，考核下属设计师，提出奖惩及调整意见[95]。

实践证明，型号总体设计部是总设计师的办事机构这一体制是非常有效的，在我国航天事业发展中发挥了重要作用。

（2）建立技术与行政“两条指挥线”

组织导弹武器系统的研制工作，技术指挥线和行政指挥线的紧密配合和协调动作十分重要。技术指挥系统负责技术协调，行政指挥系统负责计划协调，这两种协调相互交叉又相互渗透。计划协调以技术协调为基础，而技术协调又通过计划协调来实现，行政指挥系统要采取各项强有力的措施，保证技术指挥系统实现技术决策；技术指挥系统要把技术决策建立在现实的基础上，以避免给行政指挥系统造成不必要的困难。《国防部第五研究院暂行条例（草案）》对“两条指挥线”作出了明确规定，这标志着技术与行政“两条指挥线”的体制基本形成。

（3）通过“科研三步棋”规范研发程序

“科研三步棋”，即在一定的计划时期内，研制工作要同时安排三个层次的型号：一个是正在试验、试制（生产）的型号，一个是正在设计的新型号，一个是需要探索研究的更新型号。这样安排，可以使不同层次的武器型号互相衔接，交替进行；预研工作也可得到相应落实。对同一型号而言，“三步棋”是指预先研究、型号设计研制、小批生产三个阶段。预先研究是指通过关键技术及共性基础知识的研究，为产品的进一步研制发展提供技术储备；型号设计研制是指从国家正式下达武器研制任务开始，到产品鉴定合格交付使用为止；小批生产是在产品定型或鉴定合格以后进行生产。导弹的研制程序一般分为总体方案、初样、试样、使用四个阶段。这几个阶段反映了导弹工程的客观规律，必须严格按程序办事，未达到预定指标要求不得转入下一阶段，否则容易出现技术状态反复、研制程序紊乱、周期延缓等问题[96]。

我国仿制的东风一号导弹和自主研制的东风二号导弹项目的完成，使我国摸清和掌握了地地弹道式导弹的研制程序和系统工程的管理规律，并培养锻炼出来一支系统工程研制和管理的队伍。1997 年颁发的 GJB 2993 — 1997《武器装备研制项目管理》，在总结以往武器装备研制经验的基础上，明确规定，武器装备研制应以实现武器装备系统作战效能和作战适应性为主要研制目标，反复进行经费、性能和进度之间的权衡，逐步确定优化的设计方案。武器装备研制项目的系统工程管理应遵循以下要求。

(1) 保证设计完整性

设计应完整，使所研制的武器装备系统能够及时地投入使用或执行某种作战使命。所设计的系统除主装备外，还应包括支持主装备作战的其他保障要素（保障设备、设施、人员、备件等），并使二者相匹配。

(2) 开展系统工程过程工作

应进行顶层设计，随着研制工作的深入，自上而下（由系统级到子系统级、设备级）逐级分配要求，逐级进行各种分析、权衡研究、系统综合，产生各种类型的研制项目（型号）专用规范，作为研制工作的具体技术依据。研制项目专用规范的编制要求符合国家有关军用标准。

(3) 保证接口设计的兼容性

应制定武器装备系统内部和系统之间的接口控制要求（这些要求可在研制项目专用规范的适当章条中规定，亦可通过专门的接口控制文件或图样来规定），进行接口控制，以保证接口设计的兼容性和接口修改信息及时有效的传输。

(4) 贯彻“三化”原则

设计应贯彻通用化、系列化、组合化（模块化）原则，最大限度地采用成熟的技术和现有的项目来满足装备的研制要求。

（5）开展工程专门综合工作

应将可靠性、维修性、保障性、人机工程、安全性、电磁兼容性、运输性等要求及时而恰当地综合到武器装备的设计中去。

（6）开展工艺设计

应及早开展工艺设计，拟定工艺总方案等工艺文件，并按 GJB 1269 进行工艺评审，保证工艺设计的正确性、可行性、先进性、经济性和可检验性。

（7）实施技术状态管理

应按照国家有关军用标准的要求，实施技术状态管理。

（8）保证研制质量

应按照《军工产品质量管理条例》的要求，进行武器装备研制的质量管理。

（9）控制研制风险

应按照有关规定的要求，进行研制风险分析和控制，降低研制风险。

（10）技术资料应完备

技术资料应完备，并具有可追溯性。

（11）规范软件的开发

计算机软件应作为武器装备系统的一个重要组成部分，按 GJB 2786—1996《武器系统软件开发》的要求予以开发管理。

以上这些系统工程管理的要求在后来的武器装备研制活动中起到法规的作用，不仅如此，我国国防科技工业在落实这些要求的同时，也积极地学习和借鉴美军的武器装备研制程序和系统工程管理的思路和方法。

第4章　美国武器装备研制程序

4.1　引言

美国对重大武器装备研制过程实行分阶段管理，在每个阶段设立决策点，从一个阶段进入下一个阶段之前，由有关组织进行阶段评审，在每个决策点按预定准则进行审查，达到预定准则方可转入下一个阶段。

美国武器装备研制程序在不同时期有不同的称谓，1971 年称做项目实施（conduct of program），1987 年命名为防务采办项目程序（defense acquisition program procedures），1996 年叫做采办管理过程（acquisition management process），2003 年改称为防务采办管理框架（defense acquisition management framework），2008 年称之为防务采办管理系统（defense acquisition management system）。

美国规范的武器装备研制程序起始于 1969 年 7 月美国空军颁布的军用标准 MIL-STD-499《系统工程管理》。该标准把武器装备研制过程划分为方案设计、合同确定、采办、使用四个阶段。

美国国防部在 1971 年发布第一个采办文件——国防部指令 DoDD 5000.1《重大防务系统采办》，对美国各军兵种的武器系统采办进行规范和统一。该指令把武器装备研制程序分为项目启动（program initiation）、全面研制（full-scale development）和生产与部署（production/deployment）3 个阶段。四十年来，随着科学技术的发展和采办经验教训的积累，美国国防部采办指令文件间隔数年便进行修改与完善，武器装备研制程序也随之发生变化，重大修改的年份有 1977 年、1987 年、1996 年、2003 年、2008 年。

1977 年，采办程序设置 4 个里程碑决策点，并相应地规定 4 个研制阶段：项目启动（program initiation）、验证与确认（demonstration and validation）、全面工程研制（full - scale engineering development）、生产与部署（production and deployment）[97]。

1987 年，防务采办项目程序设置 6 个里程碑决策点，分为 6 个研制阶段：方案探索与定义（concept exploration/definition）、验证与确认（demonstration and validation）、全面研制（full - scale development）、生产与部署（production and deployment）、使用与保障（operation and support）、升级与重置（upgrade and replacement）[98]。

1996 年，采办管理过程设置 4 个里程碑决策点，划为 4 个研制阶段：方案探索（concept exploration），项目定义与降低风险（program definition and risk reduction），工程与制造研制（engineering and manufacturing development），生产、部署与使用保障（production，fielding/deployment，and operational support）[99]。

2003 年，防务采办管理框架设置 3 个里程碑决策点，分为 5 个研制阶段：方案优选（concept refinement）、技术开发（technology development）、系统研制与验证（system development and demonstration）、生产与部署（production and deployment）、使用与保障（operations and support）[100]，如图 4 - 1 所示。

采办指令这次设置方案优选与技术开发两个阶段，表明美军重视采办的前期准备工作，重视采办过程中对成熟技术的应用，其目的是减少技术风险，缩短工程研制时间，加快采办进度。

2008 年，防务采办管理系统也设置 3 个里程碑决策点和 5 个研制阶段，但内容有所不同：装备解决方案分析（materiel solution analysis）、技术开发（technology development）、工程与制造研制（engineering and manufacturing development）、生产与部署（production and deployment）、使用与保障（operations and support），如图 4 - 2 所示。

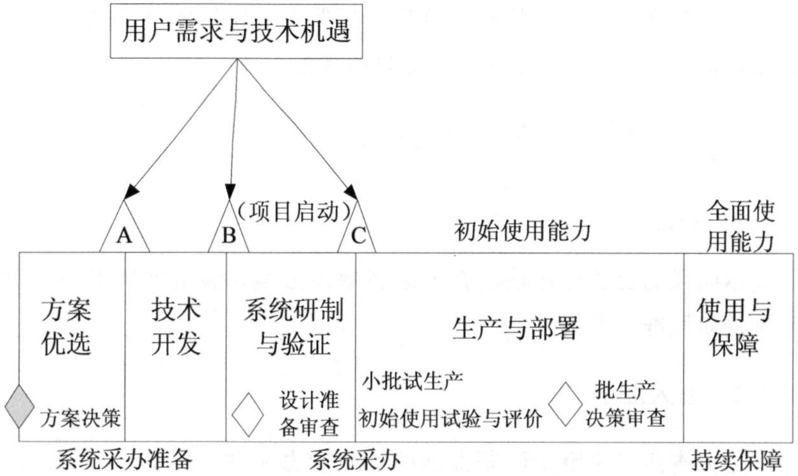

图 4-1　2003 年防务采办管理框架

◇—决策点；△—里程碑审查

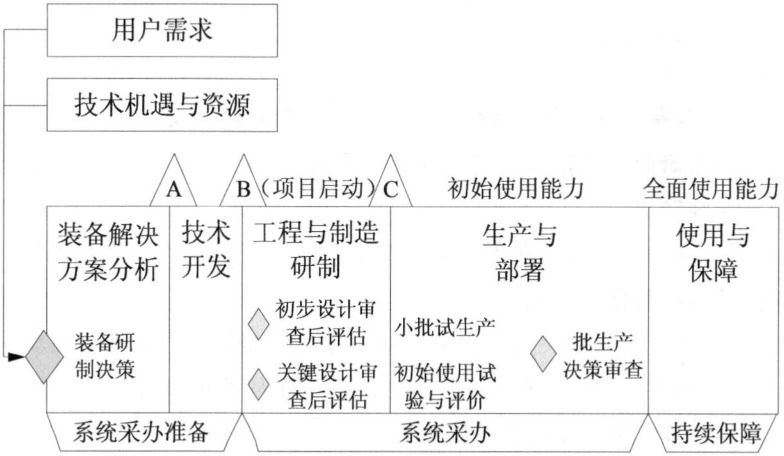

图 4-2　2008 年防务采办管理系统

◇—决策点；△—里程碑审查

从以上情况看，美国武器系统研制程序始终处于不断地完善与更改状态。这些完善和更改是为了缩短采办时间、强化承包商之间的竞争、提高采办过程的整体效率、降低采办项目风险，最终目标是以较低的费用为武装部队采办更好的武器系统[101]。

4.2　装备解决方案分析阶段

4.2.1　目的

本阶段的目的是评估潜在的装备解决方案，满足到达下一个里程碑的阶段准入准则。

4.2.2　准入准则

进入本阶段决定于已获批准的初始能力文件。初始能力文件综合考虑了多项分析的结果，其中包括：当前任务执行情况分析结果、国防部各军兵种备选方案分析结果、美国盟国国际系统分析结果、国际合作机会分析结果。

4.2.3　阶段说明

1）装备解决方案分析阶段的首要任务是进行装备研制决策审查。装备研制决策审查是进入采办过程的正式进入点，所有采办项目都应强制执行。

2）本阶段的经费在正常的情况下应限于满足装备解决方案分析阶段的各项目标。

3）在装备研制决策审查中，使用方提供初始能力文件，内容包括初步的作战使用方案、所需能力说明、作战使用风险、非装备解决途径不能充分缩小能力差距的理由。

4）里程碑决策机构批准备选方案分析研究指南，决定要进入的采办阶段，确定初次审查里程碑，指定使用方牵头部门。里程碑决策机构的决策写入采办决策备忘录。里程碑决策机构决定开始装备解决方案分析，并不意味新的采办项目业已启动。

5）备选方案分析研究指南批准后，使用方牵头部门编写备选方案分析研究计划，用以评估初步装备解决方案，确定关键技术，估算寿命周期费用。备选方案分析的目的是评估初始能力文件中的能够满足作战使用能力需要的潜在装备解决方案。

6）备选方案分析和装备解决方案分析以初始能力文件和备选方案分析研究指南为指导。备选方案分析的重点是确定和分析备选方案，测算方案效能，预测总费用，估计研制周期，优选战术技术指标，评估方案风险。备选方案分析评估与每个装备解决方案相关的关键性技术要素，包括技术成熟程度、集成风险、制造可行性等，如有必要，还应评估技术成熟过程和验证要求。分析的重点是通过创新和竞争获得最佳的系统解决方案。最佳的系统解决方案应考虑采用现有的货架产品和商用解决方案。

7）如果里程碑决策机构确定，装备研制决策规定的初次审查里程碑与选定的装备解决方案的成熟程度不一致，则应指定另一个方案审查里程碑。

8）装备解决方案分析阶段结束的标志是：完成了备选方案分析；使用方选定了能够满足能力需求的装备解决方案；满足了初次审查里程碑的准入准则[102]。

4.3　技术开发阶段

4.3.1　目的

本阶段的目的是降低技术风险，确定集成到一个完整系统的各项技术并使这些技术成熟，用样机验证各项关键技术。技术开发是一个连续的技术发现和发展过程，体现着科技界、系统使用方和系统承制方之间的密切合作。技术开发是一个反复迭代的过程，一方面评估各项技术的生存力，另一方面完善使用方的要求。

4.3.2　准入准则

进入本阶段须满足下列条件：完成了备选方案分析；提出了装备解决方案；为计划的技术开发阶段活动筹集了全部资金。

4.3.3 阶段说明

1）在里程碑A，里程碑决策机构审查提交的装备解决方案报告和技术开发策略报告。里程碑决策机构批准装备解决方案报告和技术开发策略报告后，技术开发阶段开始。

2）在技术开发期间，如果费用估算增加25%或更多，项目指挥应向里程碑决策机构报告费用增加情况。里程碑决策机构应与需求监督联合委员会再一次协商项目需求和对系统的军事需要。里程碑决策机构应确定研制和采购装备所需要的资源水平是否仍然与需求监督委员会规定的优先水平相一致。如不一致，里程碑决策机构可以撤销里程碑A批准，先决条件是撤销里程碑A批准须符合美国的国防利益。

3）本阶段通常只为先期研究提供经费。重大防务采办项目的技术开发只应在里程碑A批准后进行。出于项目经营的考虑，应优先选用现有的商用解决方案。有利的里程碑A决策不表示新的采办项目已经启动。

4）在里程碑A，军方应估算备选方案分析所确定的方案的费用。里程碑决策机构如有要求，费用分析改进小组（cost analysis improvement group）应进行独立的费用估算。

5）在里程碑决策机构批准技术开发策略前，不应发放技术开发阶段的最终征求建议书（final requests for proposals），也不应采取任何行动使项目受制于某一特定的技术开发合同签订策略。

6）技术开发策略应包括下列内容：

a）采用渐进式达到全面使用能力的采办策略的理由，或是采用一步式达到全面使用能力的采办策略的理由。如果采用渐进式采办策略，技术开发策略应初步说明装备解决方案怎样安排采办作战能力的增量，每个作战能力的增量采用哪些成熟技术，在技术开发阶段应制造多少个样机或工程研制模型。

b）初步采办策略，包括整个研发项目的费用目标、进度目标和性能目标。

c）技术开发阶段的费用目标、进度目标、性能目标和放行准则。

d）为能尽早地使数据资产对任何潜在的用户做到可视、可访问、可理解，拟采用哪些技术途径。

e）已知的或可能的关键项目信息（CPI）清单，防止首选系统方案、关键技术和竞争样机不当改动的安保措施清单。

f）分时段评定的工作量，所需的人力及其能力要求，人力资源配备计划。

g）数据管理策略。

h）费用分析改进组批准的费用和软件数据报告摘要。

7）技术开发策略和相关的研发资金应规定，在里程碑 B 前或一直到里程碑 B，系统样机或系统关键单机必须由两个或多个竞争公司制造。应使用系统样机或单机样机来降低技术风险，确定设计和费用估算，评价制造过程，完善要求。应由一个公司或多个公司利用仿真技术模拟方案的总体功能，以期降低系统结构设计风险，对系统功能进行排序，重新设计工作流程。

4.3.4　阶段的补充要求

1）补充要求适用造船项目和自动化信息系统。

a）里程碑决策机构可以在技术开发阶段开始时启动造船项目。费用分析改进组编制费用估算，不需进行独立的费用估算。国防部主管部门应对关键技术的成熟程度进行初步评估。费用分析改进组应按照里程碑决策机构的要求对其他 I 类和 IA 类采办项目作出费用估算。

b）在自动化信息系统项目里程碑 A 决策前，国防部主管部门应肯定地回答下列 3 个问题：

· 该项目采办是否支持需要由联邦政府履行的核心和优先使命职能？

·因为其他私营部门或政府部门都不能更好地支持此项职能，自动化信息系统项目是否需要由国防部主管部门采办?

·该项目采办是否支持已经简化或重新设计的工作流程，以期减少费用、提高效能、最大限度地使用现有技术?

2）初始能力文件和技术开发策略应指导此项工作，系统工程计划应支持本项工作。在使用方和承制方一致认为所建议的技术解决方案经济上是可承受的、军事上是有用的、是基于成熟的经过验证的技术之前，可能需要进行多方面的技术开发验证。应对所建议的技术制定全寿命周期维持计划。应确定项目关键信息，应向上级主管部门报告项目保护计划的编制情况。

3）如果采用渐进式采办策略，初始能力只是部分地实现初始能力文件所规定的全部能力。后续技术开发工作将继续进行，直至实现全部能力。在渐进式采办过程中，后续能力的增量所必需的技术的确定和开发与前面能力的增量的采办同时进行，使成熟技术更快地进入工程与制造研制阶段。渐进式采办项目的每个作战能力增量都应制定技术开发策略，提交里程碑决策机构审批。

4）对技术风险和技术集成风险进行管理，可减少系统的研制费用和研制时间，是整个项目管理的关键部分，关系到能否实现费用目标和进度目标。客观地评估技术的成熟度和技术的风险是国防部采办的例行工作。无论是来自科技界开发的技术，或是从工商界购买的技术，都应在相关环境或作战使用环境中验证，被证明是成熟的技术后，才能用于产品的研制。应对开发的或购买的技术进行技术成熟度评估，如有必要，还应进行独立的技术成熟度评估。如果技术不够成熟，国防部主管部门应采用既成熟又能满足使用方需求的后备技术，或者与使用方协商适当地更改要求。

5）所有项目的负责人都应制定切实可行的可靠性、可用性、维修性策略，把可靠性增长视为设计和研制的有机组成部分。可靠性、可用性、维修性应纳入系统工程过程，写入系统工程计划和全寿命周期维护计划，并在技术审查、试验与评定、项目保障评审中给予评估。

6）如果技术成熟程度的评估结论和可靠性、可用性、维修性的评估结论，符合技术开发阶段的目标，符合样机研制的要求，符合里程碑决策机构批准的技术开发策略，项目指挥可在里程碑 B 之前安排初步设计审查。

初步设计审查策划应是技术开发策略的一项内容，对候选设计方案都应进行初步设计评审，其目的是建立（硬件系统、软件系统、人素系统、保障系统的）研制基线和系统体系结构，确定高可信度设计。所有系统构成要素（硬件和软件）的成熟等级都应符合初步设计评审的准入准则和放行准则。成功的初步设计评审将有助于权衡要求，改进费用估算，识别仍然存在的设计风险、集成风险和制造风险。初步设计审查应在系统级进行，应吸收使用方代表和相关认证机构代表参加。初步设计审查报告应提交给里程碑 B 决策部门，报告应在评估费用风险、进度风险和性能风险的基础上对要求权衡提出建议。

7）开发项目结束技术开发阶段工作的标志是：确定了经济上可承受的项目或军事上有用能力的增量；已经评估了并且在相关环境中验证了此项目或此能力增量的技术和制造过程；识别了制造风险；在较短的时间内（武器系统通常用不到 5 年时间），能够研制和生产一个系统或一个能力增量；里程碑决策机构决定终止该开发项目的开发工作。在技术开发期间，使用方应编制能力研制文件，用来支持采办项目或渐进式能力增量的启动，完善集成体系架构，说明项目实现联合作战能力的途径。能力研制文件以初始能力文件为基础，提出系统设计所必需的详细的作战使用性能参数。技术开发完成后进行里程碑 B 决策。

4.4　工程与制造研制阶段

4.4.1　目的

工程与制造研制阶段的目的是：研制一个系统或一个能力增量；

完成全系统的集成；开发经济上可承受的、切实可行的制造过程；保证作战保障性和后勤规模最小化；实现人素系统整合；按可生产性设计；保证经济承受性；保护关键项目信息；验证系统集成、互操作性、安全性和效用。依据能力研制文件、采办策略、系统工程计划、试验与评定总计划等文件指导本阶段的工作。

4.4.2 准入准则

进入工程与制造研制阶段决定于：技术（包括软件在内的）成熟程度；批准的要求；充分的资金支持。除非某些其他因素具有压倒一切的影响，技术的成熟程度应决定拟采用的技术途径。

4.4.3 阶段说明

1）在工程与制造研制开始之前，使用方提出最小一组的关键性能参数，上报作战使用要求审批部门批准。这些关键性能参数写入能力研制文件，用以指导本阶段工作。随着条件的变化，经作战使用要求审批部门批准，关键性能参数可不断地完善。能力研制文件定义用于每个能力增量或能力一步到位的整个系统的关键性能参数。为使项目的权衡空间最大化，并使试验与评定成为本阶段的中心工作，里程碑决策机构、项目总指挥和项目指挥应与作战使用要求审批部门密切合作，使关键性能参数的数量最小化，并限制每一项已确定的项目要求。应限制不支持实现关键性能参数门限值的各项性能要求，在研制过程中，将这些性能要求作为工程权衡空间的一部分考虑进去。在使用试验与评定过程中，应严格区分两类不同的性能值：一类是不满足门限值要求的性能值，这些门限值要求由使用方能力文件提出；另一类是应得到改善的性能值，这些性能值改善后，可在今后的装备升级中提高作战使用能力。

2）工程与制造研制阶段从里程碑 B 开始，通常是启动一个采办项目。每个采办项目或每个渐进式能力增量只能有一个里程碑 B。渐进式采办的每个能力增量都应有自己的里程碑 B，除非里程碑决策机构决定能力增量在里程碑 C 启动。在里程碑 B，里程碑决策机构批准采办策略和采办项目基线。里程碑决策部门的决策写入采办决策备忘录。

3）在里程碑决策机构批准采办策略之前，不得发放工程与制造研制阶段的或其后任何采办阶段的最终征求建议书，也不得采取任何行动使采办项目受制于某一特别的合同签订策略。项目指挥应在征求建议书中写明：如果投标公司标书中的关键技术没有在相关环境中验证，政府不会与这样的投标公司签订合同；投标公司应明确说明关键技术的技术成熟等级，并提供关键技术已在相关环境中得到验证的报告。

4）在里程碑 B 批准前，重大防务采办项目的里程碑决策机构评估项目的经营情况，并签署认证备忘录。如果项目在里程碑 C 启动，则应按照政策的要求编写类似的备忘录。如果项目发生重大变化，或项目严重偏离装备研制方案，项目指挥应及时向里程碑决策机构报告。

5）工程与制造研制阶段有两大项工作：一是一体化系统设计，二是系统能力和制造过程验证。此外，里程碑决策机构还要进行两项评估：初步设计审查后评估，以确定项目进展情况是否符合采办策略要求；关键设计审查后评估，以结束一体化系统设计。

一体化系统设计　一体化系统设计的目的是确定系统和体系（system - of - systems）的功能和接口，完成硬件和软件的详细设计，降低系统级风险，建立所有技术状态项的生产基线。

初步设计审查后评估　如果初步设计审查在里程碑 B 前没有进行，项目启动后，项目指挥应尽快制定初步设计审查的计划。初步设计审查计划写入采办策略。完成初步设计审查后，项目指挥应计划正式的初步设计审查后评估，初步设计审查后评估由里程碑决策机构实施。初步设计审查报告应在评估前提交给里程碑决策机构。初步设计审查报告应全面反映项目指挥在费用、进度和性能风险评估基础上进行的各项要求权衡。里程碑决策机构应认真研究初步设计审查结论和项目指挥对费用、进度、性能风险所做的评估，在此基础上决定是否只有采取纠正措施才能实现采办项目基线目标。初步设计审查后评估的结论写入采办决策备忘录。

关键设计审查后评估 里程碑决策机构应在系统级关键设计审查后进行正式的项目评估。系统级关键设计审查提供一个评估设计成熟度的机会。表征设计成熟度的指标有：成功完成了子系统的关键设计审查；硬件和软件产品定规范、定图样制造完成的百分比；硬件和软件产品处于技术状态管理的百分比；纠正硬软件缺陷的计划措施；充分的研制试验；环境、安全和职业健康方面的风险评估；已完成的故障模式与影响分析；系统关键特性的确定；关键制造过程的成熟度等级；基于已验证可靠度的系统可靠性估计等。

项目指挥向里程碑决策机构提交全面评估设计成熟程度的关键设计审查后报告，同时提交系统级关键设计审查结论的简报。简报包括但又不限于下述内容：

a）独立评审专家和主席的姓名、单位和专业特长；

b）系统生产基线的说明，该生产基线的定工作包制造完成的百分比；

c）审查发现的问题和解决问题的措施概要说明；

d）关键设计审查的专家依据工程与制造研制阶段的放行准则做出的风险评估结论；

e）对可能突破项目基线或对费用、进度和性能有重大影响的问题和风险的识别。

里程碑决策机构审查关键设计审查后报告和项目指挥提交的解决问题和降低风险计划，决定是否采取必要的补救措施来满足工程与制造研制阶段的放行准则，取得采办项目基线规定的项目成果。里程碑决策机构对关键设计审查后评估做出的结论写入采办决策备忘录。

关键设计审查后评估的成功完成，标志一体化系统设计的结束，系统能力与制造过程验证的开始。

系统能力与制造过程验证　系统能力与制造过程验证的目的是：考核在研系统是否满足批准的关键性能参数要求，是否具备在规定环境下的作战使用能力；保证已验证的制造过程能够支持系统的生产。关键设计审查后评估完成和初始生产基线确立后，采办项目进入系统能力与制造过程阶段。本阶段结束的标志是：在研系统满足批准的各项要求，利用选定的生产代表性样机，在预定的环境中得到了验证；制造过程在试生产环境中得到了有效的验证；可合理地利用工业能力；在研系统满足或超越放行准则和里程碑 C 准入要求。这一阶段的关键性工作有：通过研制性试验与评定，检验技术进展情况是否达到关键技术参数要求；尽早进行作战使用能力评估；如果存在已证明的能力，运用建模与仿真，演示验证系统/体系的一体化。通过试验与评定，评价使命能力和作战使用保障的改进是否达到使用方要求，试验与评定结论报告给使用方。里程碑决策机构决定系统满足里程碑 C 的准入要求，或决定终止系统的研制，系统能力与制造过程验证工作结束。

4.4.4　阶段的补充要求

1）对于造舰项目，应不断更新所需的项目信息，以支持里程碑 B 决策，同时还应完成独立的费用估算。一个级别的首舰通常应在里程碑 B 决定。舰载各系统安装前，应进行技术成熟度评估，以确定各关键子系统的风险。后续舰船的间隔时间应在里程碑 B 初步决定，里程碑决策机构是否最终决定和批准后续舰船采办，取决于关键子系统验证的完成情况和技术成熟度的最新评估结果。

2）在渐进式采办项目中，初次能力增量在装备研制决策后进行。各后继能力增量的研制应开始于里程碑决策机构确定的里程碑或决策点。里程碑或决策点的设立应符合法规规定，并以验证过的成熟的关键技术为支撑。能力增量的生产应始于里程碑 C。

3）每个项目或每个能力增量都应确定其采办项目基线和项目目标，设立项目费用、进度和性能参数的门限值和目标值。

4）确定项目或能力增量的经济可承受性的依据是使用方需求分析过程中对费用的预测，费用的预测考虑的是全寿命周期费用或总所有权费用。经济可承受性写入每份能力研制文件。进入工程与制造研制阶段也需要充足的经费，包括为实施采办策略所需要的财力和人力。经费问题在里程碑 B 决策前就应考虑。总的来说，事先应为里程碑 B 作出计划安排，比如：选定系统方案，指定项目指挥，批准使用方要求，为工程与制造研制开始作好各项准备工作。不落实全部经费，就不批准里程碑 B。

5）在里程碑 B，里程碑决策机构决定重大防务采办项目和重大系统小批试生产的数量。小批试生产的数量应最小化。重大防务采办项目小批试生产的数量确定后，写入首次的选择项目采办报告。小批试生产的数量如超过采办策略所定总量的 10%，应在报告中说明原因。如需增加小批试生产的数量，应经过里程碑决策机构的审批。小批试生产的数量不应少于 1 件。与项目指挥商议后，使用试验与评定局局长决定所需的生产数量或生产代表性试验件的数量，以用于项目的实弹试验与评定和初始使用试验与评定。对没有列入国防部长办公厅使用与评价试验监督目录的系统，使用试验局在与项目指挥商议之后决定进行初始使用试验与评定所需试验件的数量。对于已建立生产基地的现有系统，对其各种改型可不要求采用小批试生产的方式来为使用试验提供生产试件或生产代表性试件，如有需要，可由现有生产线提供。

6）工程与制造研制活动通过试验与评定将采办过程、工程过程、制造研制过程等有效地整合起来。试验是一个客观判断系统是否满足、超越或没有达到既定目标的手段。评定的目的是对试验数据进行审查、分析和评估，为系统性决策提供依据。国防部试验与评定的目的是检验技术性能、使用效能和使用适应性，为采办项目决策提供重要信息。

试验与评定应尽量选用适当的构造仿真（constructive simulation）系统、虚拟仿真（virtual simulation）系统和真实仿真（live simulation）系统，各项试验与评定都应在作战使用环境中进行。

构造仿真是指非实际人员利用仿真设备研究仿真对象或系统。构造仿真又称计算机仿真，是系统的纯数学表示，不使用任何实际硬件，但可以使用可能在系统中使用的某些实际软件。在系统全寿命的早期，计算机仿真可提供大量的系统评定信息。在许多情况下，可在更改现有仿真系统的基础上，开发新的计算机仿真系统，以应用于类似的系统研制。

虚拟仿真是实际人员操作系统试验台，模拟演示或模拟训练。系统试验台通常不同于计算机仿真，可包含在研系统的一些硬件，也可包含在研系统的全部硬件。在研系统的其他单元不进入虚拟仿真系统，如需进入，则以计算机仿真的形式出现。系统运行环境可实物仿真，例如飞行试验台；或计算机仿真，例如实验室试验台。系统试验台的一个很好例子是用飞机驾驶舱模拟器评价飞行员的驾驶状况。随着系统研制的进展，可以得到更多的子系统硬件。这些子系统硬件可以编入系统试验台，这就可在系统研制周期的中间阶段获得大量的系统评价信息。试验与评定采用的另一种虚拟仿真是系统样机。系统样机不同于系统试验台，系统所有的子系统全部物理地集成为一个系统样机。系统样机可以非常近似地代表最终系统的技术状态，代表的真实度取决于各个子系统的研制状态。作战使用试验中的导弹样机和飞机样机就是系统样机仿真的典型代表。随着系统研制的不断进展，所有的子系统最后都集成到一个或多个系统样机。硬件在环路模拟器或人在环路系统模拟器为连续的系统试验和改进提供基础条件，可把硬件和软件转化成具有使命演习能力的实际可操作的训练设备。这些样机的作战使用试验常常可为批量生产与部署决策提供大量的系统评价信息。

真实仿真是指实际人员运用真实设备，进行训练和演习。在和平时期，部队利用武器装备在真实的环境中进行的实弹演习接近实际战争。训练演习和其他实弹仿真提供了一个试验平台，从中可获得实际硬件、软件和人员在受压条件下的真实数据，这些数据可用于验证采办项目使用的模型与仿真[103]。

在此研制阶段，应综合地、无缝隙地开展研制试验和使用试验活动，统筹安排研制试验与评定（DT&E）和使用试验与评定(OT&E)，尽量避免单一试验和重复试验，力争通过一次试验获得多个参数，以期减少试验资源的消耗和缩短研制时间。

评定应充分考虑承制方和订货方提供的所有可用的相关的数据和信息。如须进行专项初始使用试验与评定和后续使用试验与评定，由使用试验局负责计划安排有关事宜。评定是用现有数据与当前使命履行能力相比较，用比较结果定量地确定改进的程度。如果评定的成本大于效益，项目指挥应选用其他的评定方法。评定一方面指出试验中暴露的偏离要求的各种缺陷，另一方面提出与要求无直接关系的改进建议。

7）项目指挥编写采办策略，经里程碑决策机构审批后，指导工程与制造研制阶段的活动。

a）采办策略应说明项目指挥计划如何运用合同激励手段来获得要求的费用、进度和性能结果。

b）采办策略应评估按进度计划安排的工作量，确定人工需求量和技能要求，并对人员配备作出计划。

c）如果该采办项目依赖其他采办项目的成果，或者必须向其他采办项目提供能力，采办策略应详细说明这些关系。同样，如果该项目是一个体系（system - of - systems）中的一个成员系统，或是一个系统族（family - of - systems）中的一个成员系统，采办策略应说明该项目与体系或系统族其他成员系统的相对关系和依赖关系。

8）重大防务采办项目的里程碑决策机构应在里程碑 B 选定研制项目的合同类型。合同类型应与项目的风险水平相一致，可以是固定价格合同，也可以是成本合同。系统非常复杂、技术挑战性很大、风险很高的项目应采用成本合同，而风险小的项目可选用固定价格合同。

9）在里程碑 B，项目指挥应向军方主管部门递交审查和评估新的或修改的通信波形的申请。如果通信波形在里程碑 B 之后增加或变更，则应在里程碑 C 对这种申请进行审查。

10）里程碑决策机构应在里程碑 B 和 C 评估系统是否符合化学、生物、放射性和核污染生存要求。

11）如果要研制的重大防务采办项目将取代某个现有系统，在新系统外场部署期间，或在现有系统向新系统过渡期间，现有系统所提供的能力仍必不可少，而且与新系统相关，那么，在研制开始之前，国防部主办部门就应制定被代替系统的维持计划。维持计划应为维持现有系统做出经费预算，直至现有系统维持到新系统能够承担大多数使命责任为止。维持计划还应安排新系统研制和部署的进度，并分析现有系统在外来威胁的打击下维持其使命的能力。

12）使用试验与评定局局长书面批准项目试验与评定中的使用试验与评定后，国防部才可进行使用试验与评价，包括作战能力评估、初始使用试验与评定、后继使用试验与评定。这不排除在使用试验与评定中采用来自其他试验事件的数据。使用试验局和使用试验与评定专家应充分考虑来自承制方和订货方的全部可用的和相关的数据和信息。

4.5　生产与部署阶段

4.5.1　目的

生产与部署阶段的目的是实现满足使命需求的作战使用能力。使用试验与评定确定系统的作战效能和作战适用性。里程碑决策机构在里程碑 C 决定国防部是否同意生产，并把决定写入采办决策备忘录。里程碑 C 批准重大防务采办项目和重大系统进入小批试生产(LRIP)，批准不需要小批试生产的非重大系统进入生产或采购，或者批准重大自动化系统项目或无生产部件的软件密集型系统（software intensive systems with no production component）进入有限部署以支持作战使用试验。

4.5.2 准入准则

能否进入生产与部署阶段取决于是否满足下列准则：研制试验与评定结论和作战使用评定结论可接受；软件能力成熟；制造风险不大；制造过程受控（如果里程碑C决定进行批量生产）；初始能力文件已获批准（如果里程碑C决定项目启动）；能力生产文件已获批准；一体化体系架构已完善；互操作性可接受；作战使用保障性可接受；系统在其整个寿命期内经济上可承受，经费充足，各阶段资金安排合理，可快速采办。能力生产文件的内容包括作战使用要求，按此作战使用要求取得的工程与制造研制成果，以及生产系统运行的详细情况。如果里程碑C批准小批试生产，后来的评审和决策则将授权批生产。

4.5.3 阶段说明

对于重大防务采办项目，生产与部署阶段有两大任务：一是小批试生产；二是批量生产与部署，以及批量生产决策评审。对于重大自动化信息系统采办项目或无生产部件的软件密集型系统，批量生产决策评审称为全面部署决策评审。

（1）小批试生产

1）小批试生产的意图一是完成制造研制，实现充分而高效率的制造能力，生产最小数量的产品，为初始使用试验与评定提供生产试件或生产代表性试件，为系统建立初期生产基地；二是有序地提高系统的生产速率，在成功完成作战使用（实弹）试验后达到批生产的水平。评定应按照用户能力文件的规定，在系统部署的任务环境进行。里程碑决策机构应考虑已确认的任何会改变作战效能的新的威胁环境。如果项目还没有验证进行批生产的准备状况，里程碑决策机构则应在批准小批试生产数量增加之前，评估中断生产和持续采购的费用与效益。

2）小批试生产不用于自动化信息系统或无研制性硬件的软件密

集型系统，但用于有限的部署阶段。

3）舰船和卫星的小批量试生产是可行的最少数量和最低生产速率的产品生产。这种生产方式可保存舰船和卫星的动员生产基地。

4）除非里程碑决策机构特别批准，试验中发现的缺陷应在小批试生产结束之前纠正，任何纠正措施都应通过后继使用试验与评价验证。

（2）全速率生产准则

没有里程碑决策机构批准，重大防务采办项目不应超出小批试生产范围。支持里程碑决策机构批准全速率生产的知识包括：制造过程经过验证且可控、可靠性经过验证且可接受、收集了统计过程控制数据、其他关键过程的控制和能力已经验证等。

如果决定前进到作战使用，或决定在批生产最后决策前为项目安排采购经费，或决定有限部署自动化信息系统，使用试验与评定局局长则应尽早向国防部和国会国防委员会报告有关事宜。

如果到此为止实施的使用试验不充分，不足以确定作战效能、作战适用性和生存性，使用与评定局局长可决定提交一份中期报告或简报。如果提交了中期报告或简报，在完成了充分的作战使用试验，确定了作战效能、作战适用性和生存性之后，使用与评定局局长应尽早地编写并提交所要求的最终报告。

（3）全速率生产与部署

里程碑决策机构成功完成全速率生产（或全面部署）决策评审后，项目进入全速率生产。全速率生产决策写入采办决策备忘录。武器装备项目或能力增量的使用方可用充足的资金采购所需数量的系统、保障装备和各项相关服务。在批量生产期间，武器装备通常达到初始作战能力。随着技术、软件和威胁的变化，应用后继使用试验与评定评估当前使命履行情况，将评定结论通报作战使用用户，作战使用用户提出新的能力要求。

（4）军事装备的计价

项目指挥应为里程碑 C 编写一份项目说明，作为采办策略的一部分。在整个生产与部署阶段，项目指挥或寿命周期管理主任应确保所有需要资本化的可交付装备全部用序列号码标识，全部用全成本计价。每项装备产品的全部成本都须登记注册，用产品统一标识进行管理。可交付装备的所有招标书、投标书、合同和订单根据财务处理状态归类管理。建立必要的程序，跟踪装备产品整个寿命周期的状态。项目产品补充的情况、退役的情况、在军兵种之间调拨的情况，每季度更新一次[104]。

4.6 使用与保障阶段

4.6.1 目的

使用与保障阶段的目的是实施保障计划，在系统的整个寿命期内，以最低的成本和最高的效率，满足系统战备完好性和作战保障要求，实现对系统的持续保障。此阶段的策划应在项目启动之前开始，并写入全寿命周期持续保障计划（life - cycle sustainment plan，LCSP）。使用与保障开展两大活动，即全寿命周期持续保障和退役处置。

4.6.2 进入准则

进入使用与保障阶段应满足下列准则：批准的能力生产文件、批准的全寿命周期持续保障计划、成功的全面生产决策。

4.6.3 阶段说明

（1）全寿命周期持续保障

全寿命周期持续保障的策划和实施应无缝隙地横跨从装备解决方案分析到装备退役处置的系统的整个寿命周期，将武器装备承制方的生产能力和性能要求转化为定制的产品保障，实现规定的和逐渐发展的寿命周期产品保障的可用性参数、可靠性参数和经济可承受性参数。

1）全寿命周期持续保障策划是装备解决方案分析考虑的要素，通过技术开发阶段成熟起来。里程碑 B 要求编制全寿命周期持续保障计划。该计划应具有灵活性，并以性能为导向，应能反映阶梯式逐步发展的路线，适应改型、升级和重复采购的需要。全寿命周期持续保障持计划应是项目采办策略的一个组成部分，并整合到项目的其他关键策划文件。全寿命周期持续保障计划在生产与部署和使用与保障期间应不断地更新和落实。

2）全寿命周期持续保障的考虑要素包括供应、维修、运输、持续保障工程、数据管理、技术状态管理、人员系统整合（human systems integration）、环境安全（含爆炸物安全）与职业健康、关键的项目信息保护和防篡改措施、保障性和互操作性。

3）系统的有效持续保障源于可靠的和可维修的系统的设计和研制，所有这些需要持续不断地运用行之有效的系统工程方法。因此，项目指挥应：

a）设计维修路线图，一方面最小化寿命周期总费用，另一方面实现战备完好性目标和持续保障性目标。维修路线图的管理应在项目启动时开始。

b）通过下列各项措施优化战备完好性：

· 运用人因工程设计系统，这样设计的系统需要最少的人力；提供有效的训练；可由用户操作和维修；适应性强，适合人居住，安全，环境和职业健康的危害极小；生存性强，可为操作人员和装备提供有效的防护。

· 在技术和经济可行的条件下，采用嵌入式和装备外的诊断、预测和健康管理技术。

· 采用嵌入式的训练和测试模式，优先选用获批准的自动测试系统产品。

· 采用产品序列号管理技术、自动识别技术、射频识别技术、迭代技术。确保大容量自动识别技术装备的数据句法和语义学符合国际标准化组织的 ISO 15418 标准和 ISO 15434 标准。

4）项目指挥应和用户共同工作，将性能和持续保障要求写入性能协议，在协议中规定目标结果、衡量指标、资源配置承诺、利益攸关者责任等。全寿命周期的产品保障应采取有效的基于性能的管理模式，并对产品保障实行全面的计划、开发、实施和管理。基于性能的全寿命周期产品保障代表着基于性能的后勤的最新变革，基于性能的全寿命周期产品保障也称为基于性能的后勤。基于性能的后勤为交付所要求的寿命周期战备完好性、可靠性和所有权费用绘制了最佳的战略性路线图。

保障源可以是建制的，也可以是商用的，还可以是这两者的结合，无论保障来自何处，主要的焦点都是优化的用户保障，提高的武器系统可用性和降低的所有权费用。军方管理部门应将能确保综合性作战保障的持续保障程序形成文件。

5）如有必要，军方管理部门应按有关的规定，启动系统的改型，以提高性能，并降低所有权费用。

6）军方管理部门与用户应不断地审查持续保障策略，将性能协议规定的性能预期与实际的性能结果相比较。项目指挥应不断地识别持续保障策略的缺陷，必要时为满足性能要求调整寿命周期的持续保障计划。

（2）退役处置

使用寿命终结时，应按照有关安全（包括爆炸物安全）、保卫和环境的法律法规和政策，对系统进行非军事化处理和退役处置。在设计过程中，项目指挥应将系统所含的有害物质写入项目的环境安全与职业健康评定，应估计和计划系统的非军事化处理和安全的退役处置。在系统的设计过程中还应考虑常规弹药（包括含有推进剂、炸药或信号弹的任何装置）的非军事化处理。

第5章　系统工程管理框架

5.1　引言

美国国防部、美国国家航空航天局、欧洲航天标准化合作组织、国际标准化组织都构造了系统工程管理框架，中国国家标准化管理委员会本土化了国际标准化组织的系统工程管理框架。这些系统工程管理框架先后体现在美国国防部的MIL-STD-499A《系统工程管理》和《系统工程概论》（2001）、美国国家航空航天局的NPR 7123.1A《NASA系统工程过程与要求》、欧洲航天标准化合作组织的ECSS-E-10A《系统工程》、国际标准化组织的ISO 15288《系统工程》、中国国家标准化管理委员会的GB/T 22032—2008《系统工程　系统生存周期过程》和GB/T 26240—2010《系统工程　系统工程过程的应用和管理》。与其他系统工程管理框架相比，美国国防部的系统工程管理框架更适合我国的武器装备研制项目，所以这里仅介绍美国国防部的系统工程管理框架。

系统工程管理是一个范围很宽的过程，通过这个过程，对一个项目的技术方面进行评估、管理和控制。系统工程管理的职能很多，包括武器装备的设计、研制、试验和生产，以及在作战使用环境中对武器装备的保障。系统工程是一个反复迭代的综合性的技术性很强的管理过程。系统工程管理过程及其工具和技术在国防和民用项目管理标准和文件中得到广泛的认可和接受。在实际的工程应用中，系统工程管理过程一般可以分为系统工程策划、系统工程活动和分析与控制3个部分。

系统工程策划是制定一个指导工程活动的路线图。系统工程活动是开展系统工程过程的各项基本活动。分析与控制是采用适宜的工具和技术控制和管理系统工程过程。系统工程过程中的各项活动在研制产品的整个寿命周期内持续反复地进行。每个阶段的输出或每个研制水平的输出，成为系统工程过程下一个应用活动的输入。虽然系统工程活动的焦点逐渐地变得越来越具体和清晰，各项工作变得越来越详细，技术性变得越来越强，但开始于需求分析、结束于综合设计的各项基本活动和逻辑流程始终不变。

5.2 系统工程策划

制定和执行各项计划十分重要，因为这是项目指挥考虑技术活动的细节和识别项目风险的有效途径。除此之外，各项计划也是军方项目办公室、政府相关部门和项目承包商之间有效的沟通手段。重要的是，详细的计划应该剪裁了系统工程的通用模型。

大多数项目都有其独特的需求，因为每个项目的技战术指标、作战使用、技术管理、后勤保障和工程进度等的要求不尽相同。技术状态管理、技术审核和文件编制等活动的计划应该反映这些特殊的需要，而不是拘泥于通用的包罗万象的过程模型。如图 5－1 所示为系统工程策划流程图。

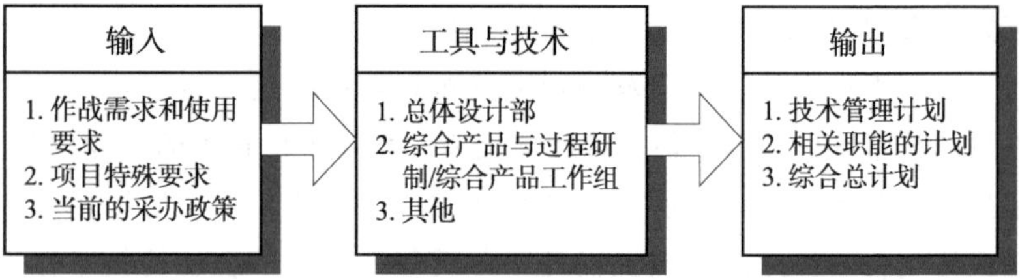

图 5－1　系统工程策划流程图

5.2.1 系统工程策划的输入

（1）作战需求和使用要求

系统工程活动的主要输入是国家安全战略、国家国防战略、国家军事战略、国家批准的武器装备发展规划和中长期计划、国际和国内用户提出的明确的作战需求和使用要求。在项目的初期，作战需求和使用要求在初始能力文件（initial capabilities document）和作战方案（concepts of operation）中提出。随着项目进入到研制阶段，作战需求和使用要求一般在能力研制文件（capability development document）中提出，能力研制文件在项目的每个阶段中不断更新。系统工程的早期任务之一是将作战使用要求转化成系统规范、技术性能要求、功能要求、接口要求等，系统规范、技术性能要求、功能要求、接口要求等成为产品系统、子系统和设备的设计基础。

（2）项目特殊要求

除了用户提出的作战使用要求，项目的军方利益相关者可能还提出一些特殊的要求，其中包括后勤保障要求和试验要求，甚至还可能有环境保护的要求。不仅如此，项目的性质、项目的规模、项目的技术复杂性、项目的重要性等，都影响项目的策划和管理。

（3）当前的采办政策

我国迄今为止还没有形成规范的、系列的采办政策。美国的武器系统采办受有关法律和 DoD 5000 系列文件管控。DoD 5000 系列文件为武器系统采办项目制定了强制性的程序和指导方针。这些程序和指导方针与美国的相关法规相一致，也为里程碑管理部门提供了一些决策余地，允许里程碑管理部门针对特殊情况进行程序剪裁。

5.2.2　系统工程策划的工具与技术

（1）总体设计部

我国的总体设计部组织形式最早出现在 20 世纪 60 年代的导弹武器系统的研制生产。总体设计部的基本任务是根据型号《研制任务书》的要求，在预算、进度和其他限制条件下，用系统分析的方法进行总体方案的论证与总体方案的设计，进行子系统功能、性能指标及结构的分解，在子系统论证与必要的试验基础上再次进行系统的综合集成，从整体优化的角度确定系统的功能及性能，然后将它们分解到各个子系统，又从整体优化的角度协调子系统与总体、子系统与子系统之间的接口关系，组织系统试验，最终完成系统的整体集成。经过多次往复，最终达到型号整体性能的优化[15]。

(2) 综合产品与过程研制/综合产品工作组

综合产品与过程研制（integrated product and process development，IPPD)，也称为一体化产品和过程开发或集成化产品和过程开发，是产生于美国企业的管理工具，涵盖与设计、开发、制造、销售、保障以及产品和服务的管理有关的所有学科，可在新产品开发过程中，有效地控制费用、缩短研制时间、保证产品的质量。

美国国防部对综合产品与过程研制的定义是：一种管理技术，通过采用多学科的团队，同时集成全部基本的采办活动，优化设计过程、制造过程和保障过程；有助于满足从产品方案到产品生产再到外场保障的成本目标和性能目标。综合产品与过程研制的关键原则之一是产品综合工作组形式的多学科团队。

综合产品工作组（integrated product team，IPT）由各相关职能部门的代表组成，代表们共同工作，使项目立项论证成功，发现和解决问题，为上级决策提供合理而及时的建议。美国防务采办产品综合工作组分为 3 类：高层产品综合工作组负责战略性指导、项目评估、问题解决；工作级产品综合工作组负责识别和解决项目存在的问题，确定项目状态，寻找采办改进的机会；项目级产品综合工作组负责项目的实施。

美国国防部把综合产品与过程研制和综合产品工作组作为防务采办项目的优先选用的管理工具。国防部的这一政策标志着继续向综合性管理方式的转移，军方项目办公室和项目承包商都向这一管理方式调整。从策划的角度看，综合性的管理模式在项目的初期汇集多学科的技术人才和经营人才，共同制定各项计划，力争照顾到项目各方的利益。因此，不仅用户、生产单位、试验单位、后勤保障单位和经营专家参与项目策划过程，各学科的工程专家也参与项目策划过程。这一混合团队活动的目的是生成现实的切实可行的计划和设计，最终实现费用、进度和性能目标。

（3）其他

还有许多其他的工具和技术可用于系统工程活动的策划，例如范围管理、费用管理、风险管理等。项目策划必须包括这些知识领域管理方面的内容，确保项目策划完整无缺，实现这一目标效率最高的途径是采用综合工作组的方式。

5.2.3　系统工程策划的输出

（1）技术管理计划

军方编制一份计划，说明对项目的技术方面如何进行管理。军方项目办公室启动策划过程，说明项目的细节和顶层管理的体制和机制，综合考虑各利益方关心的问题，使项目管理顺利地进行，项目成功地完成。承包商编制相应的计划，更加详细地说明为履行项目承包合同所采用的过程和技术。项目技术管理计划由 2 部分构成：一是广泛而宏观的军方技术管理计划，二是详细而微观的承包商计划。

（2）相关职能的计划

技术管理计划代表着项目的宏观技术管理策略。在大多数情况下，特定职能部门需要制定详细的工作计划，如试验部门的试验计划和制造部门的制造计划。如有要求，这些职能计划可作为技术管理计划的附件，应注意的是，这些职能技术计划之间应保持协调和一致。

（3）综合总计划

美国防务项目办公室越来越倾向于制定不局限于每一特定职能领域的计划，如工程计划、财务计划、后勤保障计划等，而是编制一份包括这些相关职能领域的综合性计划，把特定职能计划作为综合总计划（integrated master plans）的附件，同时建立综合计划部门，负责解决综合计划产生的各种冲突问题。

5.3 系统工程活动

图 5－2 所示的美国国防部的系统工程过程模型得到了广泛的认可和接受，出现在国防部当前的各类政策性文件、军用标准和指南中。这个模型有 2 个基本部分：一是系统工程活动的顺序，即基于用户的需要，将用户的各种需求转换成设计和产品；二是管理和控制这个转换过程的相关活动，转换过程随着设计的逐渐成熟，产品方案逐步变成最终产品。如图 5－3 所示为系统工程的主要活动。

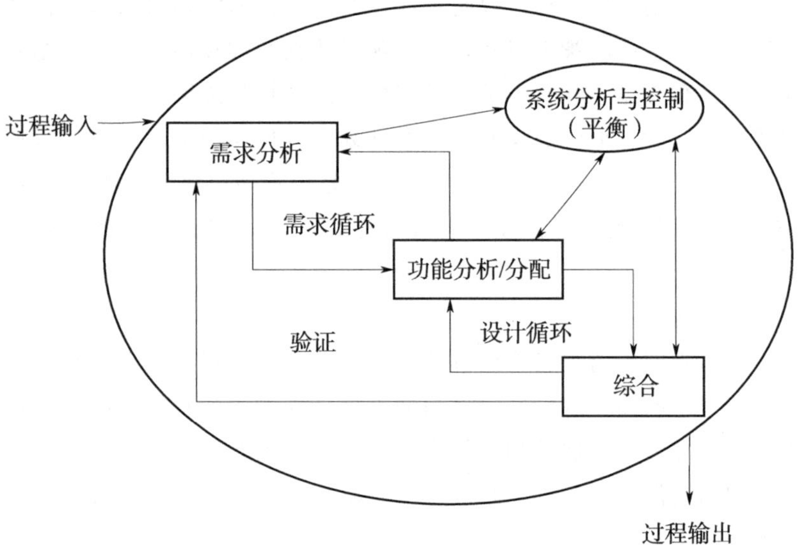

图 5－2　系统工程过程

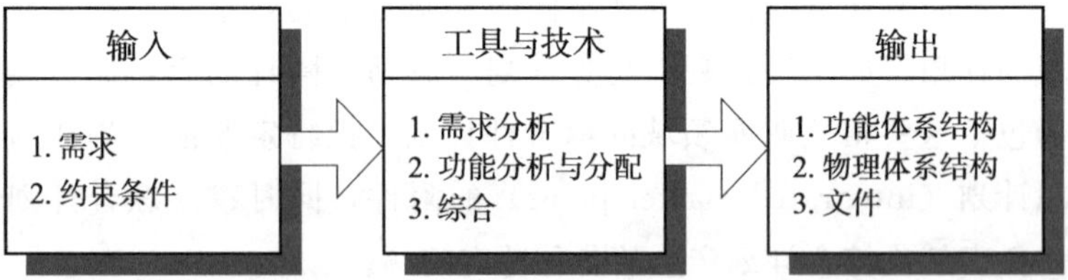

图 5－3　系统工程的主要活动

5.3.1　系统工程活动的输入

（1）需求

武器装备的需求来自军方用户或作战部队，亦或来自政府的其他部门，或来自外国政府。系统级需求一般用能力研制文件（capability development document）提出。美国国防部的政策规定，军方用户或作战部队的需求必须详细说明性能要求，但不指定产品或过程设计要求。军方用户或作战部队的需求应包括以下各项内容：

1）产品必须实现的功能；

2）与功能相关的需要达到的性能；

3）各类接口的控制要求；

4）物理约束条件或其他约束条件。

需求用性能指标提出，设计人员可通过不同的技术途径来满足军方的需要。

军方选定看起来能够提供费用、风险和性能最佳组合的那个技术途径。

（2）约束条件

除了产品需求外，研制过程还有一些其他的输入，其中包括技术成熟度、法律法规要求、当前的防务采办政策与指南等，例如设计开放系统体系结构的要求。其他可能的约束条件可能有联合技术体系结构（joint technical architecture）和国防公用操作环境（DoD common operating environment）。项目指挥必须确保这些极为重要的要求整合进策划过程和设计过程。

5.3.2　系统工程的工具与技术

（1）需求分析

需求可能是明确规定的，也可能派生于已知的需求。需求分析（requirements analysis）的基本任务是认定功能要求、性能要求、接口要求，以及任何物理设计约束条件或其他设计约束条件，目的是尽可能完整地、明白无误地理解用户的需要。功能分析的要求分析必须以迭代的方式进行。随着定义产品系统过程的进行，用户将不断地提出一些新的问题，因而需要对要求作进一步的定义。系统级需求的最终集用技术术语表述，写入系统规范。

（2）功能分析与分配

功能分析（functional analysis）是将需求分析过程中确定的顶层功能分解成低层次功能，将性能需求分配给这些低层次功能，优化整个功能体系结构。在一般情况下，功能分析包括分析功能事件的时间顺序和构造描述功能逻辑顺序、相互关系、输入和输出的功能流方框图，通过功能分析，编制子系统和单机的设计规范。此外，功能分析是识别技术风险区和进行风险控制决策的关键工具。

（3）综合

综合（synthesis）是制定并不断完善物理设计方案使之能够执行所分配的功能的过程。随着不同的需求分配给各个子系统，设计人员规定在性能、接口、成本等约束条件下哪些物理单元履行哪些功能。每作出一项设计决策，就正式地再次审查功能需求、性能需求和接口需求，以确保设计方案变更符合要求的参数。综合也是一项迭代活动。随着功能描述逐渐清晰，物理设计方案可扩展到低层次系统，最终完成自上而下的设计方案。

5.3.3 系统工程活动的输出

（1）功能体系结构

功能体系结构（functional architecture）是用功能术语对一个项目产品或一个系统的描述，是功能分析与分配的输出。功能体系结构由功能流框图、数据流图、时间控制基线分析等全部元素组成，对系统的运行方式、预期的性能水平、功能接口的位置等进行描述。通过考虑可供选择的功能体系结构，设计人员能够决定哪些需求能够满足，哪些需求需要研制新的子系统或单机，哪些需求可用现有的非研制产品或商用产品满足。

(2) 物理体系结构

物理体系结构 (physical architecture) 是指用构成项目产品的实物单元和单机对项目产品或系统的描述。物理体系结构的定义是一个自上而下的过程，系统设计完成后，低层次的单元才能接连地定义。设计是否完成的确认和系统制造准备的确认在关键设计审查时进行。随后进行实物单机的研制、制造、集成、试验。这是一个自下而上的过程，在批生产开始前进行系统级验证和试验。

(3) 文件

需求分析的最终产出包括改进的能力研制文件和最终的系统规范 (system specification)。除了这两份文件外，功能分析和功能分配产出的主要文件有说明各项项目产品设计要求的项目产品规范 (item specifications)，这些项目产品共同定义在研的系统。许多文件包含物理体系结构的内容，如产品和接口图样、软件编码清单、部件清单等。这些文件和其他一些描述系统的系统规范和项目产品规范等构成技术数据包 (technical data package)。

5.4 分析与控制

分析与控制是指用一组工具和技术进行评估、管理和控制，将需求转换成设计和产品的系统工程活动。系统工程过程在设计和研制的过程中重复多次，每重复一次，设计或产品就更成熟一些。首先制定系统方案，然后根据系统方案进行系统设计，接着进行详细设计。设计完成后，开始设备和分组合件的制造。制造好的设备和分组合件装配成分系统，最后分系统总装成一个系统。与此同时，培训、试验与评定、制造和后勤等保障性过程开始计划、设计和研制。还需使用一套合适的工程管理工具，以保证考虑了备选方案，管理了风险，控制了产品定义，技术成熟度符合研制阶段的要求。工程管理工具构成了系统工程过程不可缺的组成部分。如图 5－4 所示为系统工程的分析与控制过程。

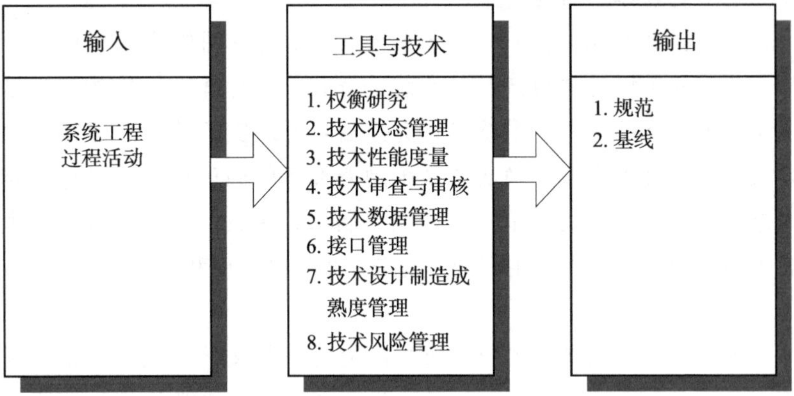

图 5－4　系统工程的分析与控制

5.4.1　分析与控制的输入——系统工程过程活动

系统工程活动的顺序，即从需求分析到功能分析与分配再到综合，是将作战要求转换成满足用户需要的设计和系统的发动机。这些转换活动在研制过程中反复进行，但这个转换发动机的输出却随着设计或产品的不断成熟而发生变化。随着设计的不断完善成熟，要用分析和控制工具来管理整个成熟过程，以确保最终产品满足原始需求。通过权衡研究考虑备选方案，通过技术状态管理将产品说明形成文件，对风险进行全面管理，用技术性能度量跟踪监测关键技术参数，用技术审查评估技术成熟度。

5.4.2　分析与控制的工具与技术

（1）权衡研究

权衡研究用于一个项目的寿命周期内的决策支持。作战能力、功能要求、性能要求、设计备选方案及其制造试验和保障过程、项目进度、全寿命成本等都需要进行权衡研究。备选方案确认后，权衡研究小组应用一组明确清晰的决策准则，对可用的备选方案或技术途径进行分析评价，然后“妥协交易”这些准则，最终选定最优方案。这个评定备选方案的过程称为权衡研究或权衡分析。

(2) 技术状态管理

技术状态管理是将一个系统的功能、性能、接口和物理特性的说明形成文件，并在技术状态变化后以当前的格式维护说明性信息的过程。一个完善的技术状态管理过程可在产品的寿命周期内提供产品的设计信息、研制信息、制造信息和保障信息。技术状态管理过程由下列一些基本活动组成：

1) 标识和记录待管理的项目；

2) 管理技术状态的变化；

3) 维护反映当前技术状态的状态记录；

4) 对产品进行审核，以保证说明文件与产品相符合；

5) 管理与技术状态管理相关的数据。

(3) 技术性能度量

技术性能度量（technical performance measures）是指项目管理者选定用来跟踪系统设计过程和研制过程状态的一组技术参数。被跟踪的参数的选定是基于成本、风险和该参数是否是系统成功的关键指标。被选定的参数起着衡量和评估技术进展状况的度量的作用。对参数的实际值随时间变化偏离计划值的状态进行监测，项目指挥根据监测结果来判断实际值偏离计划值的程度是否可以接受。

(4) 技术审查与审核

技术审查是评估一个项目从设计到研制的技术进展状况，可在系统级、技术状态项级或系统中的更低层次开展。在一般情况下，技术审查的时间安排在一个项目的过渡节点上，审查的任务是要验证产品研制是否达到规定的水平。如果审查结果是肯定的，评审人员将建议研制活动进入下一个阶段。在综合产品和过程环境，技术审查具有合作的色彩，因为军方和承包商的人员共同在产品研制工作组中工作。任何特定审查的重点取决于被审产品所处的研制阶段。如果因为进度的压力，审查过早进行，那将带来高风险，因为所做的决策是基于实际上不存在的假定成熟水平。

(5) 技术数据管理

技术数据管理过程用于技术数据的计划、获取、访问、管理、保护和使用，以支持系统的全寿命周期。数据管理包括技术数据的开发、部署、使用与保障、退役，以及系统退役后的数据保存。

在系统工程的活动中，数据管理的主要内容包括：

1) 应用相关政策和程序进行数据识别和控制；

2) 及时而经济地获取技术数据；

3) 确保数据及其保护的充分性；

4) 方便数据的访问和数据的分配；

5) 分析数据的使用状况；

6) 评价数据对其他项目和工程的预期价值；

7) 处理对用遗留软件编写的信息的访问[16]。

(6) 接口管理

接口管理由确定接口、建立管理接口的工作小组、编制接口控制文件等三项工作组成。接口管理确定、研制和维护系统运行所必需的外部接口和内部接口，支持技术状态管理活动，保证技术状态决策充分考虑了更改领域之外的影响[17]。

接口管理可以确保系统内各分系统之间的接口定义和匹配性，保证系统与其他有互操作性要求的系统或分系统间的接口定义和匹配性。接口管理控制度量保证内部接口和外部接口要求的各项更改都按照技术状态管理计划的规定形成文件，并将这些更改通知到所有受影响的技术状态项。在美军的采办项目中，许多外部接口是由联合能力集成和发展系统（joint capabilities integration and development system）过程及其伴随的文件和体系结构规定。系统接口控制要求制定后形成文件，供相关的综合产品组使用[18]。

(7) 技术设计制造成熟度管理

不成熟的技术、不稳定的设计、不可控的制造过程，在从研制过渡到批生产的过程中，生成众多的风险，如不能有效地评估和控制技术、设计和制造风险，就难避免大量的重复设计和试制返工，就难保证制造过程的稳定性和一致性，就难确保最终产品的可靠性、安全性、维修性和保障性，最终难以实现研制项目的性能、费用和进度目标。如果项目管理严格规定各个研制阶段的目标技术成熟度、设计成熟度和制造成熟度，选用的技术、设计和制造过程如达不到目标成熟度，就不允许转入下一个阶段，便可有效地控制技术、设计和制造风险。

（8）技术风险管理

研制项目必须建立风险管理过程，并把风险管理过程纳入设计过程。风险管理的内容包括策划风险管理活动，识别和分析潜在的风险源，控制项目的费用、性能和进度风险。费用、性能和进度风险源自所采用的技术、设计方案、制造能力、国家工业基础与国防技术水平、试验过程、保障过程、风险处理策略、风险监测途径等。

项目风险管理的主要目的是支持制定研制策略，求得使用方需求与费用、进度和性能之间的最佳平衡，降低项目失败的可能性。

在系统工程中，风险管理被用于决定哪些技术领域需要进一步强调和监督，哪里必须强化技术状态控制，应采用哪类合同订立策略，需要进行什么试验，需要哪类技术人员，需要多少这样的技术人员等。

5.4.3　分析与控制的输出

系统工程分析与控制活动的主要输出是在可接受的费用和风险水平上既能满足使用方需要、又可生产的和可保障的设计。使用分析和控制工具可指导设计和研制过程连续地通过各个研制阶段，最后达到预期的最终状态。设计在从一个阶段转到下一个阶段的过程中，形成规范和基线文件，用规范和基线说明产品的功能、性能和物理属性。

（1）规范

在产品研制中，有 3 类规范必不可少，即系统规范、研制规范和产品规范。

系统规范描述系统的功能特性、接口要求和验证要求等，属系统规范范畴的软件规范描述软件系统的需求及合格性规定等。它们需与其装备研制目的的“主要作战使用性能”的技术内容协调一致。系统规范一般从论证阶段开始编制，随着研制工作的进展逐渐完善，到方案阶段结束前批准定稿。

研制规范描述系统级之下技术状态项的功能特性、接口要求和验证要求等，属研制规范范畴的软件规范描述软件配置项的需求与合格性规定等。它们需与其装备研制项目的“研制总要求”的技术内容协调一致。研制规范一般从方案阶段开始编制，随着研制工作的进展逐渐完善，到工程研制阶段详细设计开始前批准定稿。

产品规范描述产品的功能特性、接口要求和验证要求等。属产品规范范畴的软件规范描述软件产品（含用于产品中的软件）的可执行软件、源文件、包装需求和合格性规定及软件支持信息等；材料规范描述材料的性能、形状和试验要求；工艺规范描述用于产品或材料制造的专用工艺所需的材料、设备及加工等的制造要求。这类规范一般从工程研制阶段早期开始编制，随着研制工作的进展逐步完善，到产品正式生产前批准定稿[19]。

系统规范、研制规范和产品规范统称武器装备研制项目专用规范，与其他描述整个系统的文件，被统称为技术数据包。

（2）基线

为确保研制的武器装备既具有满足军事需求的各种能力和寿命周期费用的可承受性，又便于操作使用和综合保障，武器装备研制项目需在其研制、生产、使用和保障的这个过程中实施技术状态管理。要实施技术状态管理，就需要通过研制的分阶段实施、系统工程过程和寿命周期综合逐步建立武器装备研制项目的技术状态基线[20]。

技术状态基线是在技术状态项研制过程中的某一特定时刻，被正式确认并被作为今后研制、生产活动基准的技术状态文件。一般有 3 种技术状态基线，即功能基线、分配基线和产品基线。

功能基线（functional baseline）是经正式确认的用以描述武器

装备系统或独立研制的重大技术状态项下列内容的文件：功能特性；接口特性；验证上述特性是否达到规定要求所需的检查。

分配基线（allocated baseline）是经正式确认的用以描述技术状态项下列内容的文件：从武器装备系统或高一层技术状态项分配给该技术状态项的功能特性和接口特性；技术状态项的接口要求；附加的设计约束条件；验证上述特性是否达到规定要求所需的检查。各技术状态项分配基线的总合，形成满足武器装备系统功能基线目标的技术途径。

产品基线（product baseline）是经正式确认的用以描述技术状态项下列内容的文件：技术状态项所有必需的功能特性和物理特性；被指定进行生产验收试验的功能特性和物理特性；为保障技术状态项合格所需的试验[21]。

功能基线主要由批准的系统规范体现；分配基线主要由批准的研制规范体现；产品基线主要由批准的产品规范、重要特殊原材料或半成品的材料规范、重要特殊工艺的工艺规范体现。功能基线和分配基线可被视为需求基线，通常用功能、性能和接口术语描述，产品基线则是对系统的全面描述，包括性能、功能和物理方面的信息[22]。

第6章　系统工程过程

6.1　引言

在系统的整个寿命周期内，承制方和订货方用系统工程过程为计划、管理和实施各项技术活动提供一个框架和一套工作方法。系统工程的计划与实施的重点是严格地、综合地、慎密地应用系统工程过程，以实现一个能够平衡性能、费用、进度和风险的系统方案。系统工程过程可分为技术过程和技术管理过程。技术管理过程提供的框架用于管理技术活动和识别对于项目的成功至关重要的技术信息和事件。技术过程保证系统设计和交付的能力反映利益攸关方表述的需求。作为一个整体，系统工程过程是一个系统方法，关注的焦点是向作战最终用户提供所需要的作战能力。成功地实施系统工程过程可导致产生一个综合性的能力解决方案，该方案能够：

1）响应用户的需要；

2）实现需求、设计考虑要素和项目费用与进度的平衡；

3）按照要求在复杂的体系环境中工作。

承制方在开展系统工程活动时可根据产品或系统的成熟度、复杂性、规模、所处的研制阶段和其他相关的因素剪裁系统工程过程。通过适宜的系统工程过程，达到合理决策、增加产品知识、提高系统成熟度、降低风险的目的。

6.2　要求分析过程

要求分析过程（requirements analysis process），也称需求分析

过程，将用户需要分解成清晰的、可实现的、可验证的高层次要求。随着系统设计的进展，要求分析活动将要求分配和派生到系统的最低层次系统部组件。被分配的要求构成合同条款的基础和系统性能规范。在研制项目的寿命周期中，重要时间节点的审查与审核，以及系统工程技术文档都将涉及由此产生的系统要求。

要求分析过程的目标是：

1）定义一个将用户的需要与将设计和研制的系统、系统部组件和使能系统部组件连接的能力；

2）定义一个在规定的费用和进度约束条件下满足用户的作战使命需求的系统；

3）详细了解各种功能如何通过相互作用来实现一组符合用户目标的均衡要求。

要求分析过程的任务是：

1）将用户的作战使用需要转换成明白无误的、可验证的、切实可行的系统性能规范要求；

2）合并设计考虑要素，包括行政法规制约因素；

3）将从系统级规范到最低层级的系统部组件和使能系统部组件的要求分配形成文件；

4）提供规范要求及其分解与分配的依据；

5）构造一个支持相关要求之间权衡分析的机制，在费用和进度约束条件下，为任务使命提供最大化的保证；

6）构建一个在整个寿命周期内准确地评估系统性能的框架。

要求的定义、派生和细化需要开展以下各项工作：

1）分析用户需求；

2）将用户的需要转换成基本的功能；

3）定义系统的功能边界，编制可量化的性能要求；

4）定义系统执行的每一项功能；

5）定义实施约束条件，如利益攸关方的需求或系统方案的局限性；

6）将性能要求转换成特定的系统技术设计要求和功能。

要求分析过程是一个迭代过程，通过这个迭代过程，识别、细化、分析和权衡系统要求，消除系统要求的缺陷，将潜在的成本动因产生的影响降到最低，最终建立一组各方都可接受的要求。考虑不周的系统要求将在进度、费用或性能方面导致重大的问题，从而增加项目的风险。周密策划的功能要求和性能要求则能被转换成整个系统的设计要求，允许利益攸关方在实施验证与确认的过程中评估系统的性能。完整的要求具有以下的属性：

1）必需的；

2）唯一的；

3）明确的——清晰简洁的；

4）完整的；

5）一致的；

6）技术上可行的、可完成的、能达到的；

7）可追溯的；

8）可测量的/可量化的；

9）可验证的；

10）能够被确认的；

11）作战有效的；

12）单一的。

要求分析过程保证，从用户指定的能力需要派生出来的要求，在整个系统设计中被分析、被分解、功能上被详细分配。用上述列举的属性编制和定义的要求能够实现费用目标和进度目标，并且提高最终系统的质量。要求分析包括定义和细化系统、系统部组件、使能系统部组件及其功能要求和性能要求。功能基线的编制主要是要求分析过程的产物。全部要求都被置于技术状态控制之下，在要求管理过程和技术状态管理过程中被跟踪和被管理。

6.3 体系结构设计过程

体系结构设计过程（architecture design process）是一个权衡和综合过程，项目指挥和系统设计师通过这个过程将利益攸关方需求定义和要求分析过程的各项输出转换成备选的设计方案，并制定候选方案的体系结构设计。备选设计方案可能包括硬件、软件、人的因素、使能系统部组件、相关的内部接口和外部接口。体系结构设计过程与要求分析过程一起，可以在项目的早期发现技术风险，允许尽早地制定风险降低策略。体系结构设计保证基础扎实的方案都被考虑。体系结构设计过程支持对设计考虑要素的分析，理性地对待关键的系统特点和属性，如可靠性、维修性、耐久性、持续保障性、性能和总拥有成本等。

体系结构设计依据系统性能要求综合多个潜在的方案，对这些方案进行评价，最终描述系统，直至个体的系统执行单元。体系结构设计过程是个迭代的过程，力争既能满足利益攸关方的需要，又能实现费用、进度、性能和风险之间的平衡。

功能体系结构通过向硬件、软件、数据库、设施、人员操作等分配实现其使命的功能和子功能，为定义系统体系结构提供基础。物理体系结构的开发包括一个或多个产品结构，或多个实物方案的视图。产品结构的组成可能包括方案设计图样、图表或定义系统的形状、系统部组件的安排和相关接口的方框图。美国国防部体系结构框架的作战视图与系统视图为开发和描述系统功能体系结构提供一种方法。物理体系结构的开发是一个迭代和回归的过程，随着功能要求和功能体系结构的不断完善而发展。物理体系结构的开发完成的标志是系统已经被分解到最低层次的系统部组件，通常是被分解到保障策略中的最小可更换的单元。重要的是，这个过程应尽可能早地明确设计的动因和用户方的要求。

项目指挥可以管控体系结构设计活动，以便全面了解项目的进度和成本动因，将项目的进度和成本动因用于评价备选体系结构、项目的偏差范围和风险降低途径等。

体系结构设计过程的关键活动包括：

1）分析和综合物理体系结构和合理的分配；

2）分析约束要求；

3）识别和定义物理接口和系统部组件；

4）识别和定义物理系统部组件的关键属性，其中包括设计预算（质量、可靠性等）和开放系统原则。

在体系结构设计过程中，派生的要求来自方案决策。重要的是，要搞清楚哪些要求是派生的要求，并保证派生的要求是可追溯的，而且是分配要求的一部分。对于每一个给定的备选方案，决策分析过程依据给定的备选方案进行要求权衡分析。对于每一个备选方案，基于项目的决策，对某些性能要求的强调超过对其他性能要求的关注。这项活动的实质是要达到一个均衡的、可行的、风险可接受的设计，而且这个设计在项目的设计约束条件内。定义和细化功能体系结构和物理体系结构活动的另外一项工作是在项目的初始阶段向市场调研提供技术支持。系统工程师应分析，现有的商用产品或非研制产品是否能够满足用户的性能要求，选用的技术是否能够在规定的时间内真正地成熟。在可能的情况下，应采用成熟的技术来满足用户的需要。

系统体系结构的开发应遵循系统工程的基本原则，应符合可适用的工业标准。系统体系结构应是功能基线的一部分，物理体系结构应是研制基线和生产基线的组成部分。系统体系结构应置于技术状态控制之下，并在资料档案库中进行维护。资料档案库维护体系结构描述和体系结构与其他基线的关系。此项控制为系统工程师提供了一个保证系统体系结构定义在研制项目的寿命周期中保持一致性的手段。

这个过程的输出是系统分配基线，包括说明系统的物理体系结构的文档、说明每个技术状态项的功能要求和性能要求的规范、说明各类接口的功能要求和性能要求的规范。此外，工作分解结构和其他技术计划文档都得到更新。系统体系结构和由此产生的设计文档应足够详细，以便完成以下各项工作：

1）证实各项要求向上的和向下的可追溯性；

2）证实互操作性和开放系统性能要求；

3）充分地定义产品和过程，以支持系统的实施、验证和确认；

4）制定可实现的替代方案，以允许关键的利益攸关方进行非正式的决策。

可用设计建模与分析相结合的方法证实要求的可追溯性和被选物理体系结构的完整性，而且这种方法经济高效。

体系结构设计过程的结果是生成一个能够满足用户能力需要的体系结构设计，所有的要求及其派生的要求全部被分配到了低级层次的系统要素，具备了满足费用目标、进度目标和性能目标的可能性。体系结构设计应能够传递给顾客和设计工程师。体系结构设计的详细程度取决于系统和保障策略的复杂程度。体系结构设计应尽可能地做到详细，以便界定可交付系统的成本和进度，定义各类接口，向顾客保证所有的要求可以满足，控制直至最小的可拆单元，持续保障作战与使用。系统体系结构一经确定，就置于技术状态管理之下。

6.4　实施过程

实施过程（implementation process）有两项主要工作，即设计和实现。实施过程的输出包括系统体系结构中最低层次系统部组件的详细设计、成形连接修整的制造生产工艺、软件编码的流程等。根据技术成熟度的不同，为交付订购的系统，实施过程可能研制，或购买，或重复使用系统部组件。实施活动的目的是系统地提高成熟度，降低风险，保证系统已经为集成、验证和确认作好准备。实施过程提供的系统满足订货方规定的设计和性能要求。作为一个最佳实践案例，系统工程师应制定一份实施计划，计划包括实施程序、制造工艺、工装设备、实施公差、验证不确定性等。

（1）设计

实施开始于装备解决方案分析阶段，备选方案的分析论证决定优选的系统方案是否能够研制，是否能够购买，或是否能够重复使用。方案分析论证可以采用多种形式，如建模与仿真、实验、样机等，通过这些手段评估竞争的系统方案。对系统部组件的设计决策应格外小心，应采用开放标准和开放系统，进行模块化设计，以此在研制、生产、技术更新、寿命延长的过程中降低成本，促进竞争。设计活动包括：

1）确定并分析技术、设计和实现工艺对设计方案施加的各种约束条件；

2）制定系统部组件的方案，研制系统部组件的初步样机和工程研制样机；

3）分析候选的系统部组件设计和实施方案，开展差异性研究，找出矛盾之处和解决办法，保证系统的完整性；

4）确定制造和质量控制程序，以及最终的系统部组件图样或技术数据包中的文件设计设想和决策。

（2）实现

实现（realization）是利用指定的材料、制造生产工具、制造生产工艺建造系统部组件。早期的制造与生产计划对成功地实现和交付所需要的能力非常重要。系统部组件按照产品基线制造，应符合各项质量标准。实现活动包括：

1）获得制造系统部组件所需的材料；

2）从外部购买适用的系统部组件；

3）依据实施程序、公差、环境安全职业健康等要求制造系统部组件；

4）依据规定的产品质量特性决定系统部组件功能性；

5）将制造和生产问题，以及相关的纠正行动形成文件；

6）交付用于集成和验证的已实施的系统部组件。

实施过程的输出是产品基线规定的实物系统部组件，包括制造和生产工艺。

6.5 集成过程

项目通过集成过程（integration process）系统地将低层次的系统部组件逐步地装配成高层次的系统部组件，经过与验证过程的反复迭代，直至集成一个完整的系统。集成过程对提升系统的成熟度、降低风险、准备将系统交付作战部队至关重要。

接口管理在集成过程中起着关键的作用。接口控制规范应尽早确认，并接受严格的技术状态控制。项目的全部外部接口都应写入项目的系统工程计划。美军采办项目的系统工程计划大纲要求，所有具有外部接口的项目必须签订同意备忘录（memoranda of agreement），以便正式地确立承诺和管理程序。

项目指挥和总师负责集成过程的计划、管理和实施。实践经验表明，制定集成计划的项目会增加成功的概率。集成计划将集成过程分阶段进行，并详细说明每个阶段的任务。低层次系统部组件逐步地装配到高层次部组件，最终集成为一个完成的产品。在集成过程中，应考虑多个不同的集成路线，集成计划应包括关于系统总装车间、辅助设施、操作人员、测试台、管线、测试软件、集成进度等的说明。

集成活动验证形成文件的接口规范是否准确有效，以此支持接口管理过程。与此同时，还为每一层次的集成编制验证方法，并将验证方法写入研制基线。连续的集成阶段遵循项目的集成计划规定的顺序，逐步导致产生最终的产品，为产品的验证与确认作好准备。

6.6 验证过程

验证提供证据证明，系统或系统部组件执行系统性能规范、功能基线和研制基线规定的预期功能并满足全部性能要求。验证回答的问题是："承制方是否正确地建造了系统?"验证是系统的实施和集成过程中一项关键的降低风险活动，使项目能够在下一个层次集成前发现系统部组件中的缺陷，从而防止成本高昂的故障排除和返工。

项目指挥和系统总师负责管理功能基线和研制基线定义的验证活动和验证方法，审查验证的结果。

验证在要求分析的过程中开始，在此期间，顶层利益攸关方的性能要求被分解，通过初步系统性能规范和接口控制规范对被分配到系统的部组件进行规范。在这个过程中，项目决定每个要求验证的方式、时间、任务、试验设备、参试人员、靶场时间等。由此产生的验证矩阵和支持文档成为项目的功能基线和研制基线的组成部分。验证可通过演示、检查、分析和试验等方法的任何组合完成。

(1) 演示验证

演示验证是目视观察系统或分系统的运行表现，这适用于目视观察为主要的验证手段的情况。当要求的验证不需要定量评估时才使用这种方法。

(2) 检查

检查是通过目视检验验证设备、图样、相关的设计数据和工艺等与物理特性、材料特性、部组件、产品标识、工作质量等相符合情况。

(3) 分析

分析是用被认可的解析技术和计算机模型，解释或说明系统部组件的行为和性能。试验数据的分析或审查、设计数据的分析等应被用来验证各种要求。

(4) 试验

试验是按照程序提供功能特性和设备运行在全部受控的和可追踪的条件下的数据。试验的目的是检验和评定设计方案是否合理可行，设计思想和设计方法是否正确实用，并最终验证与考核包括可靠性、维修性、电磁兼容性和环境适用性在内的战术技术指标与使用性能是否达到预定的设计指标[23]。采集到的数据被用来评价定量的特性。

通过以上 4 种方法的组合，在物理体系结构的所有层次上对设计进行验证，所有的验证可能要借助模拟与仿真。验证活动和验证结果都要写入功能技术状态审核报告和系统验证审查报告。在可能的情况下，验证应在实际作战使用的条件下实施。

实施过程提供的各个分系统和部组件的验证通过研制性试验与评定、验收试验或鉴定性试验完成。在集成过程中，逐级向上集成的系统部组件在移到下一个集成层次前完成验证。系统作为一个整体的验证在集成完成后进行。如果出现设计更改，应评估每项更改对合格的基线带来的潜在影响。这可能需要重复验证受影响的部分，以便减少性能下降的风险。

验证过程的输出是已验证的生产代表性件（production - representative article）和支持初始作战试验与评定的文档。初始作战试验与鉴定是对生产件（production article）或生产代表性件进行的专项作战试验与鉴定，决定系统是否满足作战效能和环境适应性的要求，支持全速率生产（full - rate production）决策。系统验证审查决定系统满足系统性能规范的程度。

6.7　确认过程

确认（validation）是通过提供客观证据对系统提供的能力符合利益攸关方性能要求、在预定作战使用环境中实现使用的认定。确认回答的问题是：“这是解决问题的正确方案吗?”确认包括评价系统或部组件在作战真实的条件下作战效能、作战适应性、持续保障能力和生存能力。项目指挥和系统总师负责保障确认过程。确认过程一般由独立的试验单位实施。系统最终用户和其他的利益攸关方一般参与确认活动。综合性试验活动的管理和协调按有关规定执行。军方和承制方指派经验丰富的人员组建研制性试验和作战性试验综合性试验队，以便从不同的视角解决试验问题，更加有效地使用各种资源。

确认活动可在预定的作战环境中开展，也可在批准的仿真环境中进行。早期项目确认活动帮助产生作战方案（concept of operations）、系统性能规范、使用案例、功能和物理体系结构、试验案例等。

确认应用于初始产品基线，确保逐渐成熟的设计满足最终用户需要。模型、仿真、模型样机、初步样机等可用于这些早期的确认活动。确认经常与验证一起综合进行。积极地在早期开展确认活动可预先识别使用问题，这时识别问题相对容易，纠正的成本也相对较低，因而可显著地降低项目的风险，最终在作战性试验与评定中改进系统性能。

最后的确认要在作战真实的环境中对生产代表性系统进行作战性试验。确认过程的产出是经过确认的系统和支援系统，下一步工作是批准全速率生产或进行全面部署决策审查（full deployment decision review）。

6.8 移交过程

移交过程（transition process）是在物理体系结构中将任何的系统部组件移动到下一个层次的过程。对于最终产品系统，这是个向作战环境中的用户交付和部署系统的过程。最终产品系统也可能需要在作战使用环境中与其他的系统集成。

及早制定系统移交计划可降低风险，可支持平稳的交付，易被系统的用户迅速地接受。移交考虑因素包括系统使用人员和系统保障人员的要求、培训、可部署性、保障任务、保障设备、包装搬运存储运输等。移交过程的一部分是保证每个基地都准备好系统的接收、验收和安装。移交过程包括已部署系统和支援系统的维护和保障活动，也包括报告和解决缺陷的过程。

项目指挥、系统总师和产品保障主任监督在作战环境中安装或部署最终产品系统及其支援系统的所有移交计划和移交活动。系统总师实施服役审查（in - service review），如果在移交过程中发现缺陷，则领导纠正缺陷的全部工程活动。项目指挥应保证所有的交付物，特别是图样和技术使用手册等各种文档，都交付给订货方。

由于系统的寿命周期阶段各不相同，项目规模的不同，系统的复杂性不同，不同系统的移交活动也不尽相同。最终产品系统可能需要依据定义的外部接口，在作战环境中与其他系统集成。在这种情况下，为了实现平稳的移交，移交过程应与集成过程和接口管理过程同时联合进行。

第7章 权衡研究

7.1 引言

权衡研究（trade studies）是系统设计师和行政指挥在系统工程过程中作出选择、解决冲突而采用的一种正式的决策方法。权衡研究贯穿于整个研制过程，以便从众多的要求中选出合意的且实际可行的备选方案，优选和落实技术目标、设计方案、项目进度、功能要求、性能要求、接口要求和寿命周期费用。权衡研究一般在功能体系结构或物理体系结构的各个级别上进行，充分考虑性能、费用、进度和风险等因素，为生成均衡的系统解决方案提供决策支持。

7.2 权衡研究过程

权衡研究是考察多个可行的备选方案，从中确定优先方案的过程。权衡研究过程包括：定义研究的问题、界定分析的问题、确定权衡方法、设立决策准则、选择备选方案、决定每个备选方案的关键特性、评价备选方案、选定一个解决方案，图7-1是权衡研究过程的示意图。权衡研究过程包括以下几项具体的工作：

1）定义研究的问题，编写问题说明书，包括各种约束条件。定义问题须仔细认真，因为找不到正确的问题，就得不到正确的解决方案。

2）界定和理解问题，这需要确认系统的需求，并将系统的需求用于权衡分析。

3）分析在研究产品或过程所需的特性之间的冲突和可用数据的

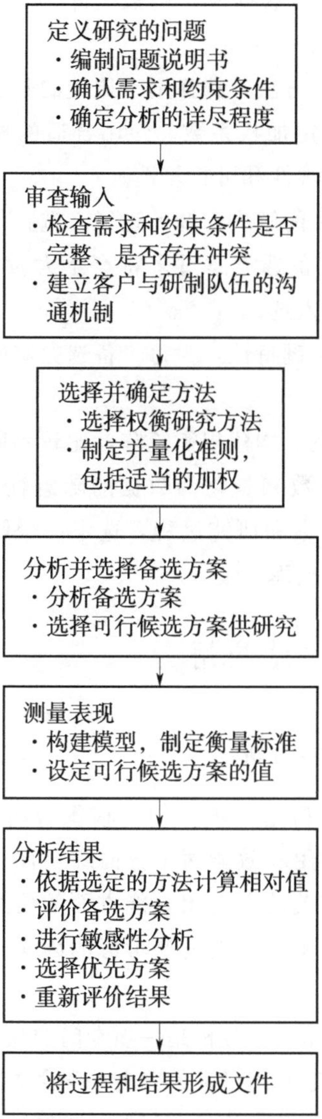
定义研究的问题
·编制问题说明书
·确认需求和约束条件
·确定分析的详尽程度
审查输入
·检查需求和约束条件是否完整、是否存在冲突
·建立客户与研制队伍的沟通机制
选择并确定方法
·选择权衡研究方法
·制定并量化准则，包括适当的加权
分析并选择备选方案
·分析备选方案
·选择可行候选方案供研究
测量表现
·构建模型，制定衡量标准
·设定可行候选方案的值
分析结果
·依据选定的方法计算相对值
·评价备选方案
·进行敏感性分析
·选择优先方案
·重新评价结果
将过程和结果形成文件

图 7－1　权衡研究过程

局限性。确认可利用的数据库，用数据库为评价决策提供相关的、历史的、真实的信息。

4）确定权衡研究方法，选择用于比较的数学方法，设立并量化用于比较的准则，确定加权系数。使用合适的模型和方法，确保权衡研究的合理性、客观性和可重复性。

5）识别所有潜在的解决问题的途径，选择似乎可行的方案，确定备选的解决方案。备选方案过多将产生大量的分析费用，因此，明显可行的方案才能入选。

6）确定方案的关键特性，为每个备选方案的研究方法提供所需的数据。

7）评价备选方案。构建权衡矩阵，比较不同的方案，进行敏感性分析，消除加权系数和量化的数据的随意性，选择优先的方案，重新评价各个备选方案和研究过程，选定一个解决方案。将上述工作形成文档，存入数据库[24]。

7.3 权衡研究方法应用

7.3.1 装备费用效能分析

装备费用效能分析是一项专门的权衡分析，是通过制定目标、建立备选方案、从费用和效能两个方面综合评价各方案的过程，目的是给决策者提供有关装备费用效能方面的信息，使决策者可以根据费用效能分析的结果及其他需要考虑的因素进行决策，以提高装备的费用效能。

装备寿命周期费用效能分析是一项专门的权衡分析。效能是指在规定的条件下达到规定使用目标的能力；寿命周期费用是指在预期的装备寿命周期内，为装备的论证、研制、生产、使用与保障、退役所付出的一切费用之和。武器系统的寿命周期费用大致可分为采购费和使用与保障费，见图7－2。武器系统的使用寿命很长，一般为10～25年，见表7－1。使用与保障费远远超过采购费，以美国常规武器为例，使用与保障费是武器采购费的 2 倍以上，见表 7－2。如果忽视使用与保障费，后果就是寿命周期费用的增加。

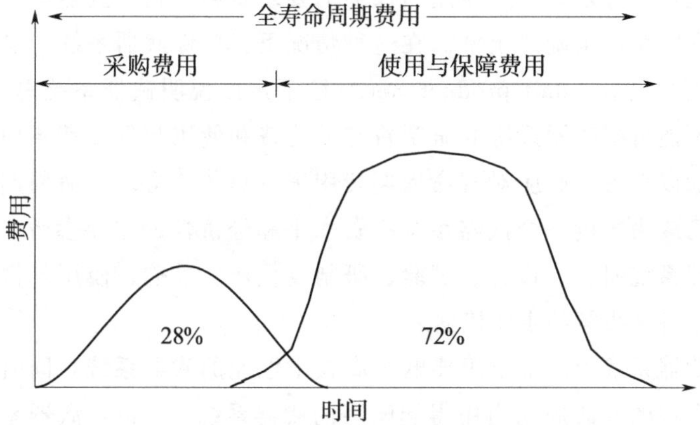

图 7－2　典型的武器系统全寿命周期费用曲线

表 7－1　武器系统的使用与保障年限

武器系统类型	使用与保障年限
运输机	25
轰炸机	25
战斗机	20
直升机	20
近程导弹（飞机）	15
远程导弹（洲际弹道导弹）	20
电子设备	10
军舰	20～40
地面战斗用车辆	20

表 7－2　美国常规武器的寿命周期费用

	采购费用比例/%	使用与保障费用比例/%
F－16 战斗机	22	78
M－2 坦克	16	84

20世纪70年代以前，人们主要考虑生产单件武器系统所需的费用。以后，武器系统性能不断提高，研制和生产成本日益增大。武器系统愈来愈复杂，对使用与保障的要求日趋严格，武器系统的使用与保障费用也随之上涨。在这种情况下，单件武器系统产品的研制、生产成本（unit product cost）已不足以说明武器系统总费用，人们不能再把武器系统的研制费与采购费和使用与保障费不应分割开来加以考虑，而应对寿命周期费用进行总体考虑。寿命周期费用现在已成为衡量一个武器系统投资水平和经济性的主要参数，也成了武器系统研究、设计、试验、研制及生产、采购、使用与保障等过程中各种决策的主要依据之一。

武器系统用户不仅想要购买高技术性能的武器系统，同时还能够在合理的寿命周期内用得起购买的武器系统，所以，武器系统设计最重要的约束条件之一是费用。可靠性与维修性对武器系统的寿命周期费用有着重大的影响，因为可靠性与维修性决定武器系统出现故障的频率和武器系统出现故障后能够被修复的速度与成本。

图7－3可说明可靠性与费用之间的关系。武器系统的可靠性越高，其他因素不变，使用与保障费用就会降低，因为发生故障和失效的事件少。但同时，为得到改善的可靠性，采购费用（研制与生产费用）势必增加。在某一给定点，花在提高可靠性的费用正好等于使用与保障节约的费用。这一给定点代表寿命周期费用最低。因此，可以把可靠性看成是采购阶段的投资，这种投资的收益是保障支出的减少。维修性与寿命周期费用之间也存在相同的关系[25]。

7.3.2 灵敏度分析

灵敏度分析是通过测定一个或多个不确定因素的变化所导致的决策评价指标的变化幅度，了解各种因素的变化对实现预期目标的影响程度，从而对外部条件发生不利变化时投资方案的承受能力作出判断。灵敏度分析是经济决策中常用的一种不确定性分析方法[26]。

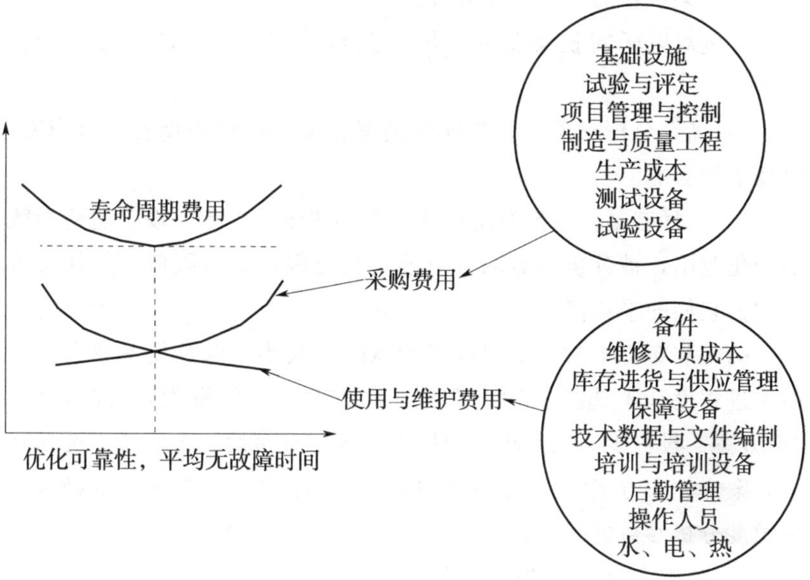

图7-3　可靠性与全寿命周期费用的关系

（1）分析步骤

1）确定分析对象，主要是确定需要进行灵敏度分析的不确定因素；

2）选择不确定性因素相对应的变量；

3）计算变量变动时对分析对象的影响数值，找出灵敏因素；

4）结合确定性分析进行综合评价，必要时应修改原有的某些假设和约束条件，然后选择最佳的备选方案。

（2）分析方法

1）单变量的灵敏度分析方法。每次只变动一个变量，而其他因素不变化，分别计算变量对确定性分析对象的影响程度。

2）多变量的灵敏度分析方法。根据分析项目的内部条件、外部环境和装备特点等具体情况，将多种不确定性因素组合起来，使它们同时发生变化，计算其对分析对象的影响程度。必要时应进行计算机模拟。

(3) 某装备的灵敏度分析示例

本例对电子对抗装备的灵敏度分析采用单变量的灵敏度分析方法。

1) 确定分析对象。分析评价决策方案对寿命周期费用 (LCC) 总现值的影响。

2) 选择变量。选择费用估算的全部关键性参数，设定这些参数的变化范围，被分析参数取它可能变化范围内的极限值，其他参数分别为它们的平均值。

确定装备方案时，根据投资和风险的大小，以及技术战术指标的先进程度，来选择三种方案。“高方案”的投资大，风险也大；“低方案”投资少，风险小，但技术战术指标落后。本例考虑选择基本方案为“中方案”，根据对“中方案”的各种调查数据，选择以下灵敏度分析参数进行分析：

a) 装备寿命期比“中方案”减少 25%；

b) 无大修 (或工厂翻修) 设计；

c) 部分整件外协；

d) 全部关键重要件 (大型电子管) 进口 (或引进生产线) 对 LCC 的影响及其国产化的效益；

e) 基层级维修和操作人员减少 25%；

f) 关键重要件的可靠性指标平均无故障时间 (MTBF) 从第二批装备时增加 25%；

g) 考虑通货膨胀的影响，维修费平均每年增加 25%。

3) 计算。求出每个数值变化范围内 LCC 的变化，用费用变化的百分比或以相应的系数来表示，或把参数变动及总现值变动结果绘成图或列表表示。本例中某装备灵敏度分析表见表 7-3。

表7-3　灵敏度分析表

序号	重要因素	△LCC/元	△LCC/LCC	灵敏度排序	备注
a	寿命减少25%	+3 371 115.80	-6.98%	3	
b	无大修	+21 331 485.00	44.21%	1	
c	部分整件外协	+200 000.00	0.415%	7	
d	全部关键重要件进口	+15 370 600.00	31.8%	2	
e	人员减少25%	-1 005 227.50	-2.048%	4	
f	关键重要件MTBF提高25%	-233 226.00	-0.483%	6	
g	维修费每年增加25%	+568 334.25	1.18%	5	

4）综合分析与评价。综合分析是找出变化的可能范围，比较各因素对费用影响的大小，确定灵敏因素（参数），即该因素的数值发生变化，即使是微小的变化，都会严重影响项目的总现值。灵敏度分析表明：

序号b——无大修，费用变化值最大，可以确定其是灵敏因素，需要进一步分析；

序号d——全部关键重要件进口，则LCC将增加31.8%，可见国产化的效益是很明显的；

序号c——部分整件外协，LCC增加量最少；

序号e——在保证使用维修质量的前提下精简人员，可以降低寿命周期费用，但不很明显[27]。

第 8 章　技术状态管理

8.1　引言

技术状态管理（configuration management，CM）是民用产品开发生产和武器装备研制生产的经验总结，在武器装备的系统工程管理中发挥着重要作用。技术状态管理可以有序地管理系统的信息和系统的更改，目的是提高系统的能力，改善系统的性能、可靠性和维修性，延长武器装备的使用寿命，降低成本，缓解风险，纠正缺陷。技术状态管理的效益远远大于技术状态管理的成本，不实施技术状态管理，或不有效地实施技术状态管理，将付出极大的代价，有时可能带来装备失效或丧失生命的灾难性后果[28]。

技术状态管理是美国空军在 20 世纪 50 年代为美国国防部发展起来的技术管理方法，在 20 世纪 60 年代末期形成一个单独的技术学科。美国国防部在 20 世纪 70 年代相继颁布 480 系列军用标准，如 MIL - STD - 480《技术状态控制——工程更改、偏差与超差》、MIL - STD - 481《技术状态控制——工程更改（short form）、偏差与超差》、MIL - STD - 482《技术状态纪实》等。1992 年，480 系列军用标准合并统一到一个单独的美军标 MIL - STD - 973《技术状态管理》，1997 年该军标被 MIL - HDBK - 61《技术状态管理指南》替代。之所以这样做，是因为美国国防部提倡减少军用标准的数量，尽量采用通用的工业技术标准。这就推动了 ANSI/EIA - 649 - 1998《技术状态管理》的问世，该标准在 2004 年升级到 ANSI/EIA - 649 - A - 2004《技术状态管理》，在 2011 年再次升级到最新的版本 ANSI/EIA - 649 - B - 2011《技术状态管理标准》。这个新标准得到了美国国防部的认可和应用。

技术状态管理现在已经成为我国武器装备研制生产的标准管理手段。早在 1998 年我国国防科学技术工业委员会颁布了 GJB 3206—1998《技术状态管理》，2010 年中国人民解放军总装备部发布 GJB 3206A—2010《技术状态管理》，这两个标准规定武器装备的研制项目实行技术状态管理，要求在武器装备系统或技术状态项研制过程的不同阶段，分别编制出能全面反映其在某一特定时刻能够确定下来的技术状态的文件，建立功能基线、分配基线、产品基线。其中功能基线应与《武器系统研制总要求》的技术内容协调一致；分配基线与《研制任务书》的技术内容协调一致。同时要求控制对这些基线的更改，使对这些基线所作出的全部更改都具有可追溯性，确保武器装备系统或技术状态项在其研制、生产的任何时刻，都能使用正确的技术文件。

技术状态是在产品技术状态信息中规定的产品相互关联的功能特性和物理特性，而产品技术状态信息是对产品设计、实现、验证、运行和支持的要求[29]。功能特性是指产品的性能指标、设计约束条件和使用保障要求，其中包括使用范围、速度、杀伤力等性能指标，以及可靠性、维修性和安全性等要求。物理特性是指产品的形体特性，如组成、尺寸、表面状态、形状、配合、公差、质量等。技术状态管理是对技术状态项进行的技术状态管理策划、技术状态标识、技术状态控制、技术状态记实和技术状态审核的技术的和管理的活动，并应根据产品寿命周期各阶段的特点和要求来确定工作内容[30]。

8.2　技术状态管理策划

一个产品的全寿命周期的技术状态管理策划对实现一个有效的、可预测的、可重复的技术状态管理过程至关重要。技术状态管理策划把工作中心放在产品和用户上，通过应用各种可靠的和实用的程序，降低成本，提高产品的质量和稳定性。

技术状态管理策划包括以下各项内容：

1）在产品的全寿命周期内应用相应层次的技术状态管理。

2）落实相关的政策和程序，推行有效的产品技术状态管理。

3）把技术状态管理的职能责任分配给各个组织机构部门。

4）培训技术状态管理专业人员和其他承担技术状态管理责任的人员。

5）配置和使用充足的资源，包括技术状态管理软件工具和设施。

6）设立技术状态管理绩效衡量指标，作为持续改进的基础。

7）保证供应商的技术状态管理的优秀表现。

8）整合企业组织的产品技术状态信息过程。

8.2.1 确定背景与环境

确定产品的背景（context）和环境（environment）非常重要，因为技术状态管理应用的策划需要根据产品的需求、复杂性和寿命周期环境进行剪裁。虽然所有的技术状态管理元素都是必需的，但是许多不同的因素能够影响具体的技术状态管理的要求、过程、工具，以及技术状态管理强调的程度对某一特定产品的应用。下面列出影响因素：

1）产品和组织的约束条件，例如产品规模、产品重要性、产品复杂性、产品数量、质量要求、涉及的组织数量和规模、预算、进度等。

2）产品使用的自然环境。

3）保障类型，例如工厂保障、供应商保障、独立维修中心保障、用户保障、没有保障要求。

4）寿命周期阶段。

5）技术状态批准机构。

6）项目的合同要求、产品的合同要求、技术状态管理的合同要求。

7）知识产权。

针对以上各项影响因素，可以提出以下问题：

1）谁是顾客？

2）技术状态管理需要处理哪些顾客的属性和哪些终端用户环境的属性，将由谁保障和维修产品，是顾客？是供应商？还是用户？或是其他组织？

3）在更改的决策中，顾客起什么作用？

4）当前处于产品的哪一个寿命周期阶段？预期还有几个阶段？

5）产品有哪些技术复杂性？

6）有哪些产品部件需要管理层的特别关注？

7）是否需要实施功能技术状态审核和物理技术状态审核？

8）需要对供应商进行什么样的技术状态更改管理？

9）产品或其部件是新设计？还是原有设计？或是原有设计的修改？

10）文档包需要多么复杂？

11）在使用阶段有哪些文档可用？可用的文档是否能够反映当前的产品？

12）预期有多少更改？有什么样的更改？

13）是否预期顾客或用户要求更改？

14）产品的预期使用寿命有多长？

15）产品退役处置是否涉及环境问题？

16）用户和维修活动需要哪些特殊的信息？

8.2.2　编制技术状态管理策划文件

除非顾客提出特殊要求，技术状态管理策划文件的形式和格式并不重要，无论是纳入其他的项目策划，或是分离的技术状态管理计划的一部分，都是如此。不过，按照策划文件实施技术状态管理对于保持产品需求、产品信息和产品技术状态的一致性却至关重要。

一份全面的技术状态管理计划能够有效地将技术状态管理原则

和方法应用到等同的背景和环境，这样的计划一般包括以下各项：

1）一般的产品定义及范围；

2）对每一个主要技术状态管理职能部门的技术状态管理活动和程序的说明；

3）组织、任务、职责、资源；

4）术语的定义；

5）项目的和组织的接口；

6）交付物、里程碑、进度；

7）分承包合同向下流动要求。

形成文件的技术状态管理策划在任何影响背景和环境的重大更改之后都应重新评价。重大更改是指供应商的变换或供应商责任的变更、制造资源的减少、部件的过时淘汰、资源可用性的变化、顾客合同的变更、产品的变更等。应定期地对技术状态管理策划进行评审，以保证企业组织当前在开展技术状态管理活动。

8.2.3　配置充分的资源和分配责任

实践表明，必须在一个产品的寿命周期的每个阶段，计划和实施技术状态管理，为之配置充分的资源，以保持产品的一致性。所要求的资源包括各种设施、人员、信息系统、设备和工具。资源应分布在主承包商、分承包商和供应商之中。工程的复杂性、与顾客和供应商的接口以及项目的其他因素等，影响执行技术状态管理职能的任务和所需资源。每一个工程、每一个项目或每一个组织，必须在每一个寿命周期阶段，评估技术状态管理资源的变化情况。技术状态管理策划确定技术状态管理的任务和相关的责任、职权、技能以及活动的范围。在一个相对小的、相对简单的产品环境中，许多技术状态管理任务可以分配给一个人；如果是在一个非常大的、复杂的产品环境中，则需要很多人共同执行技术状态管理任务。

8.2.4　建立、执行和维护程序

技术状态管理程序为实施技术状态管理提供详细的操作步骤。

程序应该清晰无误，简明扼要，符合作业人员的文化水平。如同策划一样，程序应适用于多个产品，或针对特定的产品进行剪裁。应仔细地评估程序，以保证程序与技术状态管理策划保持一致，并尽可能地使其简单。

8.2.5　技术状态管理培训

技术状态管理培训的目的是使受训人员理解技术状态管理的基本原理和基本原则，以及技术状态管理的工具、程序和惯例的使用。技术状态管理培训应与组织的培训政策保持一致，培训形式可以是在岗培训，也可以是正式课程培训。

培训不一是一次性的，而应是随着人员和过程的变化，人员技能的发展，新工具的引入，持续地进行。

8.2.6　评估符合性和有效性

对技术状态管理过程进行评审，演示验证技术状态管理的计划、过程、程序和工具的符合性和有效性，以确保产品的性能，提供持续的过程改进。这些评审应该定期举行，或在过程出现重大偏差时进行。监测技术状态管理的运行状态可以发现改进的机会，也可以在问题对项目产生重大影响之前找出它们。

另外一项重要的工作是设立性能和质量的定量衡量指标，用于评价企业和供应商技术状态管理的过程、程序和工具的有效性。衡量指标的选定应考虑项目的环境和产品的寿命周期阶段等因素。从衡量指标获取的信息用于理解过程或工具中存在的问题和无效性，评估问题和无效的严重程度，进行必要的纠正和改进。

8.2.7　供应商技术状态管理

可通过采购协议或分承包协议对低层级供应商提出技术状态管理要求。针对具体的分承包商和供应商进行要求剪裁是技术状态管理策划的主要活动之一。技术状态管理要求向下流动以保证整个供应链都开展技术状态管理活动。对分承包商和供应商的监测可通过这样几种形式：数据审查、技术状态更改管理、设计审查、产品试验结果、技术状态审核和技术状态管理监督审查。

8.2.8 产品技术状态信息过程

产品技术状态信息过程包括以下几项内容：

1）数据搜集和信息处理；

2）信息状态控制；

3）信息互用与交换；

4）信息的保存[31]。

8.3 技术状态标识

8.3.1 任务

技术状态标识是指确定技术状态项及其所需技术状态文件，标识技术状态项及其技术状态文件，发放和保持技术状态文件，建立技术状态基线的活动。技术状态标识的任务包括：

1）选择技术状态项；

2）确定各技术状态项在不同阶段所需的技术状态文件；

3）标识技术状态项和技术状态文件；

4）建立技术状态基线；

5）发放经正式确认的技术状态文件并保持其原件。

8.3.2 标识

对经选择和确定的每个技术状态项及相应文件，应制定相应标准或直接应用相关标准，规范设计文件、研制文件、硬件产品和软件产品的标识。

1）文件标识。文件标识应具有唯一性，应能准确反映与对应武器系统及其技术状态项的联系，应能反映研制状态。文件标识一般由文件名称、所属武器系统代号、对应的技术状态项代号或/和产品代号、阶段标记等组成。

2）硬件产品标识。为实现可追溯性，所有硬件产品均应标记，并达到识别独立实物的目的。一般硬件产品应在实物上标注产品代号、产品编号，如有需要还应标注产品名称。硬件产品的记录文件还应记录装配的零部件标识。硬件产品的标识还应具有可追溯武器系统隶属关系、技术状态项、生产厂家、制造者和检验者。应结合武器系统自身特点和技术状态项树制定相应标准以规范硬件产品标识方法。

3）软件产品标识。软件产品应分解到计算机可用程序模块，其标识应能准确反映软件载体和版本控制，应可追溯生产单位、软件编程人员、测试人员。应结合武器自身特点和技术状态项树制定相应标准以规范软件产品标识方法。

8.4　技术状态控制

8.4.1　任务

技术状态控制是技术状态基线建立后，对提出的技术状态更改申请、偏离许可申请和让步申请所进行的论证、评定、协调、审批和实施活动。

技术状态控制的任务包括：

1）制定控制技术状态更改、偏离许可和让步的管理程序与方法；

2）控制技术状态更改、偏离许可和让步；

3）确保已批准的技术状态更改申请及偏离许可和让步申请得到准确实施。

在技术状态基线建立后，必须控制技术状态项的更改，对提出的更改建议应遵循论证充分、试验验证、各方认可、审批完备、落实到位的原则。

技术状态控制始于功能基线确定之时，继而贯穿于技术状态项研制、生产的全过程。在订购方确认基线之前，承制方应对每一技术状态项的技术状态文件实施内部的技术状态控制。在订购方确认基线之后，承制方应按照规定程序控制对技术状态文件的更改，记载更改造成的所有影响，并将已批准的技术状态更改纳入技术状态项及其相关的技术状态文件。

8.4.2 对工程更改的控制

承制方和订购方都可对现行已批准的技术状态文件提出工程更改的建议。订购方提出工程更改建议时，应书面通知承制方。

根据更改对产品的技术状态、产品使用以及控制工程更改的权限不同，工程更改分Ⅰ类工程更改和Ⅱ类工程更改。Ⅰ类工程更改是由订购方或有关上级领导机关批准的工程更改，Ⅱ类工程更改是由承制方自行控制的工程更改。

属Ⅰ类工程更改的有：

1）影响合同规定的合同经费、合同保证或担保、合同规定的交付要求、合同其他重要条款的更改。

2）研制过程中，更改功能技术状态文件、分配技术状态文件，将导致性能和功能、可靠性、维修性、测试性、保障性、安全性、生存性、环境适应性和电磁兼容性等特性、外形尺寸、质量、质心、转动惯量、接口特性及规范中的其他重要要求超出规定的限值或容差值的更改。

3）设计定型后，更改产品技术状态文件，对产品质量有重大影响；或者对技术状态项及其零、部、组件的互换性，已交付的使用手册、维修手册，与保障设备、保障软件、零备件、训练器材（装置、设备和软件）等的兼容性，技能、人员配备、训练、生物医学因素或人机工程设计产生重大影响的更改。

不属于Ⅰ类更改的均属Ⅱ类更改。

工程更改的一般程序为：

1）判定技术状态更改需求；

2）确定技术状态更改类别；

3）编制技术状态更改申请；

4）评审技术状态更改申请；

5）审批技术状态更改申请；

6）编制技术状态更改通知；

7）实施并检查技术状态更改。

8.4.3　对偏离和让步的控制

技术状态项的制造应满足已批准的技术状态文件规定的要求。在技术状态项制造前，如果承制方认为有必要临时偏离已批准的技术状态文件，可提出偏离许可申请。在技术状态项制造期间或检验验收过程中，如果承制方认为不合格品可返修成原样使用，可提出让步申请。对偏离和让步必须实施管理和控制。经批准的偏离许可、让步申请仅在指定范围和时间内适用，不应作为功能技术状态文件、分配技术状态文件或产品技术状态文件的更改依据。

偏差和让步的级别一般分为严重级和轻度级。严重级之外的属轻度级，对下列一项或多项产生影响的偏离和让步属严重级：

1）性能；

2）功能接口或物理接口；

3）互换性；

4）形状、质量、质心；

5）可靠性、维修性、测试性、保障性、安全性；

6）环境适应性和电磁兼容性等特性；

7）人员健康与安全；

8）服役使用或维修；

9）造成严重后果的其他方面。

8.5　技术状态记实

8.5.1　任务

技术状态记实是在产品寿命周期内，为说明产品的技术状态所进行的记录、报告活动。技术状态记实的任务包括：

1）记录并报告各技术状态项的标识号、现行已批准的技术状态文件及其标识号；

2）记录并报告每一项技术状态更改从提出到实施的全过程情况；

3）记录并报告技术状态项的所有偏离许可和让步的状况；

4）记录并报告技术状态审核的结果，包括不符合的状况和最终处理情况；

5）记录并维持已交付产品的版本信息及产品升级的信息；

6）定期备份技术状态记实数据，维护数据的安全性。

8.5.2　记录和报告

承制方应从产品的方案阶段起开展技术状态记实活动，记录技术状态标识和技术状态控制过程中的有关事项和数据，为技术状态进展过程中实施有效管理提供可追溯性。通常应记录技术状态项、技术状态基线、工程更改、偏离和让步，以及它们相应的零、组件号、文件号、序列号、版本、标题、日期、发放状态和实施状况等内容。在产品研制生产阶段，承制方应与订购方协商发送下列文件：

1）技术状态项及其技术状态基线文件清单；

2）当前技术状态说明报告；

3）技术状态更改、偏离许可和让步状况报告；

4）技术状态更改实施和验证报告；

5）其他订购方要求的报告。

8.6　技术状态审核

技术状态审核是为确定技术状态项与其技术状态文件的一致程度而进行的正式检查，包括功能技术状态审核和物理技术状态审核。每一个技术状态项都应进行功能技术状态审核和物理技术状态审核。

功能技术状态审核和物理技术状态审核完成后，审核组织者应向有关各方发放审核纪要。审核纪要至少应记录审核的完成情况和结果，以及解决遗留问题所必需的措施。审核纪要还应给出审核的结论，即认可、有条件认可或不认可[32-33]。有关功能技术状态审核和物理技术状态审核的内容，请参阅第 8 章技术审查与审核。

第 9 章　技术产品度量

9.1　引言

度量（metric）是用于测量、比较或用于跟踪性能或生产的定量评估的参数或测度[34]。度量是通过观测被测量随时间的变化以确定项目的进展情况和全部状态而采集的测量结果。度量的作用是有效地实施量化的控制管理，改进研制过程，提高产品的质量。技术活动管理需要采用 3 类基本度量：

1）跟踪产品研制情况的产品度量；

2）跟踪符合计划进度和计划费用的获得值；

3）跟踪管理活动的管理过程度量。

度量的测量、评定和控制通过定期报告的制度来实现，定期报告的制度必须经历计划、设立和监测的过程，这样才能保证度量得到正确的测量和评价，从中获得的数据得到充分的分发。

我国武器装备研制项目的方针政策、管理条例、军用标准等开始提出关于度量的规定。美国的国防部和企业界制定了关于产品度量的政策。国防部文件 DoD 5000.2 – R《Mandatory Procedures for Major Defense Acquisition Programs》规定：分析和控制活动应包括性能度量，用度量测量技术开发和设计的实际值与计划值的偏差，测量系统满足需求的程度。电子工业标准 EIA/IS – 632《Systems Engineering》要求：执行活动设立和实施技术性能度量，用技术性能度量评价发展着的解决方案的充分性，识别影响系统能力的缺陷，满足技术参数的指定值。

9.2　管理度量体系

9.2.1　说明

管理度量体系是一组定量衡量标准或一组度量，用于向项目管理办公室提供有关项目研制状况和风险处理活动的及时信息，对风险监测和项目成功至关重要。各项度量设定目标值，将观测数据与目标值进行比对，用比对结果判断研制项目的性能、费用和进度的发展趋势以及存在的问题。管理度量体系应由承制方和使用方共同制定。

9.2.2　程序

度量可按技术性能、费用和进度进行归类。技术性能类度量可进一步分解为工程、生产、后勤保障等小类，这些小类又可进一步分为产品方面或过程方面的度量。产品方面的度量涉及在研系统的特性，包括关键参数的计划值和验证值，也包括研制过程各阶段的系统特有数据。关键参数在技术性能测量过程中被监测。

产品度量是指跟踪设计的关键属性以观测设计进展是否满足顾客需求的度量。产品度量反映3类基本需求，即作战性能、寿命周期适用性和经济可承受性。系统工程度量的关键集合是技术性能测量（technical performance measurements，TPM）。技术性能测量是产品度量，跟踪设计进展情况，以满足顾客的性能需求。技术性能测量与系统工程过程密切相关，因为技术性能测量直接支持将设计活动追溯到作战需要。技术性能测量源自于反映系统需求的性能测度（measures of performance，MOPs）。而性能测度又产生于反映作战性能需求的效能测度（measures of effectiveness，MOEs）。表9－1是产品度量体系的示例。

表 9-1 产品度量示例

工程	需求	生产	保障
关键设计参数	需求的可追溯性	制造成品率	专用工装和检测设备
质量	需求的稳定性	来料成品率	保障基础设施规模
尺寸		错误装运数	人力估算值
续航时间		单位生产成本	
射程		工艺验证	
设计成熟度			
未解决问题的报告数			
工程更改单数			
图样发放数			
失效次数			
计算机资源利用率			

过程度量与用于系统的研制和生产的各种过程有关。对于每一个项目，若干个过程对实现项目目标至关重要。一旦这些过程达不到要求，就意味存在重大问题。度量数据可用来诊断和帮助解决这些问题，也用于正式地、定期地评估各种研制过程的绩效，评定系统研制过程实现其目标的进展情况。

我国原国防科工委质量与可靠性研究中心武器装备研制与生产风险图编制了投资、论证、设计、试验、生产、定型、保障、基础和管理等 9 个方面的过程，9 个过程再细分为 60 个风险区。可以对每一个过程和每一个风险区设立风险管理度量，依据设立的度量，评估和监测项目风险，使项目技术性能风险维持在可接受的水平。表 9-2 是过程度量体系示例。

成本和进度度量可用来说明研制项目进展情况。获得值管理系统提供的信息可以作为度量，反映成本和进度方面实际完成的工作量与计划的工作量之间的偏差。成本和进度度量的来源包括成本核算信息和综合总进度计划。表 9-3 是成本和进度度量体系示例[35]。

表 9-2　过程度量示例

设计要求	权衡研究	设计过程	综合试验计划	故障报告系统	制造计划
编制需求可追溯性计划 编制规范树 审查规范的下列内容： 1）全部使用环境的定义 2）每一使命的全部功能要求定义	对用户需求进行优先排序 选定备选系统的技术状态 选定试验方法	保证设计要求的稳定性 分析可生产性 设计分析： 1）成本 2）部件减少量 3）可制造性 4）可测试性	确定系统级和分系统级的研制性试验 明确试验主体	承制方顶级管理参与故障报告和纠正措施过程 确定分析和纠正行动的责任人和截止日期	编制实现设计的工艺文件 包括主承制方和分承制方编制的工艺规程和进度计划，规定使用的材料、生产流程、试验和检测设备、工艺装备、生产设施和生产人员 反映设计过程考虑的可制造性 包括设计设施的确定和评估

表 9-3　成本和进度度量示例

成本	进度
成本偏差	进度偏差
成本执行指数	进度执行指数
完工时估算值	设计进度执行情况
管理储备金	制造进度执行情况
	试验进度执行情况

9.3　技术性能测量

9.3.1　说明

技术性能测量是项目办公室除处理进度和费用问题的工作外，为了解产品设计状况所开展的一项工作。技术性能测量是一项分析和控制技术，用于：1）预测被选定技术参数在一段时间内的可能性能；2）记录被选定参数的实际观测性能；3）比较实际性能与预测性能的差异，帮助项目指挥决策。如果研制项目事先对技术性能测量考虑周全，技术性能测量将能够早期预警各类技术问题，支持评估使用要求的满足程度，评价建议的系统性能更改的后果。

技术性能测量可以图示，也可用文字表述。图示法如图 9-1 所示。

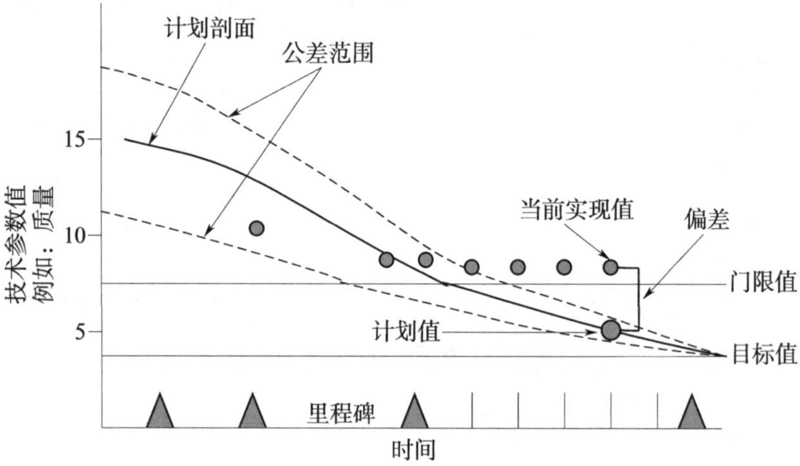

图 9-1 技术性能测量概念图

9.3.2 程序

图 9-1 显示了作为时间函数的被选参数的预测行为和实际观测值，据此能够估计计划剖面的偏差。技术性能测量报告的叙述部分应对图示部分进行说明，分析偏离计划剖面的原因，评估偏差的严重性，解释纠正偏差的行动措施，预测未来的性能。

被监测的参数一般是根据军方和承制方的需要选定。军方项目办公室需要一整套的技术性能测量，以期能够全面深入地了解工作分解结构关键元素的技术性能，特别是需要了解研制项目的主要成本动因、位于关键路径的元素和高风险的项目。

为军方选定的技术性能测量应该能够追溯到作战使用用户的需要。承制方跟踪的项目一般多于向军方报告的数目，这是因为承制方较之军方项目办公室需要更详细的信息。选择哪些参数进行监测取决于众多的因素，如所需的资源、评审和追踪人员的可得性、系统的复杂性、所处的研制阶段、承制方从以往类似系统获得的经验等。

一个典型的技术性能测量图形类似图 9－1。被预测的性能剖面的实际图形，以及是否使用公差范围，取决于选择的参数和项目办公室的需要。

另外一个重要的考虑是技术性能测量项目与风险管理之间的关系。在一般的情况下，选定进行监测的参数应该与项目的风险区密切相关。如果某一设计要素被识别为风险区，那么选择的参数将使项目指挥能够跟踪这一区域的进展情况。例如，如果增加飞机的航程被认为是关键的任务，同时又是个风险区，那么，就应选择表征航程的参数进行监测，诸如飞机质量、耗油率、阻力等。不仅如此，技术性能测量应与正式试验的关键技术参数保持一致，虽然技术性能测量项目一般不限于那些对试验非常关键的参数。

在承制方定期地向军方报告时，在重大的技术评审、试验和项目管理评审时，军方评审和监测技术性能测量是分内的正当行为。

人们希望技术性能测量能够追溯到用户的需要，同时，技术性能测量也必须是具体的技术参数，能够被预测和被监测。例如，作战使用用户可能要求在战斗中生存下来。生存性本身并不是一个可测量的参数，但是有一些重要的技术参数能够决定生存性，比如雷达散射截面和速度，因此，技术主管可能选择和监测雷达散射截面和速度作为技术性能测量报告的内容。选择哪些参数用于技术性能测量监测，还必须考虑参数行为可被预测的程度，以及参数行为是否真正能被测量到。如果选定的参数不能够被赋予剖面，被测量，或者不是项目成功的关键因素，那么，一般地讲，军方就不应选择该参数作为监测的对象。工作分解结构是考虑技术性能测量监测参数的最佳起点，见图 9-2。

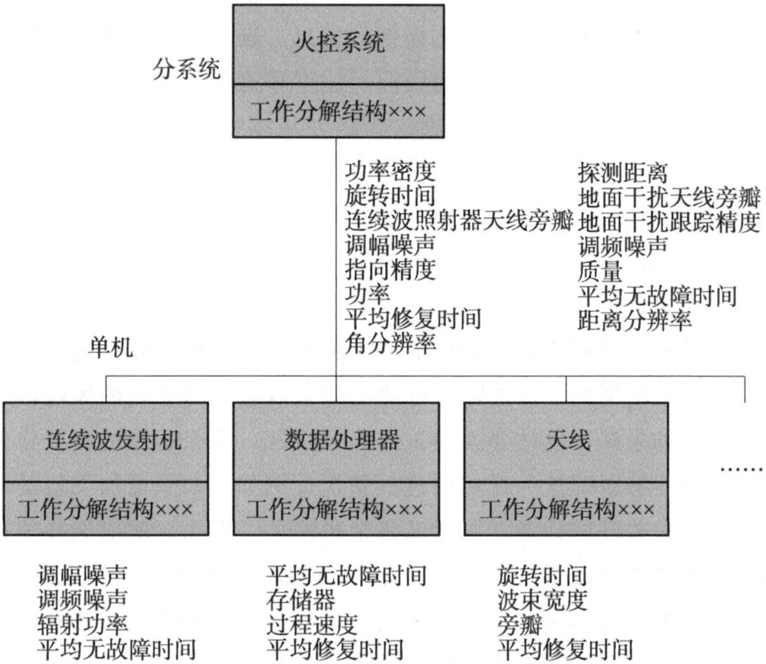

图 9-2　工作分解结构示例——舰载火控系统（部分）

最近几年，管理实践把技术性能测量与获得值管理联系起来，获得值计算反映与实现技术性能相关的风险。这种方法通过统计分析实际性能和计划性能，算出系统性能达到技术性能测量剖面某一水平的概率。

综上所述，技术性能测量是系统分析与控制的重要工具，能够早期预警关键技术参数的偏差，这些偏差的参数如果不被控制，将影响项目的成功，使用户的需要得不到满足。技术性能测量应成为项目定期报告和管理反馈的重要内容，也应是技术评审和项目管理评审的重要内容。谨慎地利用技术性能测量，项目主管，不论是否具备技术背景，将能够对系统技术性能作出理智的判断[36]。

9.4　软件质量度量

9.4.1　说明

在软件质量评价中，为了合理表明软件产品质量的优劣，对软件的度量十分重要。软件测度是一个软件项目、产品或过程任何一方面的可量化维数、属性或量，是与软件过程和产品的各种元素相关的原始数据。度量从测度中计算，是可量化的指数，用于比较软件产品、过程或项目，或预测结果。有了度量，我们可以：

1）监控要求；

2）预测开发资源；

3）跟踪开发进程；

4）理解维护费用[37]。

9.4.2　程序

软件工程的最高目标是生产高质量的软件产品。在软件开发过程中，影响软件产品质量的根源主要有 4 个方面，即：开发技术；开发过程控制；软件人员素质；开发经费和开发周期。什么是软件质量呢？中华人民共和国国家标准 GB/T 16260—1996《信息技术 软件产品评价 质量特性及其使用指南》对软件质量的定义是：反映产品或服务满足明确或隐含需求能力的特征和特性的总和。软件质量特性是用以描述和评价软件产品质量的一组属性[38]。ISO/IEC 9126 - 1991《Information Technology — Software Product Evaluation—Quality Charateristics and Guidelines for Their Use》规定软件质量模型由 3 层组成，见表 9 - 4，并定义 6 个质量特性和 21 个子特性[39-40]，见图 9 - 3。订货方和承制方可以根据需要，选用这些特性作为度量来评价软件质量。

表 9－4　软件质量层级

高层	质量特性——软件质量需求评价准则
中层	质量子特性——软件质量设计评价准则
底层	度量——软件质量度量评价准则

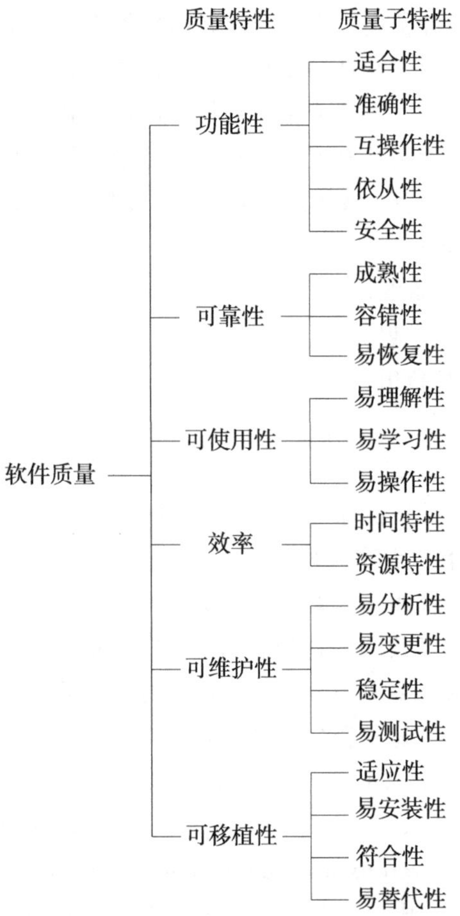

图 9－3　软件质量评价模型

由于质量度量贯穿于软件工程的全过程，甚至延伸到软件交付用户使用之后。因此，在软件交付之前所做的度量十分重要。这个度量提供一个定量的根据，用以判断软件设计和测试质量的好坏，以及提交软件产品的可靠度和可信度。质量度量一般针对程序的复杂性、有效的模块性和总的程序规模等。当软件交付后，度量则把注意力集中于还未发现的差错数和系统的可维护性方面。

美国国防部建议将商用软件的 5 类度量用于测量军用软件质量，如表 9-5 所示。在开发期间，使用技术和缺陷度量。投入使用后，搜集的度量包括用户满意度、保证和信誉度[41]。

表 9-5　商用软件质量度量

度量方式	说明
技术度量	用于判定代码是否结构良好、硬件与软件手册使用是否充分，文档是否完整、正确、最新
缺陷度量	用于判定系统处理数据无误，系统无非正常终止，系统未运行与软件密集系统故障相关的其他事情
最终用户的满意度度量	用于描述从使用该系统中获得的价值
保证度量	反映与逐步修正软件缺陷相关的特定收入和支出。这些度量受缺陷级别、用户投诉的意愿及软件开发者的意愿与能力的影响
信誉度度量	用于评估被观察用户对软件的满意度

9.5　获得值

9.5.1　说明

新型重大武器装备技术含量高，研制与生产过程复杂，管理难度大，“超概算、拖进度”的现象相当普遍。近 30 年来，美国国防部采用获得值法管理新型重大武器装备采办项目的成本和进度，取得了显著成效。

获得值法（earned value method）是一种分析目标实施与目标期望之间差异的方法，故又常被称为偏差分析法。作为项目管理的核心技术之一，获得值法的基本思想就是通过测量和计算已完成工作的预算费用与已完成工作的实际费用和计划工作的预算费用得到有关计划实施的成本偏差和进度偏差，从而帮助项目办公室分析正在进行的项目的进展情况，衡量正在进行的项目的成本效率，为成本和进度控制措施的选取提供依据，同时还对项目成本的发展趋势作出科学的预测与判断，并提出相应的对策。由于获得值法用到了一个关键数值——获得值（earned value，即已完成工作的预算费用），故得名。获得值的原理概念可用图 9 - 4 表示。

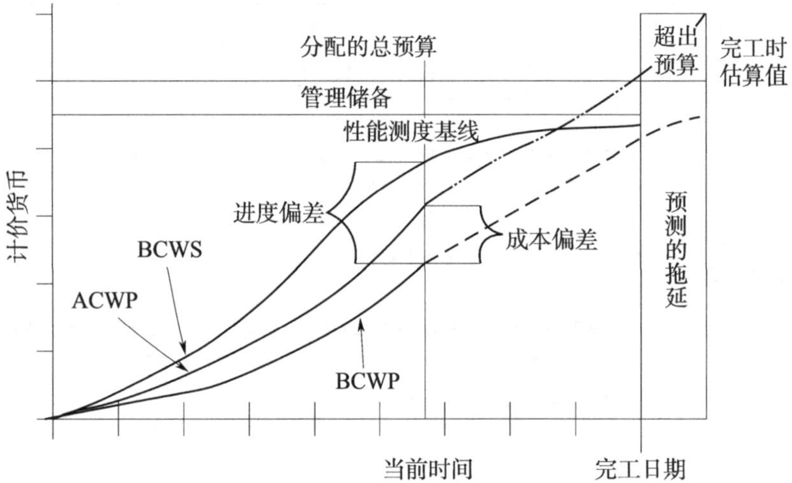

图 9 - 4　获得值概念图

9.5.2　程序

获得值法是以完成工作预算的挣得值为基础，用 3 个基本参数来量测项目的成本、进度，以全面衡量和反映项目进展状况。因而，在项目进行期间，要及时计算和监测以下 3 个基本参数：

1）计划工作量的预算成本（budgeted cost of work scheduled，BCWS）。该值是按照预算价格和计划工作量计算的某项作业的成本，其计算公式为 BCWS = 计划工作量×预算定额。

2）已完成工作量的预算成本（budgeted cost of work performed，BCWP）。该值表示项目某阶段实际已完成工作量按预算价格所计算出来的成本，即“获得值”，其计算公式为 BCWP = 已完成工作量×预算定额。

3）已完成工作量的实际成本（actual cost of work performed，ACWP）。该值表示按照实际发生的价格计算得到的实际已完成工作量的直接和间接成本之和。

上面所涉及的变量都要根据基础资料计算而获得，计算所依据的成本水平一个是计划或预算成本水平，一个是实际成本水平。为了运用获得值法实施有效的成本控制，必须建立及时收集资金实际支出的制度，包括收集数据的步骤，规范报表，建立合同执行（成本支出）台账等。

根据上面的 3 个基本参数可导出 4 个重要的评价指标。

1）项目成本偏差（cost variance，CV），是指检查期间 BCWP 与 ACWP 之间的差异，其计算公式为 CV = BCWP－ACWP。当 CV＜ 0 时，表示执行效果不佳，实际消耗成本超过预算值，即超支；当 CV ＞0 时，表示实际消耗成本低于预算值，即有节余或效率高；当 CV = 0 时，表示实际消耗成本等于预算值。

2）项目进度偏差（schedule variance，SV），其计算公式为 SV = BCWP－BCWS，表示按预算价格计算的已完成工作量与计划工作量之间的绝对差异。当 SV＞0 时，表示进度提前；当 SV＜0 时，表示进度延误；当 SV = 0 时，表示实际进度与计划一致。

3）成本执行指数（cost performance index，CPI），其计算公式为 CPI = BCWP/ACWP，表示已完成作业量的实际成本与预算成本的相对关系。它衡量的是正在进行的项目的成本效率。当 CPI＞1 时，表示实际费用低于预算费用；当 CPI＜1 时，表示实际费用高于预算费用；当 CPI = 1 时，表示实际费用与预算费用吻合。

4）进度执行指数（schedule performance index，SPI），其计算公式为 SPI = BCWP/BCWS，表示按预算价格计算的已完成作业量与相应的计划作业量之间的相对关系。它衡量的是正在进行的项目的完工程度。当 SPI ＞ 1 时，表示进度提前；当 SPI ＜ 1 时，表示进度延误；当 SPI ＝ 1 时，表示实际进度等于计划进度。

通过对 CV、SV、CPI 和 SPI 等参数和指标的及时监测分析，就能够识别项目的成本和进度效率，尽早发现项目的成本和进度差异，分析造成差异的原因，进而采取纠偏措施使项目控制在其基准范围内。可见，在引入获得值这一中间变量后，就能对项目的进度控制和成本控制起到很好的指导作用[42]。

第 10 章 技术审查与审核

10.1 引言

技术审查和技术审核是评估一个项目从系统方案设计到最终产品的技术进展状况，验证产品研制是否达到了规定的进展要求。技术审查是关键事件驱动，一般安排在一个项目的阶段过渡节点上，如果系统的设计成熟度达到阶段的放行准则要求，将转入下一个研制阶段。

技术审查通过以下各项活动降低项目风险，为向生产过渡创造便利条件：

1）评估设计和其他研制活动的成熟度；

2）详细阐明设计要求；

3）质疑设计和相关过程；

4）依据技术要求、用户需要和系统需求，查核建议的设计技术状态；

5）评定不同研制阶段的系统技术状态；

6）提供技术专家和综合产品组之间的沟通、协调和联合的机制；

7）为下一级别的设计建立共同的技术状态基线；

8）在决策数据库中记录设计决策依据[43]。

我国的军用标准 GJB 3273—98《研制阶段技术审查》规定了系统要求审查、系统设计审查、初步设计审查、关键设计审查、功能技术状态审核、物理技术状态审核、生产准备审查等项的详细要求，GJB 3206—98《技术状态管理》规定了功能技术状态审核和物理技术状态审核的程序和要求。

美军1974年发布的MIL－STD－499A《Engineering Management》首先提出了技术审查的要求，规定了系统需求审查、系统设计审查、初步设计审查和关键设计审查等4项审查。1985年美军MIL－STD－1512B《Technical Reviews and Audits》规定了系统需求审查、系统设计审查、软件规范审查、初步设计审查、关键设计审查和测试准备审查等6项正式审查。美军1990年第3版的《System Engineering Management Guide》增加了功能技术状态审核、物理技术状态审核、生产准备审查、正式合格鉴定审查4项审核和审查。到了2012年，美国的《国防采办指南》在此基础上又增加了技术准备评估、综合基线审查、试验准备审查、系统验证审查、使用试验准备审查等项审查的要求，其中技术准备评估和综合基线审查是近几年提出的要求。从数量看，美军的技术审查与审核项目多于我军的技术审查与审核项目。从内容看，我军的技术审查与审核偏重于技术过程，而美军的技术审查与审核偏重于技术管理过程。

10.2 我军系统要求审查

10.2.1 概述

系统要求审查用以审查承制单位的研究分析结果以确定是否为满足作战使用要求所做的工作已充分和正确，并确定承制单位系统工程管理的初始工作方向。

系统要求审查旨在通过对系统要求（用于研究确定系统规范）的分析和权衡研究报告的审查，对其正确性和完善性取得共识。

10.2.2 审查内容及要求

（1）审查研究结果

典型的审查项目包括下列分析研究的结果（根据需要而定）：

1）满足作战使用要求的途径分析；

2）功能流程分析；

3）初步要求分配；

4）系统安全性；

5）人素工程分析；

6）价值工程研究；

7）寿命周期费用分析；

8）效费比分析；

9）权衡研究（例如将系统功能确定在硬件、固件、软件中）；

10）保障性分析；

11）专业工程研究（如：可靠性分析、维修性分析、武器综合、电磁兼容性、常规及核战条件下的生存力/易损性分析、检验方法分析、环境考虑等）；

12）系统接口研究；

13）规范的产生；

14）风险分析；

15）综合试验规划；

16）生产性分析计划；

17）技术性能检测计划；

18）工程综合；

19）资料管理计划；

20）技术状态管理计划；

21）初步的制造计划；

22）人员、技术等级分析；

23）重大事件（0 级）网络图。

（2）审查时应说明的问题

承制单位应说明下列工作的进展情况和存在的问题：

1）风险识别和风险等级（根据情况，应讨论与系统效能分析、技术性能检测、预定制造方法及费用之间的相互关系）。

2）避免、减少和控制风险（根据情况，应讨论与权衡研究、试验计划、硬件验证和技术性能度量的相互关系）。

3）规定的系统规范要求同由此产生的工程设计要求、制造工艺要求、研制费用要求以及单件生产费用等目标之间重大的权衡研究。

4）确认系统的计算机资源，并把系统划分为硬件技术状态项和软件技术状态项。包括为评价满足作战使用要求的替代方法和确定由于设计约束条件而对系统带来的影响所进行的任何权衡研究。还包括确定综合保障、工艺、费用、进度、资源限制、智能评估等对系统的影响。此外，还要进行同计算机资源有关的下列权衡研究：

a）按照使用部门的要求，评定候选程序语言和计算机结构，确定高级语言和标准指令结构；

b）为执行保安性要求而评定选择途径，如果已选定某一途径，则讨论如何才能最经济地满足整个系统要求；

c）为完成作战和保障方案而选择的途径，以及对于多军种共用项目，军兵种间相互支援的可能性。

5）要考虑影响决策的生产性和制造因素。如：关键部件、材料、工艺、工装和测试设备的研制、生产和试验方法，需要提前准备的项目和设施、人员及技术等级要求。

6）对需要考虑的重大的危害性问题，提出要求和限制，达到消除或控制同这些系统相关的危害性问题。

（3）其他

根据工程项目的复杂性，可对每一个作战保障分系统独立进行系统要求审查。

10.2.3　审查后的工作

完成系统要求审查后，使用部门应按有关规定宣布审查结果[44]。

10.3 美军系统需求审查

系统需求审查（system requirements review，SRR）是一项多学科的技术审查，用于保证被审查系统能够进入初始系统研制过程，保证由初始能力文件和能力研制文件草案生产的各项系统需求和性能需求已经全部定义，可以试验，并与费用、进度、风险、技术成熟以及其他系统约束条件相一致。这项审查一般是评估系统规范说明的系统需求，并保证系统需求与已批准的系统方案及其保障方案相一致，也与样机研制过程中产生的可用技术相适应。审查的关键在于了解系统规范和工程与制造研制阶段的系统工程计划中固有的项目技术风险。审查成功与否，关键在于能否确定一个可接受的风险水平。

系统需求审查完成的主要标志是：

1）批准了系统性能规范；

2）向硬件子系统、人员子系统和软件子系统初步分配了系统需求；

3）初步标识了所有（作战、支持、可交付、不可交付）软件部件；

4）全面评估了工程与制造研制风险；

5）更新了技术开发阶段的系统工程计划；

6）更新了全寿命持续保障计划。

开展系统需求审查是为了了解系统技术需求定义的进展情况。系统需求审查要确认用户的作战需求被充分地理解，被转换成系统特定的技术需求，允许承制方或承包商建立初始系统级需求基线。系统需求审查决定系统工程活动的方向和进展状况，以及均衡而完整的技术状态基线的趋同程度。这项审查一般在技术开发阶段进行，也可以在工程与制造研制开始后重复进行，以便弄清楚承包商是否理解了重新定义的或新的用户需求。

在系统需求审查过程中，应评定系统需求，以确定系统需求是否定义全面，是否与成熟的技术方案相一致，是否始终可追溯到初始能力文件和能力研制文件草案。系统需求、批准的系统方案、可用的产品和工艺技术、项目资源（研制经费、研制周期、人员配备和各种过程）等构成进入工程与制造研制阶段的满意基础。项目指挥应根据项目的技术范围和风险剪裁系统需求审查，并把系统需求审查纳入系统工程计划。

系统需求审查的成功准则包括以下各项：

1）系统需求满足初始能力文件或能力研制文件的要求。

2）详细地描述并充分地理解了系统需求，能够顺利进行系统功能定义、功能分解和试验与评定。

3）在已经实现技术成熟的条件下，能够满足系统需求。

4）系统性能规范已经批准。

5）已经为项目的成功建立了充分的过程和度量。

6）系统总体设计已经审查并包括了人员系统整合和持续保障要求。

7）风险已知并且可以管理。

8）项目进度安排可行，技术风险和费用风险可控。

9）项目人员配置合理。

10）项目在现有的预算内可行。

11）更新的费用估算与现有预算相符。

12）初步的费用分析要求说明与已批准的系统性能规范相一致。

13）系统规范中的软件功能与软件规模估算（software sizing estimates）和配有资源的进度安排（resource - loaded schedule）相一致。

14）技术开发阶段充分成熟了全部系统元素，能够以低风险进入工程与制造研制阶段。

15）技术开发阶段充分成熟了关键的持续保障设备技术，能够实施保障策略，实现所需要的武器装备可用性。

16）初步的软件开发估算进行了工作量、进度和费用分析。

17）确认了编程语言与架构、安全需求、使用与保障方案。

18）系统总体方案评审了危害，并分配了降低危害的行动路径。

已定义的需求对系统性能、费用和进度有很大的影响，系统需求审查对理解这一影响发挥着非常重要的作用。系统需求审查是对系统需求的最后一次专项评审，除非在工程与制造研制阶段细化系统性能约束条件后，还要做一次系统需求审查[45]。

10.4　我军初步设计审查

10.4.1　概述

初步设计审查是对技术状态项或一组功能上有联系的技术状态项的基本设计途径的技术审查，目的是对研制规范、试验方案、接口控制文件和系统布局图样等的有效性和完善性取得技术上的共识，确保满足系统规范的要求。对于每一个技术状态项，根据其研制性质和范围，以及合同附件工作说明的规定，可一次完成审查，或分几次完成。也可对一组技术状态项进行集中审查，但均应单独处理每一个技术状态项。集中审查也可像单一技术状态项那样，分成几次来完成。还应对技术、费用和进度等相关的风险性进行审查。对于软件，应对软件设计文档、软件测试规程和计算机系统操作员手册、软件用户手册、软件程序员手册、计算机资源综合保障文档等运行和保障文档初稿的有效性和完善程度取得技术上的共识，确保满足系统规范的要求。

10.4.2　硬件技术状态项的审查内容

1）研制规范中的初步设计综合和所包含的接口要求，以及由此产生的接口控制文件；

2）权衡研究和设计研究的结果；

3）功能流程框图，对要求进行分配的资料和原理图；

4）设备布置图和初步设计图；

5）研制试验资料；

6）环境控制和热设计；

7）按电磁兼容性计划审查初步设计的电磁兼容性；

8）安全工程初步意见；

9）生存性和易损性（包括在核战条件下）初步意见；

10）有关可靠性、维修性和可用性的资料；

11）初步质量数据；

12）技术状态项研制进度表；

13）全尺寸样机、模型、试验模型或原型样机（视条件而定）；

14）生产性和制造方面的初步意见（即材料、工装、试验设备、工艺方法、设施人员技能、检验技术），查明供货情况；

15）价值工程初步意见；

16）运输性、包装和装卸初步意见；

17）人素工程和生物医学等方面的初步意见；

18）标准化初步意见；

19）随系统提供的固件，程序逻辑图和重编程序及指令翻译算法描述，制造，封装（集成技术和标准模块等），特殊设备以及开发试验和辅助固件所需的支持软件；

20）寿命周期费用分析；

21）武器相容性；

22）腐蚀防护和控制初步意见；

23）产品质量保证大纲；

24）保障设备要求。

10.4.3　软件技术状态项的审查内容

1）功能流程框图，包括将软件需求规格说明、接口需求规格说明的要求，分配到软件技术状态项的各个软件顶层部件中的软件功能流程；

2）存储器配置资料，将每一软件技术状态项作为一个整体说明存储器配置给各个顶层部件的方法，包括确定配置中所使用的定时、定序要求及有关的设备限制；

3）控制功能说明，即软件技术状态项的执行控制和起动、恢复特性的说明，其中包括启动系统操作方法和能将系统从故障状态恢复过来的特性；

4）软件技术状态项的结构，应说明软件技术状态项的顶层的结构，选择各软件模块的理由，在计算机资源的约束范围内将要使用的开发方法及为开发、维护软件技术状态项结构和存储器配置所需的任何支持程序；

5）保密性，提供在软件技术状态项内为保密所采用技术的说明；

6）可再入性，确认可供利用的可再入性要求的文件和执行可再入性程序技术的说明；

7）说明计算机软件开发设施的可利用性、充分性和计划利用情况；

8）承制单位应提供同独特的设计特征（可能存在于使用于计算机软件开发设施中的计算机软件顶层部件中，但不存在于安装在操作系统中的计算机软件顶层部件中）有关的信息。承制单位应提供对操作系统并不明确需要但对于帮助软件技术状态项开发所必需的支持程序的设计信息；

9）开发工具，指在合同中并不要求交付，但在软件开发期间需要使用的一切特殊模拟、数据的简化或多用途工具；

10）测试工具，指在合同中并不要求交付，但在产品开发中需要使用的任何专用测试系统、测试数据、数据简化工具、测试规程等；

11）采购现货设备的规范和用户技术资料、手册等，查明功能、指令和接口等特征及未满足规范之处；

12）保障资源，指系统在作战部署期间为支持软件和固件所必需的资源，如作战和保障的硬件和软件、人员、专门技能、人的因素、技术状态管理、试验和设施与空间；

13）运行和保障文档，即计算机系统操作员手册、软件用户手册、软件程序员手册、固件保障手册和计算机资源综合保障文件等的初稿，应审查其技术内容同顶层设计文档的相容性；

14）更新自上次审查以来提供的同软件有关的文档。

10.4.4 保障设备的审查内容：

1）确认测试性分析结果。例如，在可修理的集成电路板有无测试点可用，是否能把故障隔离到需要的修理等级。

2）审查是否尽可能地使用现货保障设备。

3）审查保障设备需求文件中需提前采购的保障设备的进展情况。

4）审查保障设备安装、检查要求和测试保障要求的进展情况。

5）审查保障设备的可靠性、维修性和可用性。

6）确认保障设备的综合保障要求和选定它们的理由。

7）审查校准要求。

8）说明保障设备的用户技术资料、手册的可获得性。

9）核实建议的保障设备同系统维修方案的相容性。

10）如果未进行保障性分析，则要对各个供选用的保障方案的保障设备权衡研究的结果进行审查；对已有的保障设备和印制电路板测试器应审查在外场使用中获得的维修性数据；审查使用单功能或多功能保障设备对使用新保障设备的系统费用差异；审查新保障设备的技术可行性。

11）审查系统中的计算机资源和自动测试设备中的计算机设备的相互关系，将此关系同机内自检设备的研制联系起来，以减少对复杂的保障设备的需要。

12）核实机上维修相对离机维修任务权衡研究结果，包括保障设备影响。

13）审查保障设备需求清单的更改。

10.4.5　审查后的工作

完成初步设计审查后，使用部门应按有关规定宣布审查结果。承制单位将初步设计审查的结果记入将来的研制总结中[46]。

10.5　美军初步设计审查

初步设计审查（preliminary design review，PDR）是一项建立物理分配基线的技术评估，用于确保对被评系统的作战效能和适应性有合理的预期。此项审查评估系统中每个技术状态项的子系统产品规范中的分配的设计，并保证功能基线中的每一项功能已经分配给一个或多个系统技术状态项。初步设计审查建立硬件系统、软件系统、人员系统和保障系统的分配基线和底层架构（underlying architecture），以保证合理地预期被审查系统在当前分配的预算和进度的条件下满足需求的程度。

美国 2009 年武器系统采办改革法规定：

1）重大武器采办项目在里程碑 B 前必须进行初步设计审查，技术开发策略包括初步设计审查。

2）如果在里程碑 B 前进行初步设计审查，在里程碑 B 审查时，还需与里程碑 B 审查一起进行初步设计审查后评估（post - PDR assessment）。如果在里程碑 B 后进行初步设计审查，应按采办策略的安排，进行初步设计审查后评估。

3）里程碑 B 前的初步设计审查是对重大武器系统采办项目的法律要求。初步设计审查后评估在里程碑 B 审查中进行。

初步设计审查完成的主要标志是：

1）建立了系统分配基线；

2）更新了技术开发阶段和工程与制造研制阶段的风险评估；

3）更新了成本分析要求说明；

4）更新了项目进度计划，包括系统和软件关键路径活动；

5）更新了全寿命持续保障计划。

对于复杂的系统，可以针对每个技术状态项，逐步地开展初步设计审查。这包括分承包商开展的子系统初步设计审查。分承包商在系统设计、性能、进度和费用方面发挥着重要作用。总体设计部门的代表应出席分承包商的子系统初步设计审查。子系统的初步设计审查的结论应成为系统级初步设计审查的一部分。为保证主承包商和其主分承包商已为进入工程与研制制造作好了准备，并且在整个系统范围内已经建立了分配基线，项目指挥应在里程碑 B 前项目保障审查（program support reviews，PSR）和工程与研制制造前审查的重要节点提供一份关于初步设计审查、开放行动项目和功能基线的情况报告。分承包商的审查计划应包括在系统工程计划中。这些逐级逐步式的审查最后形成系统级的初步设计审查。接口控制文件为系统级性能提供支持，但不提供保证。接口要求构成每一个技术状态项的分配规范。已经完成初步设计审查的子系统可能需要重新开放，如果其他子系统在隔离状态不能够实现所要求的性能。如果进度是按平行设计决策的方式安排，任何导致重新开放设计的系统缺陷都将产生返工，也需要重新调整获得值。重要的是，应在完成初步设计审查和进入详细设计之前，澄清和解决各种设计冲突。

初步设计审查评定一个集合的子系统需求，以此决定子系统需求是否正确地、完整地实施了分配给子系统的全部系统需求。初步设计审查也决定子系统需求是否可追溯到系统设计。在进行初步设计审查时，综合产品组应评审需求和初步设计文档的同级审查的结果。如果该评审是成功的，综合产品组将决定，子系统需求、子系统初步设计、同级审查的结果、研制试验与评定计划等为详细设计和试验流程编制打下令人满意的基础。

项目指挥应根据系统的技术范围和风险剪裁初步设计审查，并在系统工程计划中详细说明初步设计审查。

初步设计审查的成功准则包括以下各项：

1）技术活动和设计的状态预示使用试验与评定可获成功，可达到作战效能和作战适应性的要求。

2）初步设计能够满足能力研制文件草案的要求。

3）系统分配基线已经建立并形成文档，可使详细设计依次进行，同时进行严格的技术状态管理。

4）为项目的成功准备了充足的过程和衡量指标。

5）评审了持续保障和人员集成设计因素，并根据需要，把持续保障和人员集成设计因素纳入系统总体设计。

6）综合试验和研制与使用评定的风险已知可控。

7）项目进度安排可行。

8）项目人员调配合理。

9）更新了项目费用估算。

10）项目在现有的预算和已批准的系统分配基线条件下可实行。

11）初步的系统级设计在生产的预算内可生产。

12）更新的成本分析要求文件与已批准的分配基线相一致。

13）大多数制造工艺已经确定并且特征化。

14）初始制造方法形成文档。

15）完成了关键技术的可生产性评估。

16）构建了生产成本模型。

17）工业基础支持研制件的生产。

18）确定了长周期和关键的供应链单位。

19）能够在现有的预算内把与环境安全和职业健康危害相关的风险降低到可接受的水平。

除此以外，还应满足以下系统的软件部件的放行条件：

1）已经建立了计算机系统和软件架构设计，已经定义了所有的计算机软件技术状态项、计算机软件部件和计算机软件单元。

2）软件需求规范、接口需求规范和验证计划完整，为所有的计算机软件部件建立了基线，计算机软件部件满足系统和子系统的功能需求。

3）接口控制文件可将全部软件接口需求追溯到计算机软件技术状态项和计算机软件单元。

4）通过分析、演示和样机研制，在相关环境中证实了计算机系统和软件设计与研制途径。

5）已经定义和归档了初步软件设计。

6）定义了软件作战能力的增量，将作战能力分配给了特定的增量。

7）完成了关于商用现货产品、重复使用和其他软件相关问题的软件权衡研究。

8）在已建基线的软件开发计划中定义了软件开发过程，软件开发过程体现在了综合主计划（integrated master plan，IMP）和综合主进度（integrated master schedule，IMS）中。

9）软件开发进度在当前研制阶段和后续研制阶段反映承包商软件过程和综合主计划/综合主进度事件。

10）建立了具有足够真实度和能力的软件开发环境和试验与集成实验室。

11）已经识别和评估了独特的软件风险，已经编制和实施了风险缓解计划。

12）已经定义了软件度量，实施了报告过程，正在积极地跟踪和评估软件度量。

13）试验与评定主计划涉及所有的计算机软件技术状态项计划、测试设施、测试计划和回归测试。

14）制定了全寿命持续保障计划，全寿命持续保障计划包括软件保障要求。

15）更新了软件开发的规模、成本和进度的估算。

16）与软件相关的全部文件建立了基线并已交付。

初步设计审查应在分配基线建立后实施，为硬件和软件技术状态项的详细设计奠定基础。根据经验法则，这时应该完成 10%～

25%的产品图样及其相关指示，完成100%的安全关键部件图样。

重大设计问题全部解决后，项目指挥应实施初步设计审查，然后开始详细设计。初步设计审查应把注意力放在解决关键的系统范围的问题上[47]。

10.6　我军系统设计审查

10.6.1　概述

系统设计审查用以评定分配到分系统、设备的技术要求，包括为满足系统要求所进行的相应试验要求是否最优化及可追溯性、协调性、完整性和风险性。该审查包含对整个系统要求（即用于使用、维修、试验、训练的硬件，计算机软件，设施，人员和初期综合保障考虑）的审查。还包括系统工程管理活动（例如：任务和要求分析，功能分析，要求的分配，制造方法或工艺选择，风险分析，效费比分析，保障性分析，权衡研究，系统内外的接口研究，综合试验计划，专业工程研究和技术状态管理）的总体分析，通过系统工程管理产生以上系统设计的研究成果。对于下列资料的正确性和完善性应取得共识：

1）系统规范；

2）研制费用；

3）初步使用方案；

4）寿命周期费用分析；

5）软件需求规格说明和接口需求规格说明初稿；

6）可能时，还有主项目和关键项目的研制规范。

10.6.2　目的

系统设计审查要求在进行硬件技术状态项初步设计或软件技术状态项要求分析之前，正式评估其分配到分系统、设备的要求和这些要求的依据。系统设计审查主要关系到作战和保障要求（即任务要求），经修订的系统规范，分配的性能要求，编程方法和制造工艺、计划，以及对系统工程管理活动完成情况的全面审查，以保证设计工作的结果是必需而充分的。系统设计审查有以下目的：

1）保证经修订的系统规范能充分满足任务要求，有好的经济效果。

2）保证所分配的要求完整、协调并最佳地反映了系统的要求。

3）保证查清技术风险，并评定其风险等级，力争避免或减少风险。

4）查明使用、制造、维修、后勤及试验等的最终组合如何影响了整个工程方案，设备的数量和类型，单价、软件、人员和设施。

5）保证充分理解了任务需求并向承制单位提供了必需的指导。

10.6.3 审查内容

1）任务和要求分析；

2）功能分析；

3）要求的分配；

4）系统内、外的接口要求；

5）效费比分析；

6）工程综合；

7）生存性、易损性（包括在核战条件下）；

8）可靠性、维修性、可用性；

9）电磁兼容性；

10）保障性分析（可包括维修方案、保障设备方案、维修、供应和软件保障设施等）；

11）系统安全（重点放在系统危害分析和安全试验要求的确认）；

12）安全保安；

13）人素工程；

14）运输性（包括包装和装卸）；

15）系统质量特性（如质量、重心、惯性矩等）；

16）标准化大纲；

17）价值工程；

18）系统扩展能力；

19）风险分析；

20）技术性能检测计划；

21）生产性分析和制造；

22）寿命周期费用；

23）质量保证大纲；

24）环境条件；

25）训练和训练保障；

26）重大事件（0 级）网络图；

27）软件开发方法；

28）现货和标准零部件的使用；

29）为提高目前技术水平而采取的特殊技术方案；

30）要求进行专门验证因高风险而需要提前研制的特定分系统和部件；

31）库存产品满足系统要求的能力和它们同技术状态项接口的相容性；

32）初步的软件需求和接口需求规格说明；

33）硬件技术状态项、分系统和系统试验计划；

34）建议的环境试验同规定的试验条件的一致性；

35）完成工程研制和生产所必需的设备、材料、方法、工艺、设施和技能。

10.6.4　审查后的工作

完成系统设计审查后，使用部门应按有关规定宣布审查结果[48]。

10.7 美军系统功能审查

系统功能审查（system functional review，SFR）是一项多学科的技术审查，用于保证系统的功能基线已经建立，在当前分配的预算和进度的范围内，合理地预期满足初始能力文件或能力研制文件草案的要求。系统功能审查完成系统级以下的项目或元素的定义过程。此项审查评估系统规范到系统功能规范的分解，此项分解进行了使用情况分析，审查的关键任务是编制系统的代表性作战使用情况。在详细分析体系结构和系统部署环境后，将系统性能和预期的作战维修持续保障的功能需求分配给子系统、硬件、软件和保障系统。系统功能审查决定系统的功能定义是否全部分解到了低层次单元，综合产品组（integrated product team，IPT）是否为开始初步设计作好了准备。

系统功能审查评定系统的低层级的性能需求，决定低层级的性能需求是否全部定义，是否与系统方案相一致，低层级的性能需求是否可始终追溯到高层级的性能需求和能力研制文件。这项活动生成两项重要的系统工程产出：系统性能规范的最终版本和说明系统级以下的项目性能规范的草案版本。系统功能审查是开始将需求分配给独立的子系统和综合产品组的首次评审，同时也是对用接口控制文件定义须各综合产品组协调的责任和约束范畴的首次评审。系统功能审查的成功标志是系统性能需求、低层级性能需求、设计和研制计划为初步设计作好了充分准备。

系统功能审查输出下列几项：

1）可追溯到低层级性能需求的系统功能基线；

2）更新的工程与制造研制阶段风险评估报告；

3）更新的成本分析要求说明，或基于系统功能基线的类似于成本分析要求说明的文件；

4）更新的项目研制进度计划，包括系统和软件关键路径的活动；

5）初步的系统级维修计划。

项目指挥应根据系统的技术范围和风险剪裁系统功能审查，并把系统功能审查纳入系统工程计划。系统功能审查是技术设计工作开始前的最后一个评审，以确保武器系统是可信赖的且切实可行的，即能够在特定的环境中，完成指派的任务，实现作战目标。

系统功能审查的成功准则包括以下各项：

1）系统功能需求满足能力研制文件草案的要求；

2）系统功能需求足够详细，清晰无误，可进行系统设计；

3）为项目的成功准备了充足的过程和衡量指标。

4）研制的风险已知，并且可以管理。

5）项目的进度安排可行，技术风险和费用风险可控。

6）项目的人员配备合理。

7）已批准的功能基线在现有的预算内可行。

8）更新的成本分析要求说明与已批准的功能基线一致。

9）更新的费用估算在现有的预算内。

10）系统功能基线已经建立，能够保证初步设计顺利进行，并能进行严格的技术状态管理。

11）已批准的功能基线中的软件功能与更新的软件度量和配有资源的进度相一致。

12）性能规范包括为实现保障策略的保障性要求。

13）项目文档和全寿命持续保障计划包括为实现持续保障关键性能参数、关键系统属性、支援装备度量的项目研制活动，以及相应的进度计划。

14）定义了初步的软件需求规范草案，并制定了完整的验证要求。

15）定义了初始软件构架设计。

16）评审了系统层次危害，制定了降低危害的行动方案[49]。

10.8　美军技术准备评估

美国国防部指示 DoDI 5000.2 规定，重大武器系统采办项目必须进行技术准备评估（technology readiness assessment，TRA），以确保技术成熟风险被充分地识别和缓解。技术准备评估由项目指挥负责实施和报告，专家组协助实施。

技术准备评估是一个系统的基于度量的过程，用于评估关键技术要素的成熟度和持续保障动因的成熟度。技术准备评估与技术审查同时实施，特别是与支持里程碑 B 的系统需求审查和支持里程碑 C 的生产准备审查同时进行。

如果一个武器平台或一个武器系统在研制、生产和使用时依赖某些特定技术来满足系统的作战使用门限要求，如果这些技术或其应用是新发明的或是独创的，那么这些技术则被判断为关键技术要素。

技术准备评估不是风险评估，而是评估项目的风险和技术成熟计划的充分性的手段，用技术准备等级为被选的系统单元的当前准备水平打分。技术准备评估强调关键的技术、制造工艺和其他潜在的技术风险区，以评估结果引起项目指挥的注意。如果系统达不到规定的技术准备等级，则须制定关键技术要素成熟计划，该计划详细说明关键技术要素在下一个里程碑决策日期或相关决策点之前达到规定准备等级的途径。技术准备评估完成的主要标志是：

1）依据已编制的项目工作分解结构，对整个武器平台或武器系统进行了全面的评审。此项评审利用方案设计识别了项目关键技术要素。

2）行业专家为每项关键技术要素的技术成熟状态客观地评定了等级。

3）为关键技术要素在重要的里程碑决策日期前达到可接受的成熟度制定了成熟计划。

4）专家组提交了一份最终的评估报告。

最终报告写成后，通过相关程序，最终呈报给主管研究与工程的国防部副部长。副部长审查报告后向里程碑决策机构提出建议。里程碑决策机构根据副部长的建议决定是否鉴定技术成熟度，项目是否需要技术风险缓解计划，是否依据美国的法典颁发特许[50]。

10.9　美军综合基线审查

综合基线审查（integrated baseline review，IBR）是一项由军方和承制方联合实施的评估，目的是建立绩效度量基线（performance measurement baseline）。综合基线审查不是一个单独的事件，而是一个连续的过程。综合基线审查应尽早安排，安排的时间应考虑合同履行期等因素。审查的过程应在不晚于下列事件后的 180 个日历日开始：1）签订合同；2）执行合约期权；3）发生重大修改。

如果要求开展获得值管理（earned value management），项目指挥应在整个项目期内实施综合基线审查。此项审查的重点是经营方面，但也考虑重要的技术事项。审查过程分以下 4 个步骤：

1）项目指挥评估风险；

2）准备综合基线审查；

3）实施综合基线审查；

4）建立管理过程。

审查过程的关键步骤是实施综合基线审查。综合基线审查使军方和承制方就项目绩效度量基线达成相互理解。这种相互理解为采取行动评估绩效度量基线中和项目管理过程中固有的风险提供了共识。绩效度量基线应置于技术状态控制之下，如需更改，必须同时得到军方和承制方的同意。

综合基线审查完成的主要标志是建立了以下 6 项准则：

1）完全覆盖了工作的技术范围，并与授权文件相一致；

2）确立了关键项目的进度里程碑，进度反映完成工作的逻辑流程；

3）预算、设施、人员、技能等资源可用并充足，可支持分配的各项任务；

4）制定了各项任务的计划，能够客观地测量每项任务相对于技术进展的状态；

5）绩效度量基线的理论基础合理；

6）管理过程支持项目的成功实施。

在订立初始小批生产合同之前，项目指挥可再次开展综合基线审查。这时的工作重点是评估风险和考察以上 6 条准则的落实情况[51]。

10.10 我军关键设计审查

10.10.1 概述

关键设计审查是一项综合性审查，目的是确保反映在硬件产品规范初稿、软件设计文档、接口设计文档和工程图样中的详细设计结果满足硬件研制规范和软件顶层设计文档中规定的要求，同时根据技术、费用和进度的约束条件，全面评估所有关系到每个技术状态项的技术风险。对于复杂或大型的技术状态项，关键设计审查可分步骤进行。

（1）审查设备和设施的技术状态项

应对照硬件技术状态项研制规范的性能要求审查硬件产品规范、图样、简图、全尺寸模型等表达的详细设计。除设施外，完成关键设计审查允许承制单位用该详细设计去规划生产。

（2）审查软件技术状态项

关键设计审查一般在编码和测试前进行，目的是在单元的逻辑设计水平上确定计算机软件设计的完整性。关键设计审查可以在一次审查会上完成，也可在研制过程中，相当于计算机程序段完成逻辑设计期间逐步完成。

由于计算机软件的开发有一个不断迭代的过程，软件技术状态项的一次关键设计审查可不必非常充分，有待测试后的进一步开发。

在关键设计审查后，可安排附加的过程审查，用以审查：

1）对未完成的行动项目的答复；

2）根据批准的工程更改建议进行的设计更改；

3）更新的设计资料；

4）测试取得的结果，包括问题及其解决办法。

10.10.2　硬件技术状态项的审查内容

1）硬件产品规范初稿中反映的详细设计应充分满足研制规范的要求；

2）硬件技术状态项的详细工程图样，包括原理图；

3）详细设计在下列各方面是否适当：电气设计、机械设计、环境控制和热设计、电磁兼容性、电源和接地、电气和机械接口的相容性、质量特性、可靠性、维修性、可用性、系统安全工程、生存性和易损性（包括在核战条件下）、生产性和制造、运输性、包装和装卸、人素工程和生物卫生要求（包括生命保障要求）、标准化、设计对综合保障的权衡研究、保障设备要求；

4）接口控制图样；

5）全尺寸样机、模型、试验模型和原型样机；

6）设计分析和试验数据；

7）系统配置文件；

8）制造的初步准备，关键材料、关键工艺和工装已解决；

9）价值工程更改建议；

10）寿命周期费用；

11）所有固件的详细设计资料；

12）审查防腐蚀措施是否落实，保证所选用的材料能适应工作环境；

13）产品质量保证大纲的贯彻情况。

10.10.3 软件技术状态项的审查内容

1）软件详细设计、数据库设计和接口设计文档，在关键设计审查进行时，应提供足够的文档用于支持审查；

2）描述分析、测试等结果的支持文档；

3）系统配置文件；

4）软件技术状态项初步设计审查提出的行动项目进展情况；

5）经过更新的运行和保障文档（计算机资源综合保障文件、计算机系统操作员手册、软件用户手册、软件程序员手册、固件保障手册）；

6）剩余重大工作的进度表；

7）自上次审查以来，对以前提供的与软件有关的资料的更新。

10.10.4 保障设备的审查内容

1）证实是否尽可能使用有现货的保障设备；

2）验明保障设备的供应问题；

3）确定器材订货用的图样和资料在数量和质量上是否充分；

4）审查保障设备的可靠性；

5）审查保障设备项目的保障要求；

6）审查校准要求；

7）审查保障设备的文件资料。

10.10.5 审查后的工作

完成关键设计审查后，使用部门应按有关规定宣布审查结果。承制单位将关键设计审查的结果记入将来的研制总结中[52]。

10.11 美军关键设计审查

关键技术审查是一个工程与制造研制阶段的关键点，是一项多学科的建立初始产品基线的技术审查，其目的是保证受审查的系统在当前配置的预算和进度内合理地预期满足能力研制文件规定的各项要求的能力。

关键技术审查采用逐级增长的方式，先从审查单个技术状态项开始，然后审查单机级和分系统级，最终完成系统层次的关键技术审查。此项审查评估产品规范说明的系统中每一个技术状态项的最终设计，确保每一项产品规范都在详细设计文档中详细描述。技术状态项可能由硬件元素和软件元素构成，以飞机为例，可包括机身、航电、武器、乘员系统、发动机、训练人员及训练设备、保障设备等。硬件的产品规范包括生产图样，用于技术状态项的制造。软件的产品规范用于计算机软件技术状态项的编码。关键技术审查评定建议的产品基线（定文档建造），以决定系统设计文档，即包括项目详细规范、材料规范、工艺规范在内的初始产品规范，是否为开始初始制造创造了全部条件。

关键技术审查关闭详细系统设计的降低技术风险的途径和备选设计的途径。产品基线一旦建立，改善性能和削减生存周期成本的机会就变得极少，只有拿到正式的工程更改单，才能对保障设备、训练要求、后勤和供应品、互操作性和性能等作出修改。所有的技术风险应降低到可以接受的水平，所有的源于资源和进度短缺的剩余项目实施风险都应尽快地得到处理，否则，将危及项目的成功。

关键技术审查完成的主要标志是：

1）建立了系统初始产品基线；

2）更新了工程与制造研制的风险评估；

3）更新了基于系统产品基线的费用分析要求说明；

4）更新了项目研制进度，包括制造、试验与评定、软件编码、关键路径动因等；

5）根据当前的预算、试验评定结果和保障性设计特点，更新了全寿命持续保障计划。

至于复杂系统，可以对每个子系统或后勤单元实施关键设计审查，最终导致整个系统的关键设计审查。这些逐步增量式的设计审查通常定义在接口控制文件的边界，系统级性能则由接口控制文件支持，但得不到保证。逐步增量式的设计审查可能引入一些新的风险，直至全系统关键设计审查建立完整的系统产品基线。每个增量式的关键设计审查无论何时进行都将关闭功能设计或物理设计的修改。如果开放着的设计区域在隔离的状态不能够实现所要求的性能，这一完成的设计区域可能需要重新开放。如果通过平行设计和构建的决策保持进度安排，那么任何导致重新开放设计的系统缺陷都将造成返工和材料报废。

在关键设计审查的节点，工程与制造研制过程生成系统、硬件、软件、保障设备、训练系统、总装车间和技术数据的详细初始产品基线。关键设计审查对分系统详细设计和后勤单元进行评定，以决定它们是否正确地和完整地执行了所有的分配系统需求，是否维持能力研制文件对最终系统详细设计的可追溯性。统一考虑工程与制造研制中的任何变更，将能力研制文件逐渐发展为里程碑 C 要求的能力生产文件（capability production document，CPD）。整个系统级关键设计审查不仅批准系统产品基线，也批准维修性、保障性和后勤单元的产品基线。关键设计审查的成功取决于分系统要求、分系统详细设计、设计人员互查结果、试验与评定计划是否为系统的制造、演示和试验打下坚实的基础。

关键设计审查完成的主要标志是：

1）技术工作和设计的状况表明作战效能和作战适应性的使用试验与评定成功。

2）包括接口说明的硬件和软件的详细设计满足能力研制文件和任何能力生产文件草案的要求。

3）系统初始产品基线已经建立并形成文档，可以在全面的技术状态管理下开始硬件的制造和软件的编码。

4）详细设计满足持续保障和人员系统一体化（human systems integration）的要求。

5）为项目的成功配备了充足的过程，并设立了度量指标。

6）试验的风险已知并可管理，能够支持研制试验和使用试验的评定目标。

7）项目的进度安排切实可行。

8）项目的人员配置合理。

9）在现有的预算和已批准产品基线的条件下，项目可行。

10）详细设计在生产预算内可生产。

11）更新的成本分析要求说明与批准的初始产品基线保持一致。

12）确认了全部关键安全项和关键应用项。

13）更新的费用估算符合现有的预算和经济可承受性目标。

14）已批准产品基线中的软件功能与更新的软件度量和配置资源的进度相一致。

15）已经确认对系统性能、设备组、费用、可靠性、持续保障或安全性影响最大的产品特性。

16）确认了影响关键特性的关键制造过程，决定了关键制造过程满足设计公差要求的能力。

17）为关键制造过程编制了过程控制计划。

18）在生产代表性环境（production representative environment）演示验证了制造过程。

19）详细的权衡研究和系统可生产性评估正在进行。

20）各种材料和工装设备可用，可满足试生产线进度计划的要求。

21）更新了系统生产成本模型，系统生产成本模型配置到了子系统层次，用成本目标值对系统生产成本模型进行了跟踪。

22）制定了先期采购计划，并评估了供应链。

23）环境安全和职业健康的残余风险已知并可管理。

关键设计审查的时间应选在产品基线已经确立并且满足系统工程计划规定的关键设计审查准入准则，允许硬件的制造和软件交付件的编码。许多项目采用图样发放量作为设计完成情况的衡量指标。一个经验法则是，这时应该完成了75％～90％的产品图样、软件设计规范和相关的工作指令，完成了100％的关键安全项和关键应用项[53]。

10.12 美军试验准备审查

试验准备审查是一项多学科的技术审查，旨在确保受审查的子系统或系统已经作好正式试验的准备。审查的内容有试验目标、试验方法和程序、试验范围、安全性等。试验准备审查要证实为保障计划的试验所需的各类试验资源已经合理地安排和协调；验证计划的试验对项目要求和用户需要的可追溯性；确定试验程序的完整性和试验程序与试验计划和说明的一致性；评估被审查系统的研制成熟度、费用和进度的有效性、风险等，从而决定正式试验的准备状况。除充分的策划和管理外，为使此项审查有效，项目指挥应密切关注试验准备审查的结果。

试验与评定是验证与确认的系统工程过程的一部分，贯穿研制项目的整个寿命周期，同时也是识别和控制风险的重要工具。

试验准备审查支持系统作好进入系统级试验的准备。实际上，项目指挥可利用试验准备审查过程支持各阶段的所有试验，包括体系中的试验。通过综合试验，能够识别和降低风险。项目指挥应适当剪裁试验准备审查，使之适应某一具体的研制阶段、某一具体的计划的试验、某一具体的项目内的风险水平。审查的范围与实施已计划试验的风险水平有直接的关系，也直接关乎试验评定结果对整个项目的成败。因此，项目指挥应在系统工程计划中明确规定试验准备审查的范围。

随着一个系统从部件层次的试验过渡到系统层次的试验，再前进到体系层次的试验，一个具体的风险的水平和相关联的风险的水平将随之发生变化。因此，早期部件级试验审查的要求不同于最终系统级试验审查的要求。合理的判断将规定一项具体的试验或一系列试验的审查范围。

初步试验、功能试验和预合格试验（pre－qualification test）的评定结果为试验准备审查作好了充分的准备，便可启动正式的系统级试验。项目指挥应为试验周密计划，并为试验配置充分的资源。从实践经验的角度看，试验准备审查的基本原则适用于每一个研制阶段，也适用于每一项部件层次、子系统层次或系统层次的试验。

飞行准备审查是试验准备审查的一部分，仅适用于航空项目。飞行准备审查是对启动和实施飞行试验的准备情况的正式评估。一般说来，飞行准备审查批准要求一个处于技术状态管理之下的飞行系统，一份飞行许可，一份已批准的飞行试验计划，以及一些误差跟踪和风险评估过程。

试验准备审查完成的主要标志是：

1）明确了试验的原因和试验的目的。计划的试验能够验证可直接追溯到系统规范或其他项目要求的需求。

2）明确了试验对象，如子系统、系统、体系等。受试系统的技术状态成熟充分，定义清晰，代表性强，能够完成计划试验的目标，可支持规定的项目目标。

3）作好了开始试验的准备。已经做完了全部已计划的初步试验、非正式试验、功能试验、部件级试验、子系统级试验、系统级试验和合格试验，试验结果令人满意。

4）明确预期的试验结果，明确试验评定结果对项目影响的方式。

5）计划的试验的人员、试件、设施、数据系统、保障设备、后勤等资源配置合理。

6）知道与试验相关的风险，有降低风险的措施。

7）知道某一具体项试验的危害和环境安全与职业健康风险。

8）为研制试验和使用试验的参试人员提供了必要的安全措施。

9）为试验中可能出现的技术问题或潜在的突发事件制定了备用计划。

试验准备审查的成功准则包括以下各项：

1）编制并批准了受试系统的试验计划；

2）完成了所需试验资源的确认和协调；

3）判定已经完成的部件、子系统和系统试验结果为计划的试验奠定了坚实基础；

4）识别出项目可以接受的风险水平。

试验与评定对一个系统的评价至关重要。试验准备审查保证将实施的试验能够正确地评价一个被试系统，而且系统已经作好了试验准备[54]。

10.13 美军系统验证审查

系统验证审查（system verification review，SVR）是一项多学科的对产品和过程的评估，用以保证被审查系统在费用（项目预算）、进度（项目进度）和风险等约束条件内能够进入初始小批生产和全面生产。在一般的情况下，此项审查在关键设计审查后实施，其任务是评估系统功能，决定系统功能是否满足功能基线文件规定的功能要求。系统验证审查确立和验证最终产品性能，为能力生产文件提供输入。系统验证审查通常与生产准备审查同时进行，如有要求，也与功能技术状态审核同时进行。

系统验证审查完成的主要标志是：

1）技术工作状况和系统状况显示使用试验成功，作战效能和作战适应性符合规定要求；

2）处于当前状态的系统满足能力研制文件和能力生产文件草案的要求；

3）为项目的成功，建立了足够的过程，设立了度量指标；

4）风险已知且可管理；

5）在预期的费用风险和技术风险的条件下，项目的进度安排切实可行；

6）系统要求被充分理解，达到此项审查的要求；

7）项目人员配备合理；

8）在现有的预算内，项目的非经常性工程要求可行；

9）在生产预算内，系统是可生产的。

10.14　我军功能技术状态审核

10.14.1　概述

功能技术状态审核是为证实技术状态项是否已达到了功能技术状态文件和分配技术状态文件中规定的功能特性所进行的正式检查，在设计定型（定型）前根据拟正式提交设计定型（定型）的样机的试验情况进行。

该项审核对每个技术状态项进行功能技术状态审核。如果合同要求，还对整个武器装备系统进行功能技术状态审核。

功能技术状态审核的数据必须从拟正式提交的设计定型（定型）样机的技术状态试验中采集，如果未制造设计定型（定型）样机，则从第一个（批）生产件的试验数据中采集。

10.14.2　审核要求

承制方应向功能技术状态审核组提供一份概要，叙述每个受审核技术状态项的试验结果和结论。概要除一般地介绍技术状态项的试验工作情况外，还应说明未得到满足的技术状态项的要求及其解决办法和技术状态项的工程更改情况。

审核内容应包括：

1）承制方的试验程序和试验结果是否符合技术状态文件的规定；

2）正式的试验计划和试验规范的执行情况，检查试验结果的完整性和准确性；

3）试验报告，确认这些报告是否全面、准确地说明了技术状态项的各项试验；

4）审核接口要求的试验报告；

5）对那些不能完全通过试验证实的要求，应审查其分析或仿真的充分性及完整性，确认分析或仿真的结果是否足以保证技术状态项满足其技术状态文件的要求；

6）所有已确认的技术状态更改是否已纳入了技术状态文件并已经实施；

7）未达到质量要求的技术状态项是否进行了原因分析，并采取了相应的纠正措施；

8）审查偏离许可、让步清单；

9）对软件与硬件集合成一体的技术状态项，除进行上述审核外，还可进行必要的补充审核。

10.14.3 审核后工作

功能技术状态审核完成后，承制方应进行下列工作：

1）公布功能技术状态审核会议记录；

2）在技术状态记实的记录中记录功能技术状态审核的完成情况和结果；

3）指定责任单位负责完成遗留的工作[55-56]。

10.15 美军功能技术状态审核

功能技术状态审核（functional configuration audit，FCA）可与系统验证审查同时进行。功能技术状态审核是一项对硬件和软件技术状态项特性的正式检查，目的是验证实际性能是否符合功能基线中的设计要求和接口要求。从本质上讲，功能技术状态审核是评审技术状态项的试验分析数据，包括软件单元测试结果，以评定硬件和软件的功能和性能是否达到了规范要求。对整体系统而言，这是指系统性能规范。如果系统规模庞大，可以审核特定功能区的较低层次的技术状态项，将未裁定的不符合作为整个系统的功能技术状态审核的一部分。如果功能技术状态审核成功通过，这通常表明工程与制造研制产品是充分成熟的，可以进入小批试生产[57]。

10.16　我军物理技术状态审核

10.16.1　概述

物理技术状态审核是为证实已制出的技术状态项的技术状态是否符合其产品技术状态文件所进行的正式检查，应在完成功能技术状态审核之后，或与功能技术状态审核同时，根据按正式生产工艺制造的首批（个）生产件的试验与检验情况进行。审核完成后，最终建立产品基线。物理技术状态审核还要确保技术状态文件规定的验收试验要求足以满足技术状态项生产验收的需要。

10.16.2　审核要求

物理技术状态审核应详细审核有关的工程图样、产品规范、工艺规范、材料规范、设计文件、清单、用于技术状态项生产的各项试验，以及计算机软件配置项的使用和支持文件。物理技术状态审核还应审核已发放的工程文件和质量控制记录，以确保这些文件如实反映了按正式生产工艺制造的技术状态项的技术状态。

审核内容应包括：

1）各技术状态项有代表性数量的产品图样和相关工艺规程或工艺卡，以确认工艺规程的准确性、完整性和统一性，包括反映在产品图样和技术状态项上的更改；

2）技术状态项所有记录，确认按正式生产工艺制造的技术状态项的技术状态准确地反映了所发放的技术状态文件；

3）技术状态项首件的试验数据和程序是否符合技术状态文件的规定；审核组可确定须重新进行的试验；未通过验收试验的技术状

态项应由承制方进行返修或重新试验，必要时，重新进行审核；

4）确认技术状态项的偏离、不合格是在批准的偏离许可、让步范围内；

5）技术状态项的使用保障资料，以确认使用保障资料的完备性和正确性；

6）确认分承制方在制造地点所做的检验和试验资料；

7）功能技术状态审核遗留的问题是否已经解决；

8）对软件与硬件集合成一体的技术状态项，除进行上述审核外，还可进行必要的补充审核。

10.16.3　审核后工作

物理技术状态审核完成后，承制方应进行下列工作：

1）公布物理技术状态审核会议记录；

2）在技术状态记实的记录中，记录物理技术状态审核的完成情况和结果；

3）指定责任单位负责完成遗留的工作[58-59]。

10.17　美军物理技术状态审核

物理技术状态审核大致在全额生产决策前后进行，目的是考察正在生产的产品的实际技术状态。该项审核验证相关的设计文件是否符合合同的要求。按通常的惯例，物理技术状态审核不仅保证产品的验证，也确认制造过程、质量管理体系、计量与测试设备、人员训练等是否都恰当地计划，全面地跟踪，有效地控制。物理技术状态审核还评定产品生产的保障过程，验证系统验证审查结束后受到影响或重新设计的产品。如果军方要通过技术数据包控制正在采办的系统的详细设计，在一般的情况下，也需开展物理技术状态审核。如果军方没有实施控制的计划，或不购买系统的技术资料包，承制方应进行内部的物理技术状态审核，以确定控制产品的详细设计和建立产品基线的起点。物理技术状态审核完成的标志是设计和制造文档符合合同的要求。如果物理技术状态审核没有在全额生产决策之前进行，则应在生产系统建成后尽快进行[60]。

10.18 我军生产准备审查

10.18.1 概述

进行生产准备审查的目的是核实系统的设计、计划和有关的准备工作是否已达到了能够允许生产，而不存在突破进度、性能和费用限值或其他准则之类的不可接受的风险。生产准备审查包括考虑与生产设计的完整性与可生产性，以及与为开展和维持可行的生产活动而需进行的管理准备和物质准备有关的所有问题。生产准备审查只有在功能技术状态审核或物理技术状态审核进行之前（即需要安排生产时）并经过专门批准后进行。可以由承制单位单独进行。

10.18.2 审查内容

生产准备审查应包括下列审查内容，可以根据系统的特点对审查的内容进行剪裁。

（1）设计方面

1）从生产角度看，设计风险低；

2）设计（包括系统、分系统、设备等）的技术审查已经完成，性能、可靠性、维修性和保障性等的验证已经完成；

3）系统的技术状态可以最后确定，设计更改活动已经稳定，不符合性已经解决；

4）设计的不完善部分已经明确，不会给生产带来重大风险；

5）设计已达到标准化大纲要求；

6）只有在为满足性能所必需的情况下，才使用贵重而紧缺的材料；

7）生产图样已经齐备。

（2）生产方面

1）工厂的生产能力可以满足所要求的年批量；

2）所需的工厂设施、生产设备、专用工具（工装）和专用试验设备已经具备；

3）需要的熟练生产工人，在数量上足以满足生产的需要；

4）拟定了所需人员的培训、考核计划；

5）材料和外购件已有可靠来源，长生产周期的器材已经订货并可满足生产的需要。

（3）工艺方面

1）工艺总方案、工具（工装）选择原则、工艺规程等工艺文件已经齐备；

2）重要工艺已经攻关解决；

3）有关辅助制造的计算机软件已开发成功；

4）专用工具（工装）已经按工艺总方案设计制造，检定合格；

5）标准样件已经制定。

（4）管理方面

1）质量保证体系可持续有效地运转；

2）综合生产计划已经拟定；

3）生产成本计划已经制定；

4）运用价值工程方法和寻求降低费用的措施已经拟定；

5）产品质量保证大纲已经实施；

6）技术状态管理计划已经制定；

7）计算机辅助管理的软件已经开发成功。

（5）综合保障方面

1）交付所需的文件、备件、工具和设备等已经确定并可满足系统的交付进度；

2）培训教材、教具和其他器材已经准备就绪；

3）使用中需要的保障、检测设备已经研制出来，生产能满足系统的交付进度[61]。

10.19　美军生产准备审查

生产准备审查是检查一个项目的生产准备情况，以决定设计是否为生产作好了准备，主承制方和主要分承制方是否完成了充分的生产策划，同时没有引入突破进度、性能、费用的门限值或其他既定准则的不可接受的风险。该项审查考察各类风险，决定生产或生产准备是否识别了可能突破进度、性能、费用的门限值或其他既定准则的不可接受的风险。

该项审查评价完整的处于生产技术状态的系统，从而决定系统是否正确地、全面地落实了全部系统要求，最终系统要求是否始终可追溯到最终生产系统。

进行这项审查时，综合产品组评审制造过程、质量管理体系和生产策划的准备情况，内容包括生产设施、工装与试验设备能力、人员发展与合格认证、工艺文件、库存管理、协作单位管理等。成功通过审查的基本条件是，综合产品组认为最终生产技术状态全部满足系统要求，生产能力为进入初始小批生产和全面生产打下坚实的基础。

在可能的情况下，项目指挥组织实施主承制方和主要分承制方的生产准备审查。在工程与制造研制阶段，生产准备审查应与关键设计审查等其他审查同时进行，而且应以迭代的方式进行。

在系统能力和制造过程演示验证（system capability and manufacturing process demonstration）期间，应定期地评估生产准备情况，识别和降低伴随设计进展的风险。在结束工程与制造研制，开始生产与部署时，应开展最后一次生产准备审查。随着项目进入初始小批生产和全面生产，最后的审查主要是评估制造和质量风险。

项目指挥应根据系统的技术范围和风险剪裁生产准备审查，并在系统工程计划中提出详细的要求。

生产准备审查完成的主要标志是：

1）建立了系统产品基线并形成文档，可使硬件的制造和软件的编码在技术状态管理下进行。

2）为项目的成功建立了充足的过程，确立了相应的度量指标。

3）风险已知且可以管理。

4）项目进度安排切实可行。

5）项目人员配备合理。

6）所有的工艺已经充分成熟，可用于生产。

7）详细设计在生产预算内是可生产的。

8）生产设施准备就绪，所需的生产工人经过培训。

9）详细设计完整稳定，可以进入小批量生产。

10）建立了稳定的供应链，可用的物资材料能够满足计划的小批量生产的需要。

11）在试生产线环境演示和验证了制造过程。

12）完成了所有的可生产性权衡研究和风险评估。

13）生产成本模型是建立在稳定的详细设计之上，并经过评定。

14）环境安全与职业健康风险已知且可管理。

如果发生下述情况，在生产和部署阶段可能还需要进行生产准备审查：

1）材料或制造过程的设计在工程与制造研制阶段或生产阶段发生更改。

2）生产中断较长时间之后重新开始。

3）生产转给新的承制方。

4）制造场所迁址。

5）为保证以较低的成本采购所需物资，评估了供应商的供货能力和生产率[62]。

10.20 美军使用试验准备审查

使用试验准备审查是一项多学科的产品和过程评估，其目的一是确保系统能够以高成功概率进入初始使用试验与评定，二是保证武器系统装备作战部队后能够满足作战效能和作战适应性的要求。全面生产决策依赖使用试验准备审查的成功结论。重要的是，试验准备审查一定应搞清楚，在作战环境中可实现的系统性能是否能够满足能力生产文件的要求。因此，使用试验必须验证系统的可靠性、维修性和保障性的表现，决定各种危害和环境安全与职业健康的残余风险是否在计划的试验作业中可以管理。试验准备审查完成的标志是军方采办高管决定装备系统已经作好了初始使用试验与评定的准备[63]。

第11章　技术数据管理

11.1　引言

数据是被记录的信息。技术数据管理是将政策、程序和信息技术应用于技术数据的识别、获取、管理、维护、访问、保护和使用，目的是在整个寿命周期内对系统提供支持，洞察和指导系统的研制、使用和保障。图11-1显示与技术数据管理相关的活动。

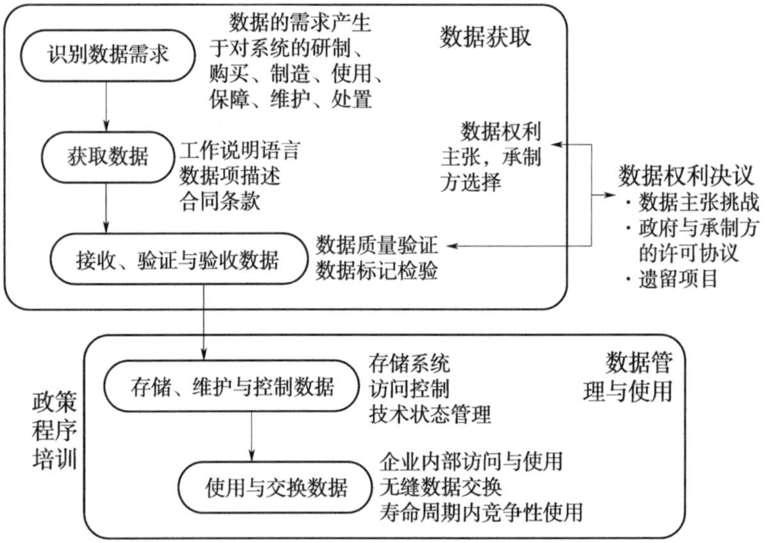

图11-1　数据管理活动

在系统工程管理中，数据管理的重点是技术数据。技术数据是除计算机软件以外的任何具有科学性质或技术性质的数据，其中包括与系统研制、技术状态管理、试验与评定、安装、零件、备件、修理、产品保障等相关的数据。但作战信息、传感器信息、通信信息、金融交易信息、人事信息等都不是技术数据，而是纯粹的业务数据。技术数据有多种形式，例如纸质、电子文档、规范、图样、测试和试验清单、记录、知识库、标准、模型、系统说明等。

技术数据管理在系统工程过程中发挥着重要作用，它能够：

1）实现系统产品数据的整合和寿命周期使用；

2）捕捉和组织系统工程过程输入、处理或输出的系统工程失真干扰；

3）将要求、设计、解决方案、决策和依据等的可追溯性形成文档；

4）记录工程决策、程序、方法、结果和分析；

5）推动技术插入，以改进重复采购和停产后保障期间的经济承受性；

6）支持技术状态管理、风险管理、接口管理、要求管理、权衡分析、技术评估、技术审查活动等；

7）引入先进的概念，如基于知识的采办、基于模型的系统工程等。

数据管理还能够实现系统数据分享，支持与其他政府机构和企业组织的合作。系统工程部应建立一个共用的电子数据管理系统，存储所有的系统工程文件、图样、决策、会议记录等。

根据全寿命周期管理的要求，项目指挥负责系统寿命周期内各个阶段的数据管理，决定研制项目的数据需要，制定将所有职能部门的数据需求整合起来的长期策略，制定数据管理计划，使之成为系统工程计划的一部分。在美军的采办项目中，此项工作包括产品数据的索引和管理，也包括在军事工程与数据资产定位系统（military engineering and data asset locator system）中的数据索引，这些产品数据的正式存储期不仅覆盖项目的寿命周期，也覆盖项目寿命周期以后的延长时间。

11.2　数据的定义与范围

数据这一话题非常广泛，与一个生产、消费和管理数据的承制方或项目的所有利益攸关方密切相关。《美国国防联邦采办条例补充规定 (Defense Federal Acquisition Regulation Supplement)》提供明确的数据定义，当进行与数据相关的讨论时，理解数据的语境和相关的定义十分重要。图 11－2 显示与承制方或项目相关的数据类别的层次。数据元素用 1、2、3 标记，并被赋予定义。

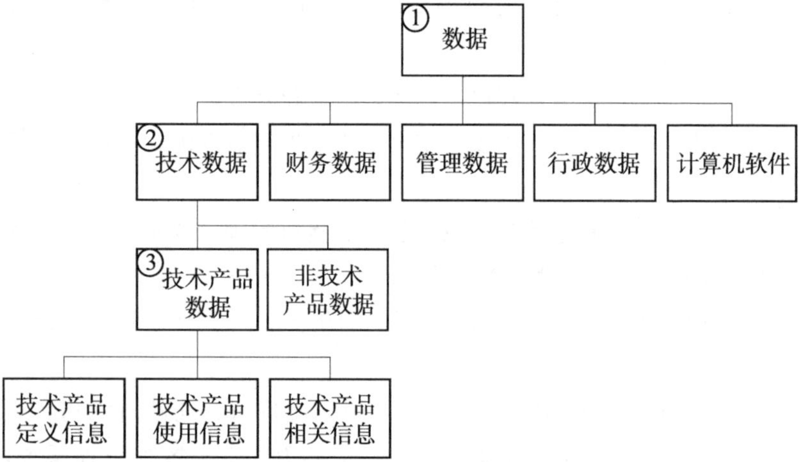

图 11－2　数据分类与层次

11.2.1　数据定义

“数据”这个术语是最为广泛的数据定义，应用于整个项目或整个承包商。《美国国防联邦采办条例补充规定》将数据定义为：“被记录的信息，与记录的形式或方法无关。数据包括技术性数据、计算机软件文档、财务信息、管理信息、事实的陈述、数字、任何能够被存储和传播的经过处理形成信息的资料、合同要求承制方交付给军方的其他信息等。”

11.2.2　技术数据定义

对于研制项目和数据的获取与管理，《美国法典》将技术数据定义为："具有科学性质或技术性质的被记录的信息，与记录的形式或方法无关，其中包括计算机软件文档。技术数据不包括计算机软件、财务数据、行政数据、成本数据、定价数据、管理数据，以及其他与合同管理相关的信息。"

美国国防部规定，在每一里程碑审查前，重大武器装备采办项目必须制定技术数据管理策略，并把技术数据管理策略作为采办策略的组成部分。

11.2.3　技术产品数据定义

技术产品数据这一术语定义系统工程主要关注的数据。系统工程在数据管理系统开发中起着关键作用，最终决定哪些技术产品数据需要进入数据管理系统。技术产品数据的定义是："描述产品的性能属性、功能属性和物理属性的信息，包括要求信息（例如规范和要求文件等）和设计信息（例如图样、部件模型、软件清单、设计说明等）。产品信息为在所有的产品寿命周期阶段采取的产品确认行动和产品使用信息提供技术性基础。"

技术产品数据是在一项产品的定义、设计、试验、生产、包装、存储、分配、使用、维护、改进和处置的过程中创造出来的全部数据，由技术产品定义信息、技术产品使用信息和技术产品相关信息构成。

（1）技术产品定义信息

技术产品定义信息是定义产品要求、记录产品属性的信息，是技术状态定义与控制的权威来源。技术产品定义信息包括：

①设计信息

设计技术产品数据包（technical - product data package）由以下各项构成：

1）图样；

2）3－D计算机辅助设计图样；

3）规范；

4）检测与试验设备清单；

5）工作说明文件；

6）接口控制文件；

7）工程产品结构。

②其他设计信息

其他设计信息与产品和产品决策有关，但与产品的规范或设计没有直接的关系。这类信息包括：

1）权衡研究报告；

2）设计选择工作表；

3）工程分析；

4）建模和试验情况报告等。

③要求信息

要求信息（requirements information）由项目作为源文档的原始要求（originating requirements）组成。以下各项是一个研制项目需要维护的信息：

1）要求文件信息；

2）联合能力开发系统（joint capabilities development system）文件；

3）综合体系结构模型信息与视图（integrated architecture model information and views），如全视图、作战视图、系统视图和标准视图；

4）外部接口控制文件；

5）政府提供的设备文档和承制方提供的设备文档；

6）合同工作说明；

7）过程标准，如能力成熟度模型集成（capability maturity model integration）。

（2）技术产品使用信息

技术产品使用信息是操作人员和保障人员用于使用、维护和处置产品的信息，也包括反馈到产品设计改进和状态记实过程的外场数据。技术产品使用信息包括：

1）维修保养策划信息；

2）技术使用手册；

3）互动电子使用手册；

4）技术出版物；

5）保障与测试设备信息；

6）供应保障信息；

7）人力、人员与培训信息；

8）包装装卸存储运输信息；

9）环境安全与职业健康信息；

10）装备服役信息；

11）外场反馈信息；

12）外场请求的指令数据；

13）预测与诊断信息；

14）外场质量缺陷报告；

15）产品单位技术状态信息。

（3）技术产品相关信息

技术产品相关信息是在产品研制和寿命周期管理过程中产生、但不能清晰地定义为技术产品定义信息或技术产品使用信息的信息。这类产品数据与产品定义过程、产品确认过程和产品使用过程有关，但不直接地描述最终的产品技术状态。技术产品相关信息有：

1）试验与质量保证信息；

2）试验报告；

3）系统评价报告；

4）技术状态控制信息；

5）工程更改建议；

6）偏离申请；

7）技术状态控制委员会决策；

8）产品技术状态管理状态；

9）其他相关的信息；

10）报废件通知；

11）处置信息；

12）相关的合同号信息。

11.3 数据需求的识别

数据需求识别主要做以下三项工作：

1）制定研制项目的技术数据管理策略（technical data management strategy）和技术数据管理路线，重点支持产品整个寿命周期内的技术和产品数据。

2）确保数据需求写入技术数据管理策略，确保技术开发策略、研制策略和全寿命周期持续保障计划中包含数据需求内容，在每个里程碑前提交数据需求报告。

3）不仅应考虑获取需要的技术数据和数据权利所付出的即时和短期的成本，也应考虑因有能力竞争生产和后勤保障活动和降低总拥有成本（total ownership cost）带来的长期成本节省。

11.4 数据获取

1）要求承制方依据清晰的合同工作说明开展生成所需数据的工作，在合同中明确数据的内容要求、格式要求和质量要求。

2）在每份交付技术数据和计算机软件的合同中，使用当前的已批准的数据项描述（data item descriptions）和合同数据需求清单（contract data requirements lists）。

11.5 数据的接收验证与验收

1）确保验证已接收的所有产品相关数据的内容、格式和质量。

2）检验合同订购的数据交付物，确保标记符合相关的数据权利协议和数据管理条例。

11.6 数据的存储维护与控制

1）预算在整个寿命周期内存储维护和控制产品数据所需的资金。

2）综合数据环境（integrated data environment）或产品寿命周期管理（product life - cycle management）允许研制项目的每一项活动生成、存储、访问、操作和交换数字数据。

3）研制项目应尽量利用现有的综合数据环境和产品寿命周期管理基础设施，出于避免高额基础设施成本的考虑，不鼓励项目专用的综合数据环境。

4）确保及时地更改数据，并将更改的数据写成文档，放入综合数据环境和产品寿命周期管理系统。

11.7 数据的使用与交换

计划和创建访问和重复使用产品数据的方法，允许参与寿命周期保障活动的全部个人和组织访问和使用产品数据。

为支持军方对技术数据包的要求，项目指挥也应考虑所有的产品相关数据，如技术使用说明书、修理说明、设计数据、分析数据等，以便：

1）允许开展综合保障活动；

2）更好地进行持续保障；

3）应用、实施和管理产品升级[64]。

11.8 数据保护

项目指挥负责系统数据的保护，无论数据是由承制方或军方存储和管理。美国国防部就数据的保护、标记和发放制定了一系列的指示、指令和条例，如 DoD Instruction 5230.24、DoD Directive 5230.25、DoD 5400.7 - R 和 DoD 5200.1 - M 等。采办项目按照合同或协议或指南的要求保护受限制的数据。如果使用数字数据，在首次打开或访问数据时，数据应显示清晰可见的限制标记、图例和发行说明（distribution statement）。这些保护措施不仅保证军方使用数据，也保证和保护承制方交付军方的数据，将数据处理和使用的责任延伸到随后使用数据的组织和个人。

美国国防部有关条例要求，所有的数据交付产品都应包括发行说明，建立适宜的过程保护所有含有关键技术信息的数据，确保受限制的发行数据、知识产权数据或专有数据在整个寿命周期内得到适当的处置，而不论数据是硬拷贝的数据，还是数字格式的数据。

11.9 数据访问控制

访问数字数据涉及检索、查看和处理合适的文件，用这些文件编制每个数字数据文档的正确版本。数字数据访问应尽量地做到用户友好，应向用户提供正确版本的数据和文档。为做到这一点，应设置一些有关访问权限、数据权利安全与保护的参数。访问权限仅限于适用的用户访问。访问权限可根据个人安全许可证件、数据状态等级、文档类别、项目里程碑、军方用户需要等情况变化。被访问数据的用户必须遵守针对该项数据的关于数据权利、安全、许可、版权、发行说明等的合同或法律要求。文档和可查看的文件必须附加适用的发行编码，该发行编码代表发行说明的类别，以此表示数据项中的信息已授权的流通和分发。

在一般情况下，工作数据应仅可用于制造该数据的个人、群组、团队或指定的数据查看人员。如果军方是团队的直接参与者，军方团队成员应被赋予同样的访问权限。在承制方的工厂内，军代表有权索求依据合同生成的全部数据，承制方可决定访问数据的方式。除此之外，军方对数字数据的访问应限于合同规定的已发放的、已上报的、已批准的数据。

11.10　数据版本控制

严格的数据文件版本控制是有效地以电子方式管理数据文档的先决条件，必须包括在产品数据管理软件之内。一个文件更改后，就应进行新的版本标识。最简单的版本管理形式是应用软件的文件保存特征，文件每保存一次，文件的日期和时间标识就前进一步。但为了保留被替代的版本，必须重新命名文件。真正的版本控制规则要求，当一个文件修改后，版本标识符自动前移，但文件没有更改而保存时，版本标识符不自动前移。此外，规则要求，依据特殊文档的归档方针和规则，所有的文件版本全部保留。

由于一个单一的文档表示（document representation）可由许多文件组成，因此需要一个非常严格的过程以电子方式管理文档审阅过程。版本控制规则有助于建立对注释和批注的审核跟踪，也帮助处理每个评论。向审阅者提供的或从审阅者接收的每个文档表示的每一个版本都被唯一地标识，并标注评论的来源。这意味着重新命名构成被审阅文档的一组文件（文档表示）的审阅者版本，将被批注的评论副本与文档当前的正式版本区别开来[65-66]。

第 12 章　接口管理

12.1　引言

一个新研制的系统可能与其他系统存在接口关系。这些接口构成研制项目的设计约束条件。系统定义后，系统与分系统之间和分系统与分系统之间也存在明显的接口关系。项目指挥和系统设计师应确定协同工作的设备、分系统和系统之间全部的接口，并把这些接口关系形成文件，以保证在整个研制过程中维护接口的完整性。

在系统的要求分析中，应全面地、清晰地了解系统的功能、性能、接口和各种约束条件。接口要求包括识别潜在的开放系统机会和可促进开放系统的潜在标准。系统工程的重要任务之一是用开放系统的方法开发和监控系统和分系统的内部的和外部的接口兼容性，保证所有的功能接口和物理接口的兼容性、互操作性和一体性，保证系统的定义和设计反映对硬件、软件、设施、人员和数据等系统元素的全部要求。开放式系统工程过程的关键是接口管理。接口管理应采用正式的和综合性的模式，严格地确定所有的接口，控制接口要求的自上而下的流动和集成。接口是技术状态的基线受控元素。开放系统接口管理强调交互系统之间的接口要求的相关性。目前完全可以利用计算机辅助系统工程软件绘制方框图，用方框图跟踪接口设计活动[67]。以导弹武器系统地面测试发射控制软件为例：设计中应确定软件与各种接口的关系，并说明每个接口的特性。例如与外部设计接口和其他系统的接口，接口对软件的要求，功能选择和控制方法，性能要求等。对于人机接口，确定软件与人的交互界面，操作与使用要求等[68]。

12.2　接口管理概念

接口是存在于系统、分系统、设备间共同边界的功能特性和物理特性，允许系统、设备、计算机软件产品和数据兼容匹配。接口管理活动的目的是：

1）每个共同工作的技术状态项的详细设计包含所必需的信息，以确保各个单独设计和生产的技术状态项能够共同工作；

2）如果出于某些原因，某个技术状态项需要更改，其涉及接口的性能属性、功能属性或物理属性就应成为设计更改的约束条件。

在系统的研制过程中，承制方设计工作的重要内容之一是确定、定义、控制、集成全部的低层次接口（即详细设计），签订外部接口协议和编制外部接口文件。

图 12－1 显示多个系统间和一个系统内部可能存在的接口。接口包括与其他系统的外部接口、构成系统的技术状态项之间的内部接口、技术状态项与系统的其他分系统之间的内部接口，以及承制方与供应商之间的接口。在某些情况下，还需要在两个或多个不同的研制项目之间建立接口关系。

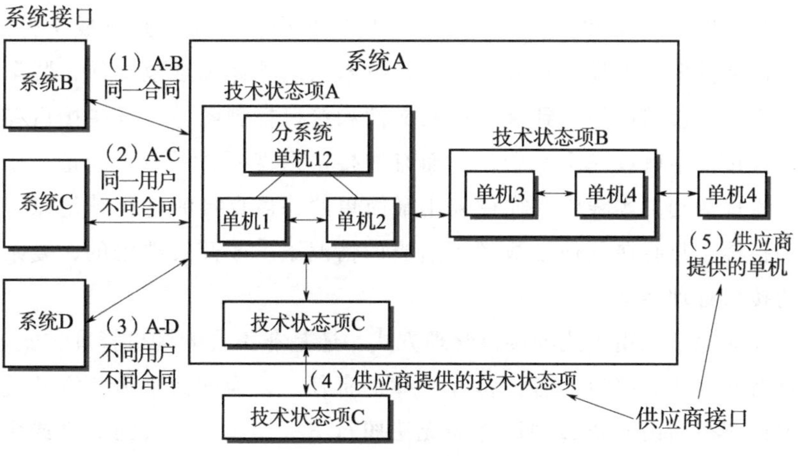

图 12－1　接口的层次

12.3 接口分类

为便于定义和管理接口，有必要按某种方式对接口进行分类。接口分类的途径有许多，典型的接口分类方式有：

1）合同关系。产品是由同一承包商提供，还是由不同的承包商提供？如果由不同的承包商提供，相关各方之间在接口方面是否存在合同关系？

2）用户关系。该采办活动是否对两个接口实体负责？或不同的采办活动对两个接口实体负责？

3）接口层次关系。接口是在系统层面？是在分系统层面？或是在单机设备层面？

4）技术接口属性的类型和复杂性。接口是机械的？电气的？电子的？安装的？数据的？语言的？功率的？水压的？气动的？空间的？工作范围的？频率的？传输率的？容量的？等等。

5）研制状态。接口项中的一个、两个或零个是非研制项（non - developmental item）？接口项是否需要平行设计和研制？

按以上方式进行接口分类确定了接口的背景和环境，确保采用适当的措施定义和控制接口。每一接口必须被定义，并形成文件。接口文件多种多样，从性能文件、技术状态项详细规范文件、装配文件、安装图样等，到接口控制文件和接口控制图样。有些接口在设计过程中就被完全地管理，而有些接口则需要开展专项的正式接口管理活动。实践中，往往采用最简单的、最直接的途径满足以上的目标。只有在其他方法都不适当的情况下，才开展浩繁的、复杂的接口管理活动。

无论是采用正式的接口管理方式，还是非正式的接口管理方式，都有必要让有接口的各方负起法律的责任。因为即使是最善意的技术协议也会由于资金的压力而无法履行下去。如果接口的双方或多方之间存在合同关系，包括协作安排，那就已经有了定义和控制的手段。如果不存在合同关系，就需要签订一份单独的接口协议，用来定义接口过程和提供专有信息保护。如果协议涉及两个或多个承包商，这份协议称为合伙承包商协议（associate contractor agreement)，如果两个或多个政府机构参与其中，一般采用谅解备忘录的形式[69]。

除了以上的接口分类方法外，还可以从管理、产品保证、生产、使用工程、使用验证、使用文档、综合保障和保障分析等角度进行接口分类。

（1）管理接口

系统工程管理与项目管理交换输入和输出，为系统级的决策过程，向项目管理提供和从项目管理接收全部必要的技术数据。

系统工程管理与项目管理密切合作，处理以下各项事宜：

1）计划管理——依照研制阶段主计划及其详细计划，评估、定义和控制各研制阶段的活动，监测里程碑事件，预测研制活动的趋势。

2）成本管理——估算各项活动和资源的成本，监测已进行成本核算的活动和趋势。

3）技术状态控制——通过技术状态控制委员会，保障各项技术基线的实现，正确地实施与产品标识、控制和记实相关的技术状态管理程序。

4）物资采购管理——保证将生产的产品的技术数据的可用性，监控供应商的活动，制定适当的采购物资验收程序。

5）更改管理——协调每一份更改建议书，确定技术的影响，保障更改的计划与预算，贯彻已定的更改建议。

6）风险管理——允许选择风险评估方法和风险管理政策。

（2）产品保证接口

产品保证和系统工程活动的接口方式是确保互惠的、及时的输入可用性，特别是在以下方面：

1）可靠性与安全性、电子电气机电部件、原材料和工艺等技术规范中的产品保证要求的实施。

2）验证要求。

3）要求可追溯性。

4）优先设计方案的评估，即：

a）系统体系结构；

b）功能体系结构；

c）技术权衡；

d）原材料、部件和工艺；

e）安全性特征。

5）风险管理研究。

6）危害性分析。

7）后勤保障分析。

8）硬件和软件的维护规则。

9）关键工艺评估。

10）硬件和软件验证过程评价。

11）验收过程。

12）不合格品处理。

（3）生产接口

系统工程确保系统工程与生产之间的所有接口点都能得到双方的沟通、合作和输入的支持。这与以下各项有关：

1）将设计输入整合到制造文件、装配集成与验证文件和使用文件。

2）在设计方案的评价中考虑可生产性、可试验性和成本权衡等项内容。

3）准备、实施和评价研制性试验。在理论设计工作和仿真不充分的情况下，研制性试验通过试制、试验和评价的迭代过程支持样机设计的改进过程。

4）制造工艺的研制与鉴定。

5）装配和操作程序的调整与确认。

6）硬件和软件的不合格品的评价与处置。

7）系统工程批准的以下各项：

a）制造计划；

b）装配集成与试验计划；

c）试验程序；

d）工作项；

e）集成报告；

f）试验报告；

g）软件测试保障工具；

h）自动测试程序。

8）生产批准的以下各项：

a）验证计划；

b）试验规范；

c）制造图样。

（4）使用工程

1）系统工程通过提供以下各项定期地支持使用工程活动：

a）与保障要求相关的设计反馈和实施政策；

b）系统性能与使用要求之间的相互关系；

c）与系统设备相关的指令和测量特性；

d）需要由使用计划与使用程序满足的设计、接口、技术状态等系统工程要求和约束条件。

2）反过来，使用工程通过提供以下各项定期地支持系统工程活动：

a）系统设计需要考虑的使用情景、使用目标和使用要求；

b）指令和测量清单；

c）需要使用计划与使用程序满足的与系统工程要求和约束条件相关的使用反馈和实施政策。

（5）使用验证

系统工程在使用验证方面支持的接口活动包括：

1）制定使用验证试验要求；

2）以功能验证、使用程序与使用数据验证、综合任务仿真等为标志的使用鉴定与验收；

3）使用验证与试验。

（6）使用文档

与使用文档的接口应由下列 2 项支持：

1）用户使用手册编写；

2）生活手册（accommodation handbook）编写。

（7）综合保障

系统工程过程内的综合保障是管理活动和技术活动常用的严格的、统一的迭代的方法。将保障要素整合到系统设计和设备设计，制定与保障性目标和战备完好性目标相关的保障要求、进行设计、采购所要求的保障等，都离不开综合保障。系统工程考虑和处理综合保障生成的输入和要求。

（8）保障分析

1）保障分析在工程研制阶段用于确定和评价一个新系统所需的后勤保障，该项工作在系统工程级进行。

2）保障分析的内容包括：

a）初步确定和建立保障准则，把保障准则作为系统设计的输入；

b）评价各种设计与保障备选方案；

c）识别和生成保障源数据，把这些数据用于后勤保障系统的研制和提供；

d）建立参考保障源数据数据库。

可用不同的解析方法支持和补充后勤保障分析活动，其中包括：

1）维护分析；

2）以可靠性为中心的维护分析；

3）修理级别分析；

4）后勤建模；

5）供应保障分析；

6）包装、装卸、存储、运输分析[70]。

12.4 接口定义文件

（1）系统性能规范

系统性能规范定义系统间的系统级性能接口和功能接口，起着设计约束条件和技术状态控制机制的作用。可能引用接口细节的接口控制图样，在这种情况下，接口控制文件要求是系统规范的组成部分。

（2）项性能规范

项性能规范（item performance specification）为每一个有接口关系的技术状态项定义技术状态项规范的性能要求和功能要求，反映双方同意的接口参数，通过引用接口控制文件实现。

（3）项详细规范

项详细规范为每一个技术状态项定义性能要求、功能要求、物理要求和设计细节。每一个有接口关系的技术状态项的规范反映双方同意的接口参数，通过引用接口控制文件实现。

（4）装配件图样

装配件图样定义构成装配件的匹配部件与组件之间的物理接口。

（5）安装图样

安装图样提供相对于支撑结构和相邻技术状态项正确地定位和安置技术状态项的信息，可能包括尺寸数据、硬件说明和安装位置的技术状态信息等。

（6）接口控制文件和图样

接口控制文件和图样描述相关的或共同工作的技术状态项或部件的物理接口特性、功能接口特性和性能接口特性。接口控制文件的目的是：

1）在具有共同边界的技术状态项或部件之间建立和维护兼

容性。

2）通过更改控制，协调和控制共同工作的系统之间的接口。

3）向设计参与单位记录和通告设计决策。

接口控制文件可以控制下列的一种或多种接口设计要求：

1）机械的、电气的、电子的、水压的、气动的、光学的。

2）操作顺序、系统开关。

3）与联合系统的互操作性。

4）安装——封装、支架、互联。

5）不影响系统接口就不能更改的其他特性。

（7）接口要求规范

接口要求规范详细说明对以下各项的接口要求：一个或多个系统、分系统、硬件项、软件项、其他系统的部件；任何数量的接口。

（8）接口设计文件

接口设计文件描述：各种接口特性；一个或多个系统、分系统、硬件项、软件项、其他系统的部件；任何数量的接口；接口要求规范的详细说明。通告和控制接口设计决策[71]。

12.5 接口管理要求

（1）接口要求

在系统研制过程中，使用方应提出需要控制的接口项目要求，承制方应规定技术状态项的接口要求并确保所设计的各种硬件、软件之间的兼容性和共用性。

（2）接口管理文件编制

接口管理文件由总体设计单位、设计师系统或有关承制单位进行编制。

（3）接口协调工作内容

接口协调工作内容主要包括：

1）协调接口管理文件初稿，并提出批准或不批准的建议；

2）协调接口管理更改建议，并提出批准或不批准的建议；

3）协调跨部门、跨系统间的接口。

（4）接口管理的协调

接口管理的协调由接口控制工作组或设计师系统来组织进行，当需要成立接口控制工作组时，按武器装备系统、分系统工作分解结构的位置，可成立不同层次的接口控制工作组；系统级的接口控制工作组由有关承制各方和使用方派代表组成，组长由总体设计单位或系统总设计师担任。接口控制工作组起着论坛的作用，用于开发和提供接口要求，重点关注详细的接口定义，及时地提供解决问题的方案。在体系的环境中，外部的项目办公室和承制方，作为接口控制工作组的成员，协同工作。

（5）接口更改控制

经协调并批准的接口管理文件应置于技术状态管理之下，不得擅自更改，若需要更改，必须按更改控制程序进行。属使用方控制的更改项目，由承制方批准，使用方认可。属承制方控制的更改项目，由承制方按规定批准。

12.6　研制阶段的接口管理要求

（1）论证阶段

在论证阶段，使用方应提出需要控制的接口项目要求。

（2）方案阶段

在方案阶段，总体设计单位、设计师系统应依据确定的工作分解结构及其相应的功能要求，提出总的接口方案，由有关承制单位编制所需要的接口管理文件。在总体技术设计完成之前，通常应完成系统、分系统接口管理文件的协调并经批准；对软件应提出接口要求规范初稿。

（3）工程研制阶段

在详细设计或施工设计之前，应正式确定所有的接口管理文件。

在设计中应严格贯彻并完善接口管理文件，验证接口要求的正确性，若不满足要求或有其他原因，需修改时，应按接口更改控制规定进行。

(4) 设计定型阶段

设计定型阶段是最终考核接口管理要求的阶段，一般不得更改接口管理文件。若必须更改时，应按接口更改控制规定进行[72]。

12.7 接口管理过程

接口管理过程帮助项目指挥保证系统内各分系统之间和系统与其他系统之间的接口定义和一致性，帮助保证承制方依据技术状态管理计划，编制内部接口和外部接口要求文件和接口更改文件。承制方将接口信息通报给受到影响的系统和分系统的研制人员，制定联合试验计划，验证预期性能和最终使用性能。如图 12 - 2 所示为接口管理过程。

系统是由分系统组成的，系统可能是更大体系的组成部分。无论是系统的内部接口，如系统元素之间的通信，还是外部接口，如一个系统与其他系统之间的通信，系统的物理接口和逻辑接口的设计、定义和管理，对项目的成功至关重要。如果系统在高度相互依存的体系环境中工作，系统将变得更加复杂，系统的内部接口和外部接口将变得更加重要。接口在通过相互作用提供集体能力的系统和体系中发挥着关键性的作用。复杂的系统由大量的各种各样的接口组成，如果没有有效的管控，无序散乱的接口势必降低系统性能、持续保障性和维修性。

明确地管理内部接口和外部接口的定义、开发、实施和试验，有助于保证系统能够在寿命周期内按设计要求工作，能够满足利益攸关方的预期。接口管理不仅应该考虑系统工程和系统集成等技术方面的问题，也应关注职能与责任、研制经费、进度安排等项目管理方面的问题。

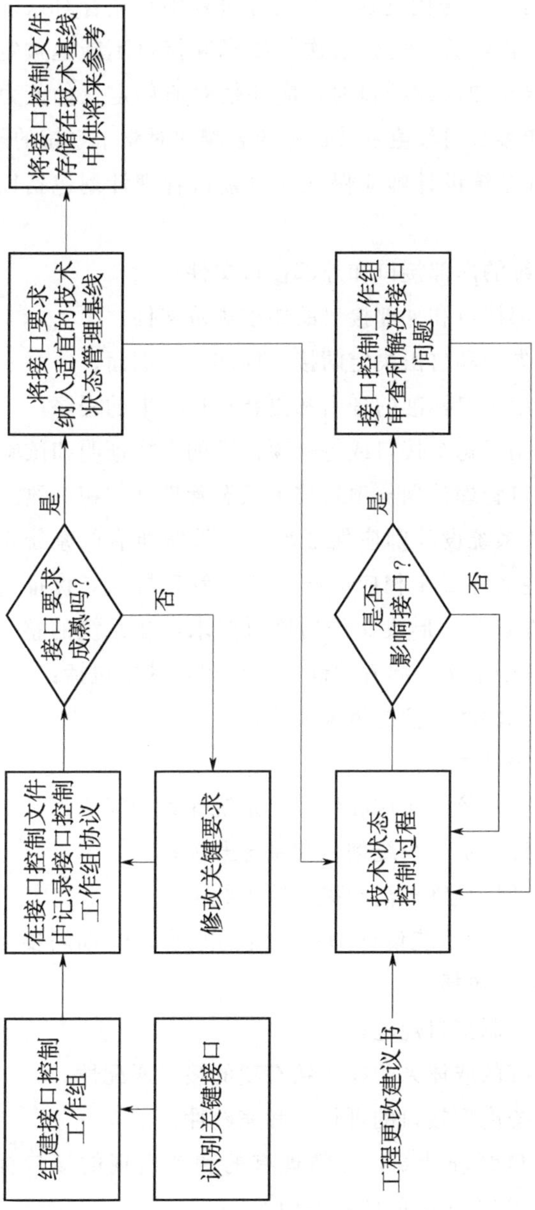
组建接口控制工作组
识别关键接口
在接口控制文件中记录接口控制工作组协议
修改关键要求
接口要求成熟吗？
是
否
将接口要求纳入适宜的技术状态管理基线
将接口控制文件存储在技术基线中供将来参考
工程更改建议书
技术状态控制过程
是否影响接口？
是
否
接口控制工作组审查和解决接口问题

图 12-2　接口管理过程

接口管理是一个迭代过程，在设计过程中，随着对系统和系统元素的深入了解，可验证的低层次的要求和接口不断地被定义和完善。承制方在定义和修改接口时，应评估对原始定义的能力和接口的影响、对性能参数门限值及其目标的影响和对整个系统的影响。

项目指挥和系统设计师应保证项目接口管理计划包括以下各项内容：

1）编制系统的内部接口和外部接口文件；

2）编制内部接口和外部接口的要求规范文件；

3）确定优先的和自由决定的接口标准及其剖面；

4）提供选用接口标准的理由和更新接口标准的程序；

5）说明适用于每个接口或每一项标准的合格证明和试验结果；

6）项目接口管理计划与项目技术状态管理计划相一致。

项目指挥和系统设计师应保证承制方编制所有的系统接口要求文件，并把这些文件置于相应的技术状态管理层次，保证这些文件便于利益攸关方查询。形成文件的接口要求，在系统的整个寿命期间，在系统的各个层次，起着关键性的作用，其中包括：

1）构建功能的和物理的体系架构；

2）帮助竞争性竞标；

3）促成多个系统的集成和低层次系统元素的集成；

4）保障系统维护、系统增强和系统升级；

5）为持续的风险管理活动提供输入数据。

负责接口管理的系统设计师在系统的整个寿命期间要完成许多重要的任务，其中包括：

1）定义和编制接口规范；

2）评估系统的或体系的技术状态项的接口匹配性；

3）监测系统内部接口的可行性和完整性；

4）制定接口管理计划，评估现有的和新出现的接口标准和剖面，更改接口，放弃过时的体系架构[73]。

第 13 章　技术设计制造成熟度管理

13.1　引言

现代武器装备越来越追求先进的技术、优越的性能，导致武器装备研制项目的技术风险越来越大。普遍存在的设计问题有：性能指标要求过高，采用不成熟的新技术，可靠性、安全性、维修性和保障性设计不充分，参数设计缺少优化，各种分配缺少权衡研究，设计变更缺乏详细的论证和验证，更改过多、控制不严等。普遍存在的试验问题有：试验设计不周详，试验项目安排不合理，试验条件设置不科学等。普遍存在的生产问题有：设计人员对工艺知识了解不够，设计和工艺脱节，设计的可制造性和可生产性差，过多采用新材料和新工艺，关键特殊工艺不成熟，质量管理不到位，生产过程波动大，产品生产效率不高，单位生产成本高，成品率低，批生产能力差等。

为解决以上这些严重问题，美国国防部在武器装备采办项目中强制推行技术成熟度、设计成熟度和制造成熟度评估管理方法，用以量化关键技术的发展状态、设计的稳定性和关键制造过程处于统计控制的程度，以便评估和控制技术风险。

美军采办管理条例规定，一项技术在转入下一个采办阶段前必须达到要求的技术成熟度等级，并指出，不成熟的技术一旦进入工程与制造研制过程将导致成本上升和进度拖延。《美国法典》要求，里程碑决策机构须确认，重大国防采办项目采用的技术在里程碑 B 批准前已经在相关环境中完成验证。美军 DoDI 5000.02 要求，如果技术经验证证实是不成熟的，就不能与承包商签订工程与制造研制合同。所有承包商的建议书中必须包括技术成熟评估报告[74]。技术成熟评估现已成为美军重大采办项目的重要内容。

制造成熟度是美国国防部近年来继技术成熟度后在采办项目管理中引入的又一个新工具，用于确定武器装备在各个研制阶段中制造技术是否成熟，技术转移过程中是否存在风险，从而科学地管理武器装备生产，最大限度地满足战术技术指标要求，降低研制费用，缩短研制周期。

制造成熟度是技术成熟度概念的发展。制造成熟度和技术成熟度是你中有我、我中有你的关系。当一项技术或一项工艺已经成熟并且转移到一个系统时，制造成熟度与技术成熟度是确定风险的关键测量值。在一般情况下，制造准备的进展状态取决于技术成熟状态或设计稳定状态。只有在产品技术成熟和产品设计稳定后，制造过程才可能成熟。制造成熟度还可以用来确定系统级或分系统级的制造准备状态和制造风险。由于以上的原因，制造成熟度等级的定义是把技术成熟度的等级作为制造成熟度等级的先决条件。

武器装备研制项目的基本目标是及时地、以可以接受的经济承受性和保障性在外场部署所要求的作战使用能力。实现这个目标的 3 个支柱是成熟的技术、稳定的设计和可控的制造过程。因此必须对不成熟的产品技术、不稳定的设计和不可控的制造过程这 3 个关键的风险源进行有效的管理。技术成熟度度量、设计成熟度度量和制造成熟度度量能够帮助武器装备研制项目指挥处理这 3 大类风险，对技术开发、设计和制造管理人员也同等重要，因为这 3 项指标可被用来实现和验证技术转移的成熟状态。理解并减小这些风险可极大地增加技术引入的可能性，最终帮助改善武器装备研制项目的费用、进度和性能目标。

13.2 技术成熟度

技术成熟度（technology maturity）为评估某一项技术的成熟程

度提供一个系统的度量体系，可保证一致地比较不同类型技术的成熟程度。技术成熟度方法在美国国家航空航天局已经应用多年，现已成为美国国防部所有新的采办项目技术成熟度的衡量手段，是跟踪技术在不同研制阶段发展状态以及过渡到生产阶段的重要工具。

在美国武器装备采办项目的管理中，项目指挥通过工作分解结构来定义关键技术。技术成熟度是建议的关键技术实现项目目标的程度。技术成熟度同时也是项目的一项主要风险。项目的技术成熟度是通过技术准备评估（technology readiness assessment）确定的。技术准备评估是检查项目的总体技术方案、技术要求和得到验证的技术能力[75]，是一个系统地、依据度量指标体系评价用于系统中的某些关键技术成熟程度的过程[76]。

在美军武器装备采办流程中，技术成熟度是决定一个项目从论证阶段、方案阶段或工程研制阶段进入采办程序的重要因素之一，也是影响项目风险的重要因素，一般通过技术成熟等级（TRL）来度量。对项目关键技术的技术成熟等级评估通常会在方案阶段或工程研制阶段之前进行，为评估研制程序提供有用的技术成熟状态信息。

技术成熟度是美国国家航空航天局在 20 世纪 80 年代开发的，后逐渐介绍到美国其他民用部门和欧洲空间局，20 世纪 90 年代普及到美国空军。1995 年，美国国家航空航天局的约翰 · C · 曼金斯(John C. Mankins) 撰写了《技术成熟度白皮书》，书中讨论了技术成熟度等级的应用，并对每一技术成熟度等级作了说明。2001 年，美国国防部要求新的重大采办项目实施技术成熟度评估制度。2003 年 12 月，美国国防部公布《技术准备评估手册（technology readiness assessment deskbook)》，2004 年在《国防采办指南》中增加了“技术成熟度与技术准备评估”内容。

技术成熟度评估在美国防务采办项目和宇航项目的广泛应用，引起了我国国防科技工业的重视，有些研制项目已经开始进行技术成熟度评估方法的研究和应用，并获得了初步的成效。

美国国家航空航天局和美国国防部的技术成熟度目前都分为9个等级，这两个机构的技术成熟度等级内容差异很小，以下介绍美国国防部的硬件技术成熟度等级（hardware technology readiness level)、软件技术成熟度等级（software technology readiness level）和技术准备评估过程。

13.2.1 硬件技术成熟度等级

1级技术成熟度：发现并报告了基本原理。

这是最低级的技术准备状态。科学研究开始转化为应用研究和产品开发。

2级技术成熟度：制定了技术方案或应用方案。

发明开始。人们发现了基本原理，应用这些基本原理来发明产品。应用都是推测的，不存在证明，也没有详细的分析来支持各种假设。

3级技术成熟度：用解析分析方法和试验手段验证了关键的功能，或证明了技术方案的正确性。

积极的研究与发展活动开始。用解析研究和实验室试验的方式物理上验证对各种技术的解析预测。

4级技术成熟度：在实验室环境完成了单机或原理性样机的验证。

基本的技术性单机被集成一个系统，以确定这些单机集成后能工作。与最终的系统相比，此时集成的系统处于相对粗糙的“低逼真度”状态。

5级技术成熟度：在相关环境完成了单机和原理性样机的验证。

原理性样机技术的逼真度大幅度提高。基本技术性单机已与辅助性单机集成，可在仿真环境中试验。

6级技术成熟度：在相关环境完成了系统级和分系统级模型或样机验证。

典型的模型或样机远高出5级技术成熟度，并在相关环境中做了试验。经过验证的技术的成熟度有了明显的提升。

7 级技术成熟度： 在使用环境中完成了系统级样机验证。

样机接近或达到计划的作战使用实用系统，表示已经远远超过 6 级技术成熟度，要求在作战使用环境中验证实用的系统样机。

8 级技术成熟度： 制造了实用系统，实用系统通过试验和验证，技术满足系统性能要求。

技术被证明能够以最终的形态和在规定的条件下工作。在几乎所有的情况下，8 级技术成熟度代表实用系统研制的终结。

9 级技术成熟度： 实用系统成功通过实战使用检验。

技术以最终的状态在作战使用条件下得到实际应用[77]。

13.2.2　软件技术成熟度等级

1 级技术成熟度： 发现并报告了基本原理。

这是最低级别的软件技术成熟度。基础研究发现了新的软件领域。新的软件领域将逐步发展到基础应用、软件架构的基本特性、数学模型和通用算法。

2 级技术成熟度： 制定了技术方案或应用方案。

人们发现基本原理后，就用这些基本原理来发明实际应用。应用都是推测的，不存在证明，也没有详细的分析来支持各种假设。

3 级技术成熟度： 用解析分析方法和试验手段验证了关键的功能，或证明了技术方案的正确性。

积极的研究与发展活动开始。用解析研究和实验室试验的方式验证了科学可行性。这个级别的软件成熟度可发展到确认关键特性的有限功能环境，发展到用非集成软件组件和部分代表性数据进行的解析预测。

4 级技术成熟度： 在实验室环境（软件原型开发环境）完成了模块和分系统的验证。

数个基本的软件组件被集成一个模块或一个分系统，以确定这些组件集成后能工作。与最终的系统相比，此时集成的模块或分系统在效率和健壮性方面还处于相对原始的状态。架构开发开始，包括互用性、可靠性、可维护性、扩展性、可伸缩性、安全性等。开发出软件原型，用于验证最终系统的各个方面。

5 级技术成熟度：在相关环境完成了模块和分系统的验证。

在这一级别，软件技术已经为开始与现有系统集成作好准备。原型实现符合目标环境和接口要求；对各类现实问题进行了试验；仿真了与现有系统的接口；建立了系统软件架构；依照使用环境在处理器上运行了算法。

6 级技术成熟度：在相关端对端环境完成了模块和分系统的验证。

软件技术的工程可行性得到验证。这个级别的技术成熟度扩展到实验室原型实现，软件技术部分地完成与现有硬件系统或软件系统的集成。

7 级技术成熟度：在使用高逼真度环境中完成了系统原型验证。

软件技术的项目可行性得到验证。这个级别的技术成熟度可延伸到使用环境的原型实现。对技术风险进行了试验和验证。软件技术很好地实现了与实用型硬件系统或软件系统的集成。

8 级技术成熟度：制造了实用系统，实用系统通过了使用环境的试验和验证。

软件技术全部实现了与实用型硬件系统或软件系统的集成。软件开发文档完整齐套。全部功能在仿真和使用环境进行了试验。

9 级技术成熟度：实用系统成功通过实战使用检验。

软件技术可以重复，能够重复使用。基于此项技术的软件已经完全实现了与实用型硬件系统或软件系统的集成；软件文档全部确认；有成功的作战使用经历；可持续性软件工程保障建立起来；实用系统诞生[78]。

13.2.3 技术准备评估过程

（1）编制技术准备评估计划和进度

技术准备评估策划过程的首要工作是项目指挥编制一份用于实施

技术准备评估的计划，这通常在里程碑 A 后进行。承制方和使用方领导机构批准后，项目指挥将该计划呈报给主管国防部副部长。技术准备评估计划包括与采办策略相吻合的进度安排，计划和进度纳入项目的信息管理系统。在工程与制造研制招标说明书发放之前，在进行里程碑 B 前项目评审时，承制方和使用方领导机构审查和批准技术准备评估草案，并在程碑 B 前项目评审之前的 30 天内，将技术准备评估草案报给主管国防部副部长。在初步设计审查后，至少在里程碑 B 前的 30 天内，技术准备评估结束。

（2）组建学科专家组

技术准备评估进度安排确定后，应组建一个学科专家评审组。学科专家评审组成员的资质一是专家的业务特长，二是与项目无关的独立性。专家的专业特长应该已经演示验证，并对相关的学科领域富有经验。项目指挥有责任指导专家组成员依据技术准备评估计划在技术准备评估过程中充分发挥作用。项目指挥总负责在研系统、技术准备评估过程和识别关键技术的准则，决定技术是否已经在相关环境中演示验证。项目指挥应充分利用计划的演示验证事件和试验，提供专家评审组需要的数据。可以要求专家组成员签订保密协议并声明没有利益冲突。

（3）识别需要评估的技术

技术准备评估的主要目的是：1）向项目指挥提供全面的技术风险评估；2）支持主管国防部副部长独立地评估与项目所选技术相关的风险，包括项目的技术是否已经在相关环境中演示验证，以便里程碑决策机构有足够的信息数据判断，是否完成合格鉴定，让步（waiver）申请是否合适，风险缓解计划是否全面。因此，鉴别全部适当的技术非常重要。技术的鉴别应该在项目的系统工程过程的背景下进行，应该基于对当前系统性能和技术要求、系统设计、项目已经编制的技术工作分解结构的全面审查。

技术风险识别应在正式的技术准备评估过程之前开始。事实上，潜在关键技术的识别在里程碑 A 前的解决方案分析阶段就已经开始。里程碑 A 后不久早期评估技术成熟度可能有助于进一步完善待评估的潜在关键技术。如果存在技术成熟方面的问题，或者这些技术存在风险，就应考虑引入高效且影响大的制造技术和与寿命周期相关的技术。

项目指挥应编制待评估的潜在技术的初步清单。如果存在多个竞争的设计方案，项目指挥应分别为每一个设计方案鉴别可能的技术。项目指挥还应指定关键的技术人员，为学科专家组梳理项目的各种信息。

学科专家小组应向项目指挥提出待评估潜在技术清单的变更建议。这一过程的输入包括项目指挥编制的技术清单、现在的或以前的承制方或使用方实施的专项技术策划。学科专家评审组应被授权使用所有这些数据。

（4）搜集技术成熟的证据

评估项目的技术是否已经在相关的环境中演示验证，需要适当的数据和信息。为每一项技术搜集和组织材料的过程应尽早开始。项目指挥应依据系统的功能需要，汇编单机或分系统的试验说明、试验环境和试验结果，以便于自己对技术成熟状态的评估，也便于学科专家评审组做好评估工作。评估和合理化技术成熟度所必需的任何其他的报告和信息数据都应包括在内。

（5）评估技术成熟度

①学科专家组评估

项目指挥必须向学科专家组提供关键的数据、试验结果和技术人员等，以便于澄清有关项目的信息。学科专家组应评价关键技术，以确定这些被评技术是否已经在相关环境中演示验证，风险是否已经降低，或者风险是否已经降低到可以进入项目的可接受水平。评估过程开始之前，学科专家组必须保证充分地理解了各项需求、确定的系统能力、系统和软件体系结构、作战方案、使用方案，在此基础上，定义相关环境。学科专家组还必须保证充分地理解了系统设计的细节，在此基础上，评价技术的工作状态和各类接口。

②编写、协调和上报技术准备评估报告

里程碑 B 前项目评审之前的 30 天内，单机采办经理将技术准备评估报告草案上报给主管国防部副部长。在初步设计审查和承制方选择后、正式的里程碑 B 或其他的合格鉴定决策事件前，提交正式的技术准备评估报告。在一般的情况下，技术准备评估报告应包括以下几项：

1）项目的简单描述；

2）关键技术的清单，项目指挥基于相关环境的演示验证结果对这些技术的成熟度的评估，风险缓解计划的说明；

3）学科专家组成员名单及其资质；

4）学科专家组研究成果、结论、支持性证据和主要的不同意见；

5）单机采办经理批准该报告的签署意见；

6）项目指挥和单机采办经理提供的其他附件。

技术准备评估报告应为最终的评估结果提供证据和理由，证据包括试验记录、技术应用的记录、技术文件、技术报告、展示等。技术准备评估报告应说明是如何使用或诠释资料进行评估的。报告应指出资料的来源、报告引用的资料的页码，技术是否在相关环境中试验验证。资料应说明每一项技术在单机、分系统和系统中的功能。报告还应明确说明系统的能力增量计划，以及相关的里程碑决策。

③主管国防部副部长审查和评价

主管国防部副部长在项目指挥和单机采办经理的咨询协助下对技术准备评估报告进行审查和评价，在技术准备评估过程的基础上，为里程碑决策机构提供一份独立的技术成熟度评估报告。

主管国防部副部长起草一份关于对技术准备评估报告的评价结果的备忘录。该备忘录决定项目的技术是否已经在相关环境中演示验证，如果没有，让步申请是否可以接受；以及对风险缓解计划和项目转阶段准备的充分性提出建议。备忘录送交里程碑决策机构，副本发送高级产品综合组、单机采办经理和项目指挥[79]。

13.3 设计成熟度

产品设计是产品研制过程最重要的组成部分，在技术选用和产品制造中间起着承前启后的作用，直接影响产品的固有质量。武器装备从系统、子系统到单机都需要设计。武器装备的设计一般历经方案设计、初步设计和详细设计等几个阶段，每经历一个阶段，逐渐成熟起来，最终达到要求的阶段目标设计成熟度。美国武器装备采办项目的设计成熟度目前还没有正式的定义，2011 年版《国防部制造成熟度手册》给出非正式的设计成熟度等级定义，并把设计成熟度分为 10 个等级。在实践中，人们一般遵守设计经验法则，用在初步设计审查和关键设计审查这两个技术审查节点设计图样的发放量作为衡量设计成熟的度量，如果这两个节点的设计图样发放量低于设计经验法则要求的数量，产品设计则没有达到目标成熟度。

13.3.1 设计经验法则

设计经验法则要求：在初步设计审查节点，应发放了 10%～25%的产品设计图样和相关指令，完成了 100%的安全性关键部件（safety - critical component）图样。安全性关键部件包括关键安全项（critical safety items）和关键应用项（critical application items）；在关键设计审查节点，应发放了 75%～90%的产品设计图样、软件设计规范和相关指令，完成了 100%的安全性关键部件图样[80]。

13.3.2 非正式的设计成熟度等级

1 级设计成熟度：

确定了制造研究机会。

2 级设计成熟度：

定义了应用领域。

确定了决定制造方案的性能目标。

3 级设计成熟度：

定义了顶层性能要求。

在试验的基础上评估了设计方案的权衡情况。

评价了产品的寿命周期和技术要求。

4 级设计成熟度：

系统工程计划和试验与评定策略要求建立和确认制造能力，要求管理产品全寿命周期的制造风险。

确定了首选系统的初步关键性能参数。

确定了支持要求能力的系统特性和度量。

确定了形状、匹配和功能的约束条件，确认了首选系统方案的制造能力。

5 级设计成熟度：

低级别的性能要求进入初步设计。

确定了所有的辅助性和关键性技术和单机，考虑了产品的寿命周期。

设计关键特性评审工作已经启动。

样机部件制造的产品数据已经发放。

6 级设计成熟度：

建立了系统研制基线。

系统和分系统的初步设计许可进行工程与制造研制。

辅助性关键性技术和部件全部经过验证。

定义了初步设计的关键特性参数。

7 级设计成熟度：

定义了产品的要求和特征，虽然设计更改量很大，但可支持关键设计评审。

部件制造的产品数据已全部发放。

确认了潜在的关键特性风险，制定了风险降低计划。

8 级设计成熟度：

产品特征和接口的详细设计已经完成。

系统制造的产品数据已全部发放。

设计更改量不显著地影响小批试生产。

基于试生产线的验证结果，各项关键特性可以保证。

9 级设计成熟度：

主要的产品设计特征和技术状态稳定。

系统设计通过小批试生产，产品作战使用试验得到确认。

完成了物理技术状态审核。

设计更改量有限。

各项关键特性在小批试生产中全部可控，达到质量要求。

10 级设计成熟度：

产品设计稳定。

设计更改极少，一般限于持续改进或对过时性的反应。

各项关键特性在批生产中全部可控，达到质量要求[81]。

13.4　制造成熟度

2001 年，美国联合国防制造技术委员会（JDMTP）组建制造成熟度工作小组，任务是编制一套与现有技术成熟度定义相匹配的制造成熟度定义，目的是创造一个如技术成熟度一样的衡量标准，为评估和讨论制造成熟、制造风险和制造准备提供一套通用的度量和术语。制造成熟度等级的设计使用数字编号，基本与技术成熟度等级的数字编号一一对应。工作小组成员来自各军兵种、导弹防御局、国防后勤局和工业企业。

2003 年，初步的制造成熟度定义作为 2003 年版《技术成熟度手册》的附录发表。此后，工作小组不断地完善和补充制造成熟度定义，逐渐形成技术与工业基础能力、设计、费用与资金、材料、过程能力与控制、质量管理、制造人员、生产设施、制造管理等九个方面的制造成熟度定义。2005 年 9 月，制造成熟度工作小组召开制造成熟度定义研讨会，评审制造成熟度的基本定义。来自政府和企业界的代表就制造九个方面的详细描述达成一致的意见。会议评审通过的制造成熟度定义作为附录发表在 2005 年版《技术成熟度手册》。附录的内容包括当前的制造成熟度定义、制造成熟度与技术成熟度的关系、制造成熟度与采办里程碑的关系。工作小组还编制了制造成熟度评估指南，以方便使用。美国国防部在 2005 年开始采用制造成熟度。2007 年，联合国防制造技术委员会发布《制造成熟度手册（草案)》，全面阐述制造成熟度定义和评估程序，2009 年，新版的《制造成熟度手册（草案)》发布，补充了新的内容。同年，美国国防部系统推行制造成熟度。联合国防制造技术委员会在 2010 年 7 月发布正式版《制造成熟度手册》，2011 年 5 月发布 2.0 版，2012 年 7 月发布 2.2 版。每个新版本都有一些更新的内容，但核心内容不变。2011 年，美国国防部在重大武器装备采办中全面推行制造成熟度，应用制造成熟度和按程序评估制造成熟度成为选择总承包商和分承包商的硬性要求。

13.4.1　制造成熟度等级

制造成熟度等级，也称制造准备等级（manufacturing readiness level，MRL)，分为 10 个等级，用数字 1～10 编号标示。

1 级制造成熟度：确认了基本的制造需求。

这是最低级别的制造成熟度。重点是应对制造不足和把握实现项目目标的机会。基础性研究开始，预算中有基础性研究的资金。

2 级制造成熟度：确定了制造方案。

2 级制造成熟度的特点是采用了新的制造方案。基础性研究过度到了应用性研究，为广泛定义的军事需要提出了解决办法。2 级制造成熟度通常包括确认、书面研究和分析新的材料和新的制造工艺，初步理解了制造可行性和制造风险。

3 级制造成熟度：制造方案开始了验证。

在 3 级制造成熟度，通过解析分析或实验室试验，开始制造方案的验证。这个级别的制造技术一般是属于应用研究和开发阶段初期的技术。材料和制造过程已就可制造性和可用性进行了表征，但仍需进一步的评价和验证。已经在实验室环境中研制出来功能有限的试验性硬件模型样机。

4 级制造成熟度：获得了在实验室环境中产生技术的能力。

4 级制造成熟度在里程碑 A 决策前起着装备解决方案分析阶段的放行准则的作用。各项技术至少应该成熟到了 4 级技术成熟度，即技术已经为技术开发阶段作好了准备。在这一阶段，诸如制造技术开发等的所需投资已经确定。保障可制造性、可生产性和质量的各种过程已经具备，而且足以生产出技术验证样机。制造样机的制造风险已经识别，风险缓解计划已经编制。目标成本已经确定，制造成本动因已经识别。设计方案的可生产性评估已经完成。所需的专用工艺装备、生产设施、物料搬运和人员技能以及关键设计性能参数已经确定。

5 级制造成熟度：获得了在生产相关环境中制造单机样机的能力。

5 级制造成熟一般处于研制周期技术开发阶段的中部，如果是关键技术，则接近先期技术验证的中段。各项技术应该至少成熟到了 5 级技术成熟度的水平。已经对国家工业基础进行了评估，并确认了潜在的制造企业。制造策略得到进一步完善，并成为风险管理计划的组成部分。已经确认了关键技术和关键件。样机材料、工装和试验设备以及人员能力已经在生产相关环境中在试验件上得到验证，但许多制造过程和制造程序仍然在发展中。制造技术开发活动已经开始，或正在启动。关键技术和关键件的可生产性评估在进行中。已经构造了用于估算制造成本的成本模型。

6 级制造成熟度：获得了在生产相关环境中制造系统级样机或分系统级样机的能力。

6 级制造成熟度是在里程碑 B 决定启动采办项目、进入工程与制造研制阶段的必备条件。各项技术应该成熟到了至少 6 级技术成熟度。一般认为，6 级制造成熟度达到了接受初步系统设计的制造准备等级。确定了初步的产品制造分工路线。确定并表征了大部分制造过程，但系统本身仍有重大的工程更改和设计更改。初步设计已经完成。完成了关键技术和关键件的可生产性评估和权衡研究。在生产相关环境中在系统或分系统上验证了样机制造过程与技术、材料、工装和试验设备以及人员能力。为实现费用要求目标和建立新的基线，分析了成本、成品率、生产速率，将样机数据与目标数据进行了比较与评估，项目开展了适当的风险管理工作。这一项分析包括设计权衡。可生产性考虑调整了系统开发计划。里程碑 B 的工业能力评估已经完成。认定了长生产周期的和关键的外购单位。

7 级制造成熟度：获得了在生产代表性环境中制造系统、分系统或单机的能力。

这个级别的制造成熟度是在工程研制阶段中期的典型状态，制造成熟度达到这个级别后开始对关键设计审查评估。各项技术应该接近达到 7 级技术成熟度。系统详细设计活动接近完成。材料规范已经得到批准，材料可得，可满足计划的试生产线产品生产进度要求。在生产代表性环境中验证了制造过程和制造程序。完成了详细可生产性权衡研究，可生产性提高和风险评估工作正在进行。用详细设计更新了成本模型，成本模型升级到系统级，用分配的目标成本对成本模型进行了跟踪。降低单位成本的工作已经按轻重缓急程度排序，并在进行中。用生产代表性数据更新了成品率和生产速率分析。评估了供应链和供应商的质量保证能力，编制了长生产周期的外购计划。制定了制造计划，设立了质量目标。启动了生产工装和试验设备的设计和研制。

8 级制造成熟度：试生产线能力已经验证，准备开始小批量试生产。

8 级制造成熟度表示已为里程碑 C 决策和小批量试生产作好准备。各项技术至少应该成熟到 7 级技术成熟度。详细系统设计已经完成且充分稳定，可开始低速率生产。材料、人力、工装、试验设备和生产设施已经全部在试生产线上证实，可满足计划的低速率生产进度要求。制造和质量的过程与程序已经在试生产环境中证明，处于可控状态，为低速率生产作好了准备。已知的可生产性风险没有对低速率生产提出显著挑战。用试生产线生产结果更新了成本模型、成品率和生产速率分析。完成了供应商合格鉴定试验和首件检验。完成了里程碑 C 的工业能力评估，建立了支持小批量试生产的供应链。

9 级制造成熟度：小批量试生产得到验证，已经具备了批量生产的能力。

在 9 级制造成熟度，系统、单机或生产技术状态项已经生产出来，或在生产中，或已经成功实现小批量试生产。各项技术应该成熟到 9 级技术成熟度。9 级成熟度表明已为批量生产作好准备。各项系统工程要求和设计要求应该已经得到满足，基本不存在系统更改。主要系统设计特征稳定，并在试验与评定中得到验证。材料、部件、人力、工艺装备、试验设备和生产设施全部到位，可满足计划的批量生产进度要求。小批量试生产环境的制造过程能力达到适宜的质量水平，能够满足设计关键特性容差。生产风险监测在进行中。实现了小批量试生产成本目标，用实际数据分析了经验曲线。开发了全速率生产环境的成本模型，该模型反映了持续改进的影响。

10 级制造成熟度：全额生产得到验证，精益生产方式确立。

这是最高级别的生产准备水平。各项技术应该成熟到 9 级技术成熟度。10 级制造成熟度一般处于采办寿命周期的生产阶段或持续保障阶段。几乎不存在工程更改和设计更改，工程或设计更改一般限于质量提高和成本下降。系统、单机、生产技术状态项处于全额生产状态，能够满足工程、性能、质量和可靠性的全部要求。制造过程能力处于适宜的质量水平。材料、工装、检测和试验设备、生产设施、人力全部到位，且已经满足全额生产的要求。批量生产单位成本满足目标，资金充足，可保障所需速率的生产。精益生产方式已经确立，持续的过程改进在进行中。

13.4.2　制造成熟度相关术语定义

随着制造成熟度的提升，制造能力的验证应在更加实际的环境中完成。在里程碑 A 前，制造成熟的重点是制造可行性，识别和减小各设计方案的制造风险。这时提出的技术方案一般只是在实验室环境中得到验证。制造成熟的中心任务是确定在技术开发阶段需要应对的各种制造挑战。

在里程碑 B 前，制造成熟的中心工作是承制方获取在生产相关环境中生产样机的能力。定义生产相关环境的各个参数应该基于承制方的关键工艺满足项目要求的验证结果，以及与之相关的各类风险和独特性。

生产相关环境代表着转入工程研制阶段所需的制造能力，这样的环境意味着有很大的把握实现项目费用、进度和性能要求。这个水平的生产真实性远远超出实验室环境的制造能力。这时的重点是应对高风险源，例如更先进的技术、更新的制造能力等。在这一关键阶段，承制方必须演示验证在将要用于生产的设备上制造设计产品或类似产品（例如：尺寸、公差、质量水平、工艺、试验等）的能力。

（1）生产相关环境

生产相关环境是指生产车间具备了某些生产真实性的环境，例如已经配置了所需的各种生产设施、人员、工装、工艺、材料等。在这一阶段，应尽量少地依赖实验室的资源。在生产相关环境中的演示验证意味着，承制方必须通过样机的生产验证其在工程研制阶段能够满足费用、进度和性能要求的能力。演示验证的结果必须使项目指挥相信项目的费用、进度和性能目标能够实现。此外，承制方必须表明在生产代表性环境和试生产线环境满足各项要求的途径。

随着研制生产项目在工程研制阶段接近尾声，用于合格鉴定试验的硬件产品已经制造完成，各项制造过程变得更加稳定，更加成熟，能够在项目的整个范围内应对生产代表性活动。

（2）生产代表性环境

生产代表性环境是指在考虑设计成熟度的情况下具有尽可能多的生产真实性的环境。如有可能，应尽量使用将用在试生产线上的生产人员、设备、工艺、材料等。工作指令和工艺装备都应该是高质量的，工作指令和工艺装备的变更都源自于为解决性能或生产速率问题而产生的设计更改。生产代表性环境的制造不再依赖实验室环境及其人员。

工程与制造研制阶段末开始生产从外观和性能上与批生产的产品没有差异的产品。这些产品需要在试生产线上生产，以便充分演示验证从工程与制造研制阶段过渡到批生产阶段的能力。没有这一真实性，就很难确信生产过程能够满足生产的费用、进度和性能要求。

（3）试生产线环境

试生产线环境是指包含所有关键的生产真实性要素的环境。关键的生产真实性要素包括设备、人员技能水平、工厂设施、材料、单机、工作指令、工艺、工装、温度、清洁度、照明等。这个环境被用来以小批量生产的方式制造能够满足设计要求的生产技术状态项、分系统或系统。试生产线应尽最大的可能采用全速率生产的制造过程。

生产相关环境、生产代表性环境、试生产线环境的定义是为了演示说明在采办寿命周期内制造成熟度的自然进步。订货方和承制方必须就每一个环境生产真实性要素的详细内容（设备、人员技能水平、制造过程等）达成协议。这个协议必须基于具体的制造形势及其相关的风险，其目的是及时地、彻底地减小风险。

可制造性和可生产性与以上的讨论密切相关，下面对这两个词进行定义。

（4）可制造性

可制造性是在设计周期中考虑的一个特性，该特性集中表现在过程能力、机床柔性或设施柔性，以及在所要求的成本和质量水平条件下一致性地生产的整体能力。相关的活动可能包括以下各项：

1）通用化设计和标准化设计；

2）面向环境与安全的设计；

3）多重使用设计和军民两用设计；

4）模块化设计；

5）灵活性设计、适应性设计或稳健设计；

6）使用可靠的工艺和材料；

7）使用单片式模块装配和确定性装配；

8）面向制造和装配的设计；

9）实现生产成品率。

（5）可生产性

可生产性是在满足工程、质量、经济可承受要求的条件下生产一件产品相对容易的度量。相关的活动可能包括以下各项：

1）面向特定过程能力和控制参数的设计；

2）进行材料表征分析；

3）进行减少变量分析，例如进行田口参数实验设计；

4）在选择产品设计之前研制关键材料和关键工艺；

5）采用建模与仿真方法进行产品和过程设计权衡；

6）为关键项目设计和研制闭环过程控制[82]。

13.4.3　制造成熟度评估过程

制造准备状态评估是在更广泛的制造风险管理过程中评价制造成熟和制造风险的重要手段。评估的结论应导致一些行动，例如：制定提升制造成熟等级和减少制造风险的目标，估算实现这些目标需要多少资源；决定哪些技术或哪些工艺的成熟状态适合系统设计或车间生产；决定一个系统是否为进入下一个采办阶段作好准备。

因此，制造准备状态的评估应将关键的项目要素与适合某一采办阶段的规范制造成熟度等级相比较，根据比较出的差距，决定存在的制造风险的大小，再根据风险的大小，制定相应的制造风险降低计划，并进行相关的投资决策。

根据美国军民企业的实践经验，如图 13－1 所示，制造成熟度评估过程一般应由 8 个步骤构成，即：确定初步评估范围；确定评估分类内容与进度；组建和指导评估队伍；指导被评估的承包商；承包商自我评估；制定现场访问议事日程；实施制造准备评估；编写评估报告。

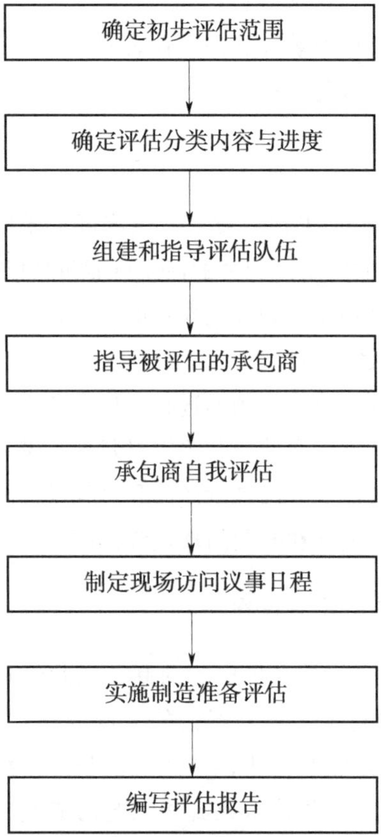

图 13－1　制造成熟度评估流程

（1）确定初步评估范围

项目办公室应该确定评估的初步范围和进度计划。在不同的研制阶段，评估应有不同的重点。

在里程碑 A，多方案论证时某些方案的支持者应起着主承制方的作用。由于这时方案论证是由独立于项目的机构进行，项目办公室可能还没有设立。在这种情况下，国防部主管部门应指定负责人，行使项目办公室的权力，负责制造准备状态评估的工作。

在里程碑 B，这时就明确了依然处于竞争状态的每一系统级初步设计的主承制方。然而，在有些情况下，系统级的初步设计还不是工程与制造研制阶段的详细设计的起点，可能由于一项新的技术在这时可用，或者这时需求有了新的变化。因而，制造准备状态的评估也适用于主承制方，如果它们遇到了这些情况，或者它们面临的制造风险要求这样做。

在关键设计审查节点，将决定出一个主承制方，该主承制方进行详细设计。

在里程碑 C，指定该主承制方负责系统级生产准备审查。

在批生产节点，指定一个主承制方进行生产。

评估的范围及其相应的制造成熟度等级目标将随着产品寿命周期的不同阶段和特定的项目需求而变化。例如，单件小批量生产的产品，如卫星等，对制造成熟度的要求不同于大批量生产的产品，如弹药、无线电通信设备等。无论是单件小批量生产或是大批量生产，尽管有不同的特定需求，都应充分地验证制造成熟度，以保证在下一个级别制造成熟等级，实现费用、进度和性能的要求。

制造成熟度评估过程承认每一个项目的独特性，因此，全部实现制造成熟度目标可能并不是经济高效的。不过，在进入下一个采办阶段之前，项目的独特性应该经过评估，也应经过关键决策者的一致同意，而且存在的制造风险应该明确无误。下面列举一些例子，用以说明评估范围应随着不同的采办阶段和重要节点发生变化。

在装备解决方案分析阶段，评估的范围可能是某一特定的样机设计方案。在项目初期考虑某一方案的可生产性和经济可承受性，可给设计方案的调整以较大的自由空间，也可能减少代价高昂的试验次数，也可避免设计更改不可逆转的局面。方案设计的评估还可以帮助确定在下一个采办阶段需要研制的制造工艺和制造能力。里程碑 A 准入准则要求名义目标制造成熟度达到 4 级。

在技术开发阶段初期，审查建议的设计方案的可生产性，权衡费用、性能和进度的目标。这时变更设计方案相对容易得多，并且这时的设计更改对关键的性能度量有更大的影响。这一阶段的名义目标制造成熟度应该是 4 级到 5 级。

在为工程与制造研制阶段选择承包商时，评估可帮助确定设计的成熟度，以此判定投标商实现预测费用或进度目标的能力。评估将确定下一个阶段的制造进步和风险状况，并保证样机硬件是在相关环境生产的。里程碑 B 准入准则要求名义目标制造成熟度达到 6 级。

在关键设计审查节点，有必要检查集成过程，如装配、安装、测试过程等。当一个分系统或一个单机，如电池组、电路板等，是主承包商制造的产品，或是外协外购件，无论哪种情况，都应以综合的流程方式检查装配过程和测试过程。在系统级，例如导弹，各类单机须经安装过程、中间测试过程、安装、最后验收试验等。必须考虑工作分解结构的全部层次，以便有效地测量满足预定的费用和进度目标的能力。这一节点的名义制造成熟度目标是 7 级。

如果是对试生产线进行评估，评估的重点应是了解用以实现项目费用、进度和性能目标的生产能力和生产量，预测全额生产可能出现的问题。里程碑 C 准入准则要求名义目标制造成熟度达到 8 级。

(2) 确定评估分类内容与进度

评估分类包括评估的对象、评估的内容和评估的主体。

国防部项目办公室和主承制方共同尽早确定可能存在的潜在问题，通过对系统、分系统、单机的分解，寻找存在的问题，然后确定哪些单机需要评估。不仅如此，还要考虑相关的试验过程与总装过程。下面提出的问题有助于确定评估的内容。所有的关键技术元素、重要的工作分解结构单元或物料清单都应回答下列问题。回答

“是”意味着存在制造风险，应对这一元素进行制造准备评估。

材料：是否有些材料没有在相似的产品或相似的制造过程中得到验证？

费用：这个生产技术状态项是否是个极大地影响寿命周期费用（研制费用、单位成本、使用与维护费用）的成本动因？这项技术是否是一项新技术，具有很高的费用不确定性？

设计：此项设计是否很新颖？是否包含非标准尺寸？非标准公差？非标准布置？

制造过程：这个生产技术状态项是否需要使用没有在当前环境证明的制造技术、制造工艺、检验或能力？

质量：这个生产技术状态项是否具有历史的或预期的成品率或质量问题？

进度：这个生产技术状态项是否存在长生产周期问题？是否显著地影响进度？

制造设施：这个生产技术状态项是否要求新的制造设施？或需要扩大现有设施（即扩大现有的生产能力或生产量）？

供应链管理：这个生产技术状态项是否遇到了预期的或历史的低层次供应商（费用、质量、交付）问题？

工业基础：这个生产技术状态项是否缺乏工业基础的有力支撑？或者这个生产技术状态项是由唯一的承包商制造的，或是由外国公司制造的？

在现实生活中，几乎不可能访问每一个提供原材料、元器件和单机的厂家，去检查它们的关键制造过程。某些物料应该在现场评估，而针对其他的物料应采用其他的办法。现场评估一般限于以下情况：

1）发生了最高百分比的制造成本；

2）进行了最后的总装和测试；

3）完成了最敏感的制造任务；

4）生产了技术上最不成熟的原材料、单机或分系统，或者存在可用性问题；

5）存在重大的问题或风险，如低成品率、高成本、不成熟的制造过程等。

在正常的情况下，国防部主导主承制方的评估工作，主承制方主导其外协外购产品的评估工作。在里程碑 A 之前，现场访问一般是不可能的，因为这时几乎还没有任何的硬件支持方案设计。在特殊的情况下，可以访问当前正在运行的生产线，如果预计将使用类似的生产过程和类似的工艺装备。

进度一般受多种因素的影响，其中包括采办里程碑评审的时机、项目基线评审的时机、是否存在合格的评审人员、承制方的生产调度等。对于一个小型的技术验证项目，评估可能在承制方的工厂进行，仅仅占用一天的时间，参加的评估人员有两三个人就够了。但对于一个重大采办项目，可能需要组建一个较大的评估队伍，访问多个研制生产基地，历经数月的时间。

（3）组建和指导评估队伍

制造准备评估一般由评审专家实施，国防部有关部门负责组建评审专家队伍。最好的做法是，国防部带领评估专家对主承包商实施评估，主承包商对外协外购定点厂家实施评估。当主承包商领导评估时，就要决定吸收哪些专家进入评估专家组。项目办公室应派出自己的代表。专家组成员应是经验丰富、知识渊博的专家，应在制造工程、工业基础、质量管理、供应链管理、设计、系统工程与生产方面有很深的造诣，具有能够确定潜在的制造约束条件，确认存在的制造风险，评定技术与工业基础的能力。如果一般的制造、工业基础、质量管理和生产专家发现不了某些存在的问题，还应邀请技术或工艺专家加入评估队伍。

评估的范围和评估活动的初步进度安排一旦确定后，评估专家小组的选拔工作就可开始。评估专家小组的人数可根据评估的范围确定。可以整合多个专业小组，重点评估各个分系统或各种技术。评估专家小组的组成主要依靠项目办公室和制造方面的专家。如果评估的采办项目在接近里程碑决策点，国防部有关部门的代表也可以参加评估。

评估小组应该保持一定的独立性，这是因为：

1）独立性增加评估的可信度；

2）独立性可保证不同专家的不同观点，因为不同的专家从不同的角度看待评估对象；

3）独立性可提供获取主题专家意见的机会；

4）独立性可促进信息的交叉流动。

某种程度的独立性可以通过多种途径获得，其中包括：

1）任命一名独立于项目的联席组长；

2）吸收独立于项目的主题专家；

3）利用独立的技术权威评审评估的结论。

来自项目以外的专家小组成员应该熟悉被评估的项目。它们需要明了评估的目的、项目的目标和项目的当前状态、关键技术、关键制造过程、硬件的技术状态、关键的承包商和供应商的作用和地理位置等。了解以上情况的途径很多，诸如：研读现有简报、合同、进展报告，与项目人员交谈等。

项目办公室应该考虑联系防务合同管理局，搜集有关承包商当前和过去的研制生产业绩的信息。防务合同管理局人员经常与主承包商及其供应商打交道，它们能够提供有关质量问题和其他风险源的非常有用的信息。如果有可能，可以考虑邀请防务合同管理局的人员参加现场评估工作。

项目办公室在评估工作的早期对评估小组成员提出期望也是非常重要的。下面是几项必须考虑的事情：

1）初步进度计划；

2）向评估小组报告的格式和时机；

3）在承包商场所的行为准则；

4）机密工作许可或不披露协议；

5）人员准备；

6）详细了解被分配的评估领域、进行车间现场观察、与承包商人员讨论；

7）现场评审后的责任。

（4）指导被评估的承包商

在评估前，评估的领导，无论是国防部项目办公室或主承包商，都应对被评估的承包商进行指导。指导工作可能包括吸纳承包商人员参加计划会议，向承包商提供指导工作包。指导工作包包括：

1）制造成熟度等级定义和制造要素；

2）自我评估应回答的问题；

3）自我评估应考虑的特殊过程或特殊工艺。

对于现场评估，指导包还应包括：

1）评估小组使用的问题清单；

2）评估访问的议事日程；

3）在现场访问应提供的证据，包括工艺图样、制造计划、过程能力数据、成品率数据、技术开发计划、风险降低计划、价值流分析结果等；

4）对于高度关注的问题，要求访问车间并与承包商专家进行讨论；

5）为评估配置所需的各项资源和时间等。

与承包商做出安排，为评估专家小组提供会议室，以便进行私下的讨论，方便专家记录他们的观察。还应与承包商做出安排，允许评估专家小组成员把计算机带入承包商的场所，以便于以电子格式记录他们的观察。

（5）承包商自我评估

评估的领导应要求承包商进行自我评估，以应对以下几个基本的问题：

1）当前开发的每个关键的技术和当前使用的每个关键的制造过程达到了几级制造成熟度？

2）如果当前被资助的活动按计划继续进行，在本采办阶段或本项目结束时，每个关键的技术和每个关键的制造过程能够达到几级的制造成熟度？为达到预定的制造成熟等级，需要开展哪些活动？需要安排怎样的进度计划？

3）在先期技术验证或先期概念技术验证的情况下，在产品基线设计时，什么等级的制造成熟度符合你公司的或使用你公司技术的原始设备制造商的要求？

在现场评估的情况下，承包商应作好准备，在评估专家组现场访问时，向评估专家组介绍自我评估的结果。对于提供关键单机或组合件的公司，如果现场访问不可行，评估专家组则应分析承包商的自我评估书面报告。

（6）制定现场访问议事日程

评估的领导应为现场访问活动制定议事日程。现场访问的意图是提供较简报和文件更为详细的理解。制造准备评估应是结构化的，应充分利用与承包商专家的讨论和对车间活动状态的直接观察。在室内介绍情况的时间、在承包商研制生产设施观察的时间、与承包商人员个别或小组讨论的时间，必须均衡地分配。一项评审的典型议事日程可能包括以下各项内容：

1）承包商致欢迎词，审查议事日程，评估进度计划；

2）介绍评估组成员和承包商人员；

3）向承包商说明现场访问的目标和预期；

4）承包商概述和讨论自我评估的结论；

5）现场访问车间的关键工位；

6）就关键的问题，评估专家小组成员与承包商专题专家一对一的或以小组的方式进行讨论；

7）评估小组举行非公开会议，记录和讨论观察结果；

8）评估小组向承包商通报现场访问结果。

（7）实施制造准备评估

①评审自我评估结果

评估小组应该主动开始关于单机、试验和装配过程的对话，对话的重点应是复杂性、地理位置和人员可用性。对于较大型的评估，应指定专人负责特定的技术、装配、分系统或生产过程。

制造成熟等级的组合要素及其相关定义是决定制造成熟度的评价准则。评估的领导应评审自我评估的结果，对照制造组合要素，检查既定目标的单机、分系统和系统级的试验过程和装配过程。在产品研制寿命周期中，制造组合要素在不同的时间有着不同的应用。组合要素可应用到单机、分系统和系统，最终应用到项目级。人们可以用制造组合要素指导检查各种数据源，如工艺图样、工作指令、工厂巡视等，然后对每一项技术、一个单机或一个分系统赋予一个制造成熟等级。

源自于制造成熟度定义和制造组合要素的基于知识的各类问题，一般被用于指导评估过程，确定每一引入硬件的特定元素的制造成熟度。特定元素包括材料、单机、组合件、分系统。所提的问题应根据项目的具体情况进行剪裁。

②实施评估

在评估制造准备状态时，应利用被评估的元素构建一个层次结构。这个层次结构从系统级开始，向下流动到最底层的组成最小检查单位的元器件。评估小组应确定应用于层次结构中每个元素的制造成熟度组合要素，确定要求赋予制造成熟等级的系统级测试过程和装配过程。这包括分系统或单机制造的测试和装配步骤。例如，印刷电路板在制造过程中要经历几个装配和测试步骤。印刷电路板有可能被装在雷达系统的航空电子分系统中，航空电子分系统则要求更高级别的装配和测试过程。

制造组合要素还可作为一个指南，或完整性检查工具，可提醒评估小组需要检查其他领域。例如，对导弹制导系统的自我评估，报告的制造成熟度是 3 级，而目标制造成熟度是 4 级。这时就需对细节重新检查，以确定制造成熟度被评为 3 级的原因，在此基础上，决定进一步使之成熟的关键措施。因此，在单机级继续评估成为必要，如表 13 - 1 所示。

表 13－1　现场访问增加的细节

分系统	最高级别制造成熟度	观察结果	最关键因素
制导	3	一缺乏详细的过程信息 一确认了关键的供应商 一但需要关键的性能参数 一需要详细的过程计划	一供应商甲提供的检测设备 一设计和生产问题 一没有备选供应商
数据处理	3	一新的数据处理器结构 一不成熟的设计工具 一需要新的辅助过程	一电路板供应商不能够在其工厂进行测试 一首批次产品的成品率很低
飞行器	7	一是 X 系统所用的供应商 一需要在总承包商设施测试新的匹配和装配过程	一没有关键的项目
试验计划	6	一曾有多次重新设计工作和新的测试过程	一新的试验策略和计划 一新的设计将吸收哪些内容 一极为重要的制造经验

在评估期间，可能发现一个单机或分系统比想象的要复杂得多，因而，需要更加仔细的分析。如果评估小组决定有必要深入检查关键的单机，就应把制造成熟度组合要素应用到这个层次。单机的检查应与生产工艺流程同步进行，然后赋予这个最终低级元素制造成熟度等级。评估小组成员应寻找现存的客观的可在关键领域支持评估结果的文件。关键领域包括各种计划、成品率数据、各种报告、各种简报、各种工作指令等。

在确定一个单机或一个分系统的制造准备状态时，关键的重点是制造风险。应利用制造成熟度组合来设计评审的结构，为每一个制造组合要素设立目标准则。如果目标准则得不到满足，则用风险矩阵来表示各种风险的特征。评估小组评价各种风险的数量和严重度，以确定单机或分系统的制造准备状态。

最后，评估小组应采取必要的行动，使制造成熟度达到目标等级，使制造风险达到可管理的水平，实现及时地转移技术或支持里程碑决策的目的。

③完成评估

在每一天工作结束时，应就承包商的介绍演示和当前的状态，征求防务合同管理局人员的意见。如果承包商不能够提供足够的信息支持一个关键领域的评估结果，则向承包商提出行动措施建议，以保证在指定的某一日期之前提供相关的信息。

评估活动快结束时，评估小组应在承包商的场所举行会议，讨论观察结果，并把对承包商现场访问的印象用电子格式记录下来。评估小组还应向承包商提供一份简报，重点说明承包商拥有的实力、面临的风险、目前制造成熟度与目标成熟度的差距、应采取的改进措施等。最后，感谢承包商的好客与合作。

制造成熟度评估不是一项简单的、适宜的或不适宜的测量。因此，把一个制造成熟度等级赋予一项完整的技术或整个武器系统没有什么意义。即使在相对简单的情况，完成了对一项技术的评估，这项技术由六七个硬件单机构成，很有可能的是，单机之间的制造成熟度差异很大，对于一个特定的单机，甚至制造工艺之间的差异都很大。某些单机可能是商用货架产品，或是标准件，或是由可靠的供应商用沿用成熟的材料和工艺制造的产品，其制造成熟度可能达到了 8 级到 10 级。其他的单机可能使用了新的设计元素，新设计元素的关键制造工艺能否达到设计的要求还没有证明，制造成熟度可能仅仅达到 4 级。基于最薄弱环节的理论，一项技术或一个系统不得不接受反映处于最低准备水平技术元素的总体制造成熟度，在这种情况下，制造成熟度是 4 级。在许多情况下，这种做法很容易使人误解，给人们的印象是，风险的总体水平大于实际的情形。如果评估更为复杂的分系统和系统，这种简化则更加无用，因为，不可能每一项元素，例如，在里程碑 B 都能达到 6 级制造成熟度。

因此，评估报告应该包括自下而上的对系统级、分系统级和单机级的相对制造准备状态的评估。低层次单机的评估结果可以纳入项目高层次的分析和决策，如表 13 - 1 所示。每个在任何级别的制造成熟度都应被确认，以便洞察每一个特定的风险。

（8）编写评估报告

评估小组成员应把评估结论以事先约定的格式形成文件。最简单的情况除外，在承包商场所的现场，评估小组成员对评估结果取得一致意见可能是不可行的。在通常的情况，在现场访问后，评估小组需要一些分析人员清楚地确定关键技术和制造过程的制造准备状态和风险状态，把已识别的各种风险放在项目的背景考虑。评估的最终结论一般以书面报告或简报的形式形成文件，其内容包括以下各项：

1）被评估技术、单机、分系统或系统的说明；研制活动的关键目标；对当前最先进技术的讨论。

2）对研制生产被评元素的公司的讨论。

3）评估小组成员的名单。

4）现场访问的日期和地点。

5）被评元素的制造过程的说明。

6）每一个被评元素的制造成熟度等级。

7）制造成熟度没有达到目标制造成熟度的技术、单机、分系统或系统：

a）确认其关键因素；

b）说明其原因。

8）实现目标制造成熟度的计划。

9）风险类别和风险对费用、进度和性能的影响的评估结果。

10）现行风险降低计划有效性的评估结论：

a）是否应对了正确的问题？

b）是否及时？

c）资金是否充足？

d）成功的概率有多大？

e）增加有效性的其他措施。

由于评估报告形成了管理制造风险的基础，其主要的读者是项目办公室。综上所述，评估报告设立了制造成熟度基线，这个基线应被用于制定提升制造成熟度的计划，以支持转入下一个采办阶段，或被用来验证被评估的技术已做好转移的准备。评估报告也提供相关的信息，帮助里程碑决策机构决定制造风险是否支持里程碑批准。

在产品寿命周期的不同阶段，当评估报告把实际制造成熟度与目标成熟度比较时，便提供了分析和评价每一个制造组合要素的风险的基础。没有解决的费用、进度或性能制造风险必须被确定，并要求指定制造成熟计划。制造成熟计划的内容应包括解决风险的途径的说明、费用估算、可用的资源和对进度的影响等。制造成熟计划通常与评估报告一并上报[83]。

13.5 美军研制程序中的制造成熟度

13.5.1 装备解决方案分析阶段的制造成熟度

装备研制决策标志着装备解决方案分析阶段的开始，提供影响系统设计的第一次重大机会。装备研制决策综合考虑技术机遇、研制周期约束、可获得的资金支持、系统性能参数和制造可行性等诸多因素。选择什么样的系统研制技术途径，不但取决于对制造成熟状态的了解程度，也取决于所考虑的各项技术的性能成熟度以及相关的风险。因此，在装备解决方案分析阶段，应进行备选系统审查和初步技术审查这两项系统工程审查。

本阶段通过备选方案分析更改和完善初步的总体方案，研究分析潜在的装备解决方案，确定能够满足能力要求的最优方案。备选方案分析比较多方案的作战使用效能、适应性、寿命周期费用等，为制定经济可行的均衡的渐进式采办策略创造条件。装备解决方案分析结束的标志是为建议的装备解决方案制定了初步的技术开发策略。

在装备解决方案分析阶段，对每一个竞争的装备解决方案进行制造准备状态评估，重点是评估有希望的装备解决方案，从制造的角度分析这些方案的可行性，并确定每个方案所需要的各种制造资源。实际上，这是一项制造可行性评估。评估所需数据的来源包括技术、使命计划及其路线图、市场调研、技术成熟状态的早期评价等。评估时需要考虑的关键性因素有：

1）当前不可得的制造技术和制造过程，以及与先期发展相关的各种风险；

2）生产可行性；

3）费用和进度影响分析，分析结果用来支持备选方案的取舍；

4）为创造新的工业能力需要国防部的投资力度；

5）在计划的研制经费和研制周期的约束条件下，工业部门不能够提供新的项目性能能力的风险。

评估的结论对备选系统审查十分重要，因为备选系统审查侧重检查所有的技术问题，而里程碑 A 选择技术途径时也重点考虑这些技术问题。备选系统审查是在备选方案分析过程快结束时进行，它能保证一个或多个建议的装备解决方案经济上是划算而可承受的，作战使用上是有效的，对要求的环境是适应的，是能够研制成功的，在可接受的风险水平上，能为使用方的需要提供一个及时的解决方案。在此审查过程中，还应考虑与制造相关的各种准备状态准则，确定每个论证方案的制造风险。这一阶段的目标制造成熟度等级是 4 级。风险的大小决定于所论证的方案是否达到了这一制造成熟等级，也决定于在技术开发阶段达到 6 级制造成熟度的困难程度。

备选系统审查还应确定里程碑 A 后两家或多家的竞争承制方在样机中体现的关键系统单元。这么做的意图是减少技术风险，确定设计，确认费用估算，评价制造过程，完善作战使用要求。在研制样机时，应使用最可行的且最有代表性的材料、制造过程和制造设施。

在里程碑 A 前，应为备选系统审查决定的装备解决方案制定技术开发策略。因为装备解决方案分析阶段的制造准备评估与里程碑 A 的制造准备评估之间有时间差，因此有必要更新或强化已选装备解决方案的制造准备评估，把最新的评估结论用于技术开发策略的制定。这样做非常重要，因为评估结论是里程碑决策机构进行决策的基础。

已定装备解决方案的其他重要的制造准备状态评估输出是下列各项的输入：

1）制造工艺项目的投资；

2）研制增量的确定；

3）技术开发期间的系统工程审查；

4）系统工程计划；

5）风险降低计划；

6）质量计划；

7）技术开发的合同签订策略；

8）技术开发期间的项目管理审查。

13.5.2 技术开发阶段的制造成熟度

技术开发阶段的核心工作是在相关环境中使技术成熟，研制样机，验证技术。该阶段的目的是降低技术风险，确定研制生产一个完整系统所必需的适宜的产品技术和制造能力。这一阶段一般要开展三项重大的系统工程审查，即系统要求审查、系统功能审查、初步设计审查。

在里程碑 B 之前要完成技术成熟度评估。技术成熟度评估应与此时的制造成熟度评估协调进行。制造方面的专家应参与技术成熟度评估工作。

技术开发结束的主要标志是确定了能够以低风险进入工程与制造研制阶段的系统研制方案。技术开发阶段结束时，技术应达到 6 级技术成熟度或更高等级，制造能力也应该至少达到 6 级制造成熟度。

技术开发阶段结束时，依据基线需要的工业能力，对制造准备状态进行评估，确定已经通过全系统级初步设计审查的每个竞争设计方案或样机还需要多少投资。实际上，这是一项制造能力评估。数据的来源包括系统要求审查结论、系统功能审查结论、增量的初步设计审查结论、工业能力评估结论、项目风险管理计划、技术成熟度评定结果。

承制方无须在技术开发阶段建造一个完整的工厂，组合一个供应链，但必须掌握关键制造过程、生产放大、潜在供应链等关键资源。应把在装备解决方案阶段实施的制造准备评估的结论作为此项工作的基线参照。某些技术开发工作有可能在装备解决方案阶段并没有评估。在这种情况下，如果制造风险很大，最好在技术开发阶段初期就开展评估工作，以便建立一个恰当的基线。技术转移协议应从可制造性和可生产性的角度管理技术转移过程。在技术开发阶段开始时没有达到 4 级制造成熟度的制造技术应引起项目指挥的关注，通过技术成熟活动和风险降低工作，在里程碑 B 力争达到 6 级制造成熟度。

技术开发阶段结束时评估考虑的关键内容有：

1）当前没有的制造过程和制造工艺；

2）按期交付产品（样机）的概率；

3）设计可生产性风险；

4）长生产周期的关键材料产生的潜在影响；

5）生产设备可得性；

6）生产单位成本目标的现实性；

7）支持多方案取舍的制造能力影响分析、费用影响分析和进度影响分析；

8）生产试验与验证的建议；

9）储存关键性和战略性材料的方法和减少对外国货源依赖的途径。

评估的输出是了解所有在开发中技术的制造成熟状态和风险状态的基础。了解技术的制造成熟状态和风险状态，是里程碑 B 决策过程的一个极为重要的组成部分。因此，评估结论必须明确指出初步设计审查的要点。初步技术审查可以保证，在当前被分配的预算和进度条件下，被审查的系统能够满足各项要求。初步设计审查报告详细地说明所有的技术风险，因此是里程碑 B 防务采办委员会会议的关键输入。制造准备评估为优先的样机或竞争设计方案的选择准则提供输入，所以样机或竞争设计方案应达到 6 级制造成熟度。

如果某些制造要素达不到 6 级制造成熟度，项目指挥有 3 个选项：

1）要求里程碑 B 决策点后延，争取时间降低制造风险。

2）选用后备的低风险制造途径。

3）把较高的制造风险带入里程碑 B 防务采办委员会会议，并且提交制造成熟计划。制造成熟计划应包含资金要求内容。

制造准备评估的其他重要输出是以下各项的输入：

1）长生产周期项目的投资；

2）工程与制造研制阶段的设计审查；

3）工业能力评估和采办策略；

4）系统工程计划；

5）初步设计审查报告；

6）风险管理计划 ；

7）工程与制造研制阶段的合同订立策略；

8）质量计划更新；

9）制造计划；

10）工程与制造研制阶段的项目管理评审。

13.5.3 工程与制造研制阶段的制造成熟度

工程与制造研制阶段的任务是完成一个系统的研制，完善设计考虑要素，完成整个系统的总装，开发经济上可承受的且可操作的制造过程，完成系统的试制、试验和评定。在这一阶段正式进行的系统工程审查包括关键设计审查、试验准备审查、系统验证审查（功能技术状态审核）和生产准备审查。

技术成熟度评估在里程碑 C 前实施。技术成熟度评估应与制造成熟度评估同时协调进行。制造专家应参加技术成熟度评估过程。

从制造的角度看，工程与制造研制阶段的目的是减少制造风险，为生产作好准备。在前面阶段编制的初步制造规划应在工程与制造研制阶段进一步细化完善，力争在本阶段结束时所有的硬件都达到目标制造成熟度。小批试生产的目标制造成熟度是 8 级，批生产的目标制造成熟度是 9 级。这两项目标制造成熟度应成为采办项目的基线。

在工程与制造研制过程中，评估制造准备状态的目的是在生产决策前识别设计和制造成熟的残留风险。制造准备评估是里程碑 C 决策前的可制造性评估，应与关键设计审查同步进行。评估的数据来源包括技术审查和审核、项目保障评审、合同签订前调查、增量生产准备审查、工业能力评估、权衡研究、工装计划、自制外购计划、制造计划、材料清单等。

在技术开发阶段结束时进行的制造成熟状态评估的结论将被用来作为本阶段制造成熟状态评估的基线参照。评估的重点是全项目范围的制造风险，其中包括制造、装配、总装和试验的作业情况；供应链的运行情况；制造规划的成熟程度；制造管理系统的成熟程度；用于降低制造风险的资金准备情况；以及其他的制造要素的成熟状态。在工程与制造研制过程中，在试生产线上制造硬件，应使用批量生产的材料、部件、工装、设施和人员。需要考虑的关键要素包括以下各项：

1）工业基础的可持续性；

2）满足交付期的概率；

3）设计的稳定性；

4）工艺的成熟度；

5）制造成本；

6）供应链管理；

7）质量管理；

8）生产设施；

9）制造技能可用性。

关键设计审查时制造成熟度评估的结论应写入提交给里程碑决策机构的关键设计审查报告。这时的制造成熟度评估确保研制项目已经向着里程碑C目标迈出了足够大的前进步伐。制造成熟度评估还应确认仍然没有实现7级制造成熟度的部位，并决定采取哪些必要的措施来降低相关的风险。

工程与制造研制结束时评估的输出应是生产准备审查的重点内容。系统级生产准备审查对项目进行全面检查，以确定设计是否已为生产作好准备，主承制方和主要分承制方是否已经做好充分的生产策划，生产策划是否会引起不可接受的风险，不可接受的风险是否会突破进度、性能和费用的门限值或其他既定的准则。生产准备审查的内容有：制造过程的准备情况、质量管理体系、生产设施、工装能力、试验设备能力、人员培训与考核、工艺文件、库存管理、供应商管理等项内容。如果最终生产技术状态全面满足系统的各项要求，如果生产能力为小批试生产和批生产创造了令人满意的条件，生产准备审查则以成功而告终。

制造准备评估是重点审查没有达到8级或9级制造成熟度的制造要素或项目级关键的制造准备项目，检查由于某些制造要素成熟不足给项目带来的风险和降低这些风险的当前工作状态，预计因纠正任何重大成熟不足进度或经费带来的变化情况。

如果发现项目制造准备的某些关键要素没有达到8级和9级制造成熟度，项目指挥将面临以下3项选择：

1）要求推迟里程碑C/批生产决策点，降低制造风险；

2）选择一个采用低风险制造途径的备用设计；

3）把较高制造风险带入程碑C/批量生产评审，提交制造成熟状态评估结论和制造成熟计划。

其他重要的制造成熟状态评估输出是下列各项的输入：

1）风险管理计划；

2）质量计划更新；

3）制造计划更新；

4）系统工程计划；

5）生产合同制订策略；

6）工业能力评估和采办策略；

7）里程碑 C 后项目管理评审。

13.5.4　生产与部署阶段的制造成熟度

在里程碑 C，就项目是否进入生产与部署阶段作出决定。生产与部署阶段的目的是实现满足使命需求的作战使用能力。在此阶段，一个项目可以设置一个或两个主要决策点。里程碑 C 决策机构决定项目是否进入小批试生产或批生产。小批试生产的目标制造成熟度是 8 级，批生产的目标制造成熟度是 9 级。

如果要求小批试生产，其生产就应使用代表批生产环境的设计、工装、材料、单机、设施和人员。批生产决策要求制造风险是明确的，系统的制造过程是有能力的、受控的、经济可承受的。批生产决策前，要对制造准备状态进行评估，以保证现存的风险不影响项目满足批量生产要求的能力。制造准备状态评估结论写入制造产品文件。最佳做法是把制造产品技术数据列入数据管理策略。

第 14 章　技术风险管理

14.1　引言

风险是武器装备研制项目的固有属性。我国国防工业历来重视武器装备研制过程中的风险，几十年来武器装备研制生产管理部门颁布了多个涉及风险管理的军用标准，要求对武器装备研制生产风险进行严格的风险评估和风险控制，使被研制产品达到技术性能指标，满足实战的要求。

20 世纪 90 年代后期以来，我军由半机械化向机械化、信息化复合发展转变，武器装备加快发展，形成了以二代装备为主体、三代装备为骨干的现代武器装备体系。为满足我国国家安全的需要，我国需要发展更先进的新一代武器装备，为我军现代化建设和军事斗争准备提供坚实的物质技术支撑。

新一代武器装备战术技术性能要求高，投资大，研制周期长，对可靠性、维修性、安全性和保障性提出了更严格的要求。以上这些因素使研制项目在研制过程中面临众多的风险，风险因素之间的内在关系错综复杂，相互交叉影响多元多面。因此，实施有效的风险管理对武器装备研制的成功至关重要。

风险管理的目的是：在产品技术、研制周期和研制经费的约束条件下，系统地、积极地、全面地、经济可行地识别、分析、减小、接受和控制产品风险，确保实现研制项目的性能、进度和费用目标。

14.2　技术风险的主要成因

14.2.1　战术技术指标要求过高

战术技术指标是指所研制的装备为完成特定的作战任务而必须保证的战术性能、技术性能和使用维护性能。战术技术指标是研制武器系统的根本依据。在武器系统研制之前，对战术技术指标进行充分的需求分析及可行性论证。从战争状态、军事需求、目标环境等方面分析研究，彻底理解战术技术的每一项指标要求[84]，从采办策略、研制策略、技术途径、技术水平、关键技术难度、国家资源、研制周期要求等方面研究可采取的技术方案，使战术技术指标在技术上可行，在经济上可承受，在时间上可实现。

战术技术指标要求过高或不切实际，就会迫使承制方在设计中技术余量留得很少，或不得不大量采用新技术，甚至采用不够成熟的新技术。新技术采用比例过大，继承性相应减少，风险概率也随之增大。同样，设计余量小，研制项目不稳定和失败的概率也会增高，风险后果的严重性也越大。

14.2.2　缺乏技术储备

国家工业基础和军事技术水平，是国家综合国力的重要标志，是实现国防现代化的关键。武器装备的研制和生产需要开展技术预先研究和雄厚的技术储备。预先研究的目的是为武器装备的发展提供技术储备，为新一代型号研制奠定必要的理论和技术基础[85]。武器装备的研制实践证明，只有预先研究比较充分，采用的技术比较成熟，才有可能缩短研制周期，才有可能实现地面试验和飞行试验一次成功。有的武器系统型号没有经过充分预研，在一些重大关键技术还未取得突破之前就仓促上马，结果是造成预研攻关和型号研制捆在一起，很难达到预定的技术指标，也使研制费用失控，研制周期极大延长。

14.2.3 技术未吃透

无论是设计、生产和试验，都存在技术未吃透的问题。由于承制方没有吃透任务（或用户需求）的要求，无法研制出满足任务要求的优质产品；设计人员没有透彻地掌握有关理论，出现设计不合理或设计错误；测绘仿制没吃透样机的技术性能和设计状态，知其然不知其所以然，轻易更改技术状态，达不到借鉴的目的；“移植”已有型号定型产品，没搞清使用环境，“盲目照搬”，带来意想不到的后果；生产没吃透设计要求并严格按设计、工艺要求实施，无法生产出符合设计要求的合格产品；试验技术问题未吃透，认识上的片面性和检测、验证手段所限，影响对技术问题的理解，不能保证试验任务的圆满成功。在武器装备研制项目各种大型试验中，因技术问题未吃透造成试验失败占有一定的比例。

14.2.4 设计失误和考虑不周

设计的基本准则是：实现战术技术指标；不延长研制周期；不超研制经费；统筹考虑全寿命周期的费用；在相当长的时期内保持一定的先进性；有较高的继承度；实现通用化、系列化、模块化；考虑可生产性。

武器装备研制产品的功能和性能指标首先要通过设计人员的精心设计才能保证，可靠性、维修性、安全性、保障性指标也是通过设计奠定的。由于设计工作的失误和考虑不周，由于产品设计不合理，方案有问题或者忽略了某些必须考虑的问题，各种缺陷先后暴露在型号研制过程的不同阶段中，有时导致重大的技术问题，甚至造成试验失败。设计失误和考虑不周主要表现在：

1）研制策略论证不充分；

2）采用不成熟的新技术；

3）继承度低；

4）可靠性、安全性、维修性、保障性设计不充分；

5）参数设计缺少优化；

6）各种分配缺少权衡研究；

7）接口协调缺乏协商；

8）更改过多，控制不严。

14.2.5　技术协调不充分

武器装备的研制是一个复杂的工程，往往涉及许多专业学科，众多的研制和生产单位、高校和研究机构参与，需要系统总体与各分系统、各分系统之间、各设备之间协调一致。既有纵向协调，又有横向协调，这些协调关系包括总体与各分系统、各分系统之间、各设备之间、硬件与软件之间、软件与软件之间的数字接口、电气接口、机械接口和协议等关系。在设计阶段要充分协调这些关系并以文件化的形式传递，要通过模装、对接、匹配试验、电磁兼容试验、仿真试验、分系统测试、系统综合测试等试验，不断地发现问题并协调解决问题，最终确保研制产品协调一致。实践中的事例反映出的问题有：任务书中没有对接口提出要求；总体与各分系统之间、设备之间协调不够；接口约定不严及软件与软件之间、软件与硬件之间不协调等问题，造成大型试验受阻。

14.2.6　技术状态控制不严

技术状态是指在设计文件中规定的，并且在产品中达到的功能特性和物理特性。技术状态管理是运用技术和行政手段，对产品技术状态进行的标识、控制、记实、审核等活动，提供控制设计和制造状态的组织和程序。技术状态更改控制是技术状态管理的重要环节，也是设计质量控制的关键要素。据中国航天科技集团公司 2006 年设计责任追究原因统计，因设计更改带来的质量问题约占 40%。这充分说明严格控制技术状态更改的重要性。凡满足任务书要求、经考核验证并经技术评审确定的技术状态，不得随意更改。确需更改，必须按“论证充分、各方认可、试验验证、审批完备、落实到位”五条原则执行。这五条原则是武器装备研制付出了巨大代价总结出来的实施准则。

在工程实践中，有些单位和个人，在技术状态更改前没有充分论证状态更改的合理性，没有认真分析技术状态改变所带来的边界条件（各种偏差、极限情况、正负号、环境条件等）及其他方面的变化，由此孕育多方面的风险，问题出现后，又不能针对这些风险所带来的影响，采取相应的对策。由于技术状态控制不严，或技术状态不统一，往往轻则造成返工，影响研制周期，增加研制费用，重则造成设备损坏，甚至使飞行试验失败。

14.2.7　试验策划不完整

武器装备先进的性能，需要通过各种试验进行考核和验证。试验包括：综合试验、作战环境试验、可靠性试验和生产工艺试验等。试验计划的不周详、试验项目的不合理、试验条件设置的不科学等，会增加由研制过渡到生产的风险。一方面由于试验项目和条件设置的不合理，导致产品经历过多或重复试验考核，使产品承受过大的环境应力，出现超应力故障，使生产成本大幅增加；另一方面，缺乏适度的环境应力试验，无法对产品的性能及可靠性进行真实的考核，使产品潜在的缺陷不能及时暴露，从而增加了产品的使用风险。

14.2.8　试验验证不充分

必要而充分的地面试验，是检验研制产品设计正确性的有效手段，是保证产品性能的有效措施，也是研制实现产品的可靠性、适用性、安全性和经济性的最好途径。型号研制必须遵循研制程序，坚持在地面试验成功后，方能进行飞行试验的规定，在地面充分验证的基础上，才能保证飞行试验取得“一次成功”。由于地面试验不充分和不全面，地面环境不能覆盖飞行环境，造成研制飞行试验中发生重大损失的事件。地面试验条件与使用条件不符，验证不具有真实性等问题也时有发生。

14.2.9　工艺不成熟

工艺是使多种原材料、半成品转化成为产品的方法和过程，是产品设计物化为产品的直接手段。武器装备的战术技术指标实现、实际战斗力的形成和质量可靠性水平的提高，很大程度上依赖于工艺技术及工艺装备的先进程度。工艺工作的基本任务是：通过计划、组织、控制，合理利用资源，以先进的制造技术生产出符合设计要求、性能稳定、成本低的产品[86]。

有些武器系统在设计时，为满足产品高性能的需要，部分或大量采用了新材料和新工艺。由于生产工艺特别是影响产品性能的关键特殊工艺的不成熟，容易导致生产过程质量得不到有效控制并且波动较大，产品生产效率不高，单位生产成本增加，产品性能降低。由于设计图纸的可生产性差或苛刻的工艺要求，现有的工艺能力难以达到，致使生产出的成品很难满足设计规定的技术性能指标要求，可靠性低，故障率高。

14.2.10　设计与工艺协调不够

武器装备研制应确保设计的工艺性能具有先进性、合理性和实现的可能性。工艺与设计同等重要，设计人员与工艺人员应相互协调、相互配合。目前，“重设计轻工艺”“重研究轻制造”的认识没有从根本上得到改变，导致设计和工艺脱节，设计人员对工艺知识了解不够，在设计时对工艺的可实现性考虑不充分，往往为了追求个别指标的先进性而导致加工生产难度成倍增加，或者导致工厂在加工生产时抓不住设计的关键所在，抓不住要害工艺和要害点，关键部分没有保证，非关键部分却精益求精，结果是浪费了材料，耽误了进度，增加了成本。

14.2.11　软件产品管理不到位

随着武器装备信息化、体系化、智能化和自主化的发展，软件作为武器装备不可缺少的组成部分，其作用越来越重要，功能越来越复杂，规模越来越大。目前软件已经不仅仅是武器装备的组成部分，软件自身已经自成系统，常常是通过它们把武器装备综合成一个整体。以数字化程度较高的精确制导武器为例，大多数的性能及功能的实现是通过软件完成的，其中以嵌入式软件居多。

长期以来，由于人们对软件工程化认识的不足，未能严格按照软件开发过程的要求开展软件研制工作。例如，需求分析不准确、不完整，甚至没有很好地进行需求分析；设计不充分，设计规范和准则没有得到遵守和执行，设计水平主要依赖于设计师个人的素质和能力；测试不充分，甚至没有系统地开展对软件的测试，而是以调试或系统联试代替软件的测试；人们看重程序，而轻视文档。由于软件开发过程的无序，无法对其实施科学和清晰的管理。

软件管理是由研制向生产过渡过程的高风险源，其风险具有隐秘性、突发性。软件随意更改，软件版本配置管理不完善，是普遍存在的现象。经常出现这种情况，软件在参与系统联试中出现问题，软件开发人员未履行任何手续就修改了程序。这种修改是否合理，对系统会有什么影响，没有进行必要的分析、验证和把关。曾经发生过由于程序在现场修改不正确，导致任务失败的惨痛教训[87]。

14.2.12 原材料和元器件质量性能达不到要求

武器装备研制型号的物资供应的特点是要求高，就是性能、质量可靠性要求高，技术指标要求高。这是因为武器装备的技术性能和寿命取决于产品设计、研制生产和试验全过程的可靠性，而原材料和元器件的可靠性又是整个装备可靠性的基础。由于一些航天武器系统的不可维修性，有可能因为一个小小的电子元器件的失效而导致整个武器系统的失效，航空航天系统多年以来的经验教训足以证明这一点[88]。

人们不愿意看到的现实是：设计师系统在选用原材料和元器件时，只注重原材料和元器件的功能和技术指标，对质量等级和可靠性要求没有给予应有的重视，尤其在选用进口器件时，误选用了停产、淘汰或近期废型的产品，有的型号对批产产品元器件的继承性考虑不够。由于材料特性得不到保证，元器件质量达不到要求，造成系统、分系统以及整机大量的技术问题。

14.3　风险管理策划与准备

风险管理是项目管理负责人管理决策的一个关键性要素。研制项目风险管理遵循的原则应该是：风险管理必须是向前看的，风险管理过程结构是规范的，风险管理是持续不断的，风险管理是能为项目决策提供支持信息的。成功的风险管理的关键是早期策划，充分配置资源，积极实施。

周全的策划可保证以系统的、有效的、综合的、迭代的方式管理风险根源。承制方与使用方之间的合作关系可产生最佳方案、技术、方法和信息，帮助项目管理人员更好地实施风险管理。

14.3.1　风险管理策划

风险管理策划是制定和记录系统的、有效的、综合的、迭代的策略及其实施办法，用于识别和跟踪风险根源，编制风险缓解计划，实施持续的风险评估，以确定风险及其起因变化状况，并配置充足的资源进行处理。

风险管理策划制定详细的管理风险根源的行动方案。风险管理策划和由此产生的行动计划应回答这些问题：谁负责评估和控制风险，风险处于什么状态，高风险和中等风险处于研制项目的什么部位，什么时间处理风险，如何处理风险。风险管理策划的任务是：

1）确保风险管理的基本原则应用于具体的项目；

2）制定和记录系统的、综合性的、迭代的风险管理计划；

3）确定风险管理计划的实施办法；

4）编制资源计划，包括人力、财力、物力等资源计划。

风险管理的策划是个迭代的过程，需说明和计划调度各项任务，包括项目整个研制过程内的风险识别、风险分析、风险缓解策划、资源配置、风险缓解计划实施、风险跟踪等项任务。风险管理策划的结果是风险管理计划。

14.3.2 风险管理计划

项目管理办公室应确定将采用的风险管理基本途径和工作结构，并把基本途径写入风险管理计划。基本途径应保持稳定不变，以保证对研制项目的各流程进行风险检查。风险管理计划构成项目总体策划、综合总计划和系统工程计划的一部分，也可单独形成文件。

策划工作以制定风险管理策略开始，并形成文件。风险管理策略明确目的和目标，明确特定领域的职责，确认需要的技术特长，说明需要考虑的评估过程和领域，概括对缓解策划的考虑，制定风险等级评定方案，规定文件编制和报告要求，建立报告要求制度。

风险管理策划是风险管理工作的前期活动。在每一个研制阶段的结尾，风险管理策划即筹划安排进入下一阶段的核心内容。风险管理过程在论证阶段正式开始，在后续的各阶段不断更新，新的情况应反映在总体技术方案中，也写入技术开发策略和综合保障策略中。

这些策略，以及要求文件和威胁态势文件，系统特征和项目特征，都是项目管理办公室可用来制定风险管理计划的信息来源。风险管理计划告诉承制方和使用方如何从项目的当前状态到达预期状态。编制风险管理计划的关键在于掌握必要的信息，因此项目管理人员必须充分了解风险管理的目的和目标，以及项目管理办公室采用的风险管理过程。风险管理计划在某些方面是专用的，如承制方和使用方各应负的责任，但在其他方面是通用的，允许使用者选用最为有效的方式执行。例如，对某一项技术的说明可使评估人员从多个角度评估该项技术的风险，因为每一项技术都有其优点和缺点，判断一项技术的优点和缺点取决于当时所处的具体情况。

研制项目通过研制性试验和使用性试验后，交付给使用方进入使用维护阶段。一个研制项目的风险管理计划的构造应能够识别、分析和缓解对项目全寿命周期费用、进度和性能产生影响的风险。风险管理计划还应确定整个研制项目用来捕捉和管理风险根源的途径。

典型的风险管理计划格式可能包括下列内容：

1）序言；

2）项目概述；

3）风险管理策略；

4）风险管理组织机构及其职责；

5）风险管理过程与程序；

6）风险识别；

7）风险分析；

8）风险缓解策划；

9）风险缓解实施；

10）风险跟踪。

在正常情况下，在签订合同前，风险文件编制和风险报告程序是风险管理过程策划的组成部分，在合同执行期间，只要在合同的范围内，或经同意作为合同更改的一部分，文件编制和报告程序可以增补或修改。

项目办公室应定期地评审风险管理计划，必要时，对其进行修改。下列活动中都需要更新现有的风险管理计划：

1）研制策略的变更；

2）准备转阶段决策；

3）基于事件的技术评审的结果；

4）其他重要项目文件的更新；

5）后勤保障策略的变化。

14.3.3　风险管理的组织工作

从系统工程的角度看，论证阶段到产品定型阶段，各阶段是相互关联的，因此，风险管理应贯穿项目研制的全过程，涉及每个研制阶段，把设计、制造、试验等任务综合起来。

项目指挥在论证阶段初期选定风险管理负责人，组建风险管理机构并明确其职责，策划风险管理工作，制定风险管理计划，提出风险管理经费概算，确立适合本研制项目的风险管理过程，对参研人员进行风险管理方法和技术的培训。选定的风险管理过程应该规范化、结构化，不仅包括风险管理策划、风险识别、风险分析、风险缓解策划、资源保障和风险缓解计划实施，还含有风险跟踪等工作内容。在风险管理实施过程中，把以上这些要素整合起来，持续不断地应用于项目的整个研制过程，特别是整个设计过程。

14.3.4　风险管理过程的选定

风险管理策划的重要任务之一是选定一个风险管理过程。欧洲空间局的标准 ECSS－M－00－03A《风险管理》提出了风险管理过程，美国国家航空航天局的 NPR8000.4《风险管理程序与要求（Risk Management Procedures and Requirements）》也构造了风险管理过程，美国国防部也推出自己的风险管理过程。从内容范围上看，这 3 个风险管理过程有很多共同之处，大致包括风险识别、风险分析、风险控制和风险跟踪等内容。图 14－1 是基于美国国防部防务采办的风险管理过程。该过程是个闭环回路，由风险识别、风险分析、风险缓解策划、风险缓解策划实施、风险跟踪等五项活动构成，这些活动都是连续的迭代的活动。当研制项目进度、技术、工艺、基线指标等发生变化时，开始新的迭代周期。

风险管理过程各环节的活动都应该记录下来，从中生成各类风险管理文件和报告，因此风险管理过程结构还包含了风险管理文件编制和报告内容。

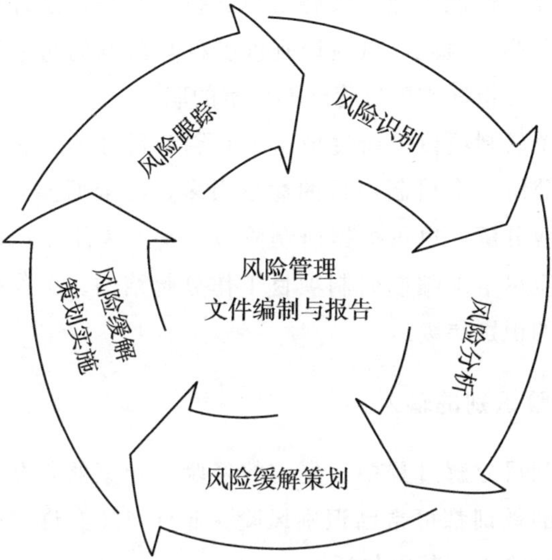

图 14－1　武器装备研制风险管理过程

14.4　风险识别

14.4.1　目的

风险识别的目的是回答以下两个问题：

1）哪里可能会出现问题？

2）如果出现了问题，对研制项目产品性能、进度和费用会带来哪些影响？

风险识别需检查研制项目工作分解结构的每一个单元，识别相关联的风险事件，形成文件。风险识别应尽早开始，并贯穿于研制项目研制的全过程。

14.4.2　任务

风险与一个研制项目的所有方面都有关系，如作战使用要求、各种约束条件、性能参数、威胁目标、技术水平、设计过程、工作分解结构单元等。因此，风险识别涉及参与研制的每一个人，而不仅仅是研制项目指挥或项目管理办公室的职责。

检查一个研制项目可通过把这个研制项目分解成相关的单元或区域实现。分解一个研制项目的途径很多，可依据要求、过程、职能、技术基线分解，也可根据研制阶段分解。为能使风险分析活动顺利进行，应尽早地编制研制项目工作分解结构。工作分解结构应分解到有效的识别层级。

14.4.3 风险识别的输入

在研制项目分解过程中，先前的经验、专家的判断、从类似研制项目吸取的教训都可帮助识别风险。此外，还有许多信息源可提供风险识别的输入，其中包括：

1）武器装备研制总要求；

2）论证工作报告；

3）《研制任务书》；

4）研制合同；

5）研制人员；

6）以前的分析和历史数据；

7）系统安全性分析和可靠性分析，例如危险分析、故障树分析（FTA）、故障模式与影响分析（FMEA）；

8）外部评审；

9）风险数据外延；

10）仿真结果、试验数据和模型；

11）任务目标、成功准则、假设、余量比较；

12）资源分析、进度评审分析、所要求的资源分析、可用的资源分析、持续地监测进度节点、风险缓解行动节点；

13）外协外购分析；

14）对已提出变更的分析；

15）试验结果；

16）不合格报告；

17）其他研制项目风险分析的结果；

18）对以前工程的风险理解；

19）工程样机或其他样机研制的数据；

20）对各类有关计划和相关文件的分析结果。

14.4.4　风险识别的输出

风险识别的主要输出是对每个个体风险的说明。这些风险说明汇总在风险清单中。建立和维护风险清单的目的是反映当前对研制项目风险的理解。

14.5　风险分析

14.5.1　目的

风险分析的目的是要回答下列几个问题：

1）这个风险出现的可能性/概率有多大？

2）这个风险的后果或影响有多大？

3）需要用多快的速度处理这个风险？

4）此风险与其他风险相比有什么不同？

为回答以上几个问题，应做以下各项工作：

1）考虑风险出现的可能性/概率；

2）用性能、进度和费用参数标识可能的后果或影响；

3）用风险报告矩阵标记风险等级。

14.5.2　任务

风险分析是检查每个已识别的风险，细化对风险的描述，分离原因，确定后果或影响，依据相关准则或通过相互比较，按照风险对研制项目的影响程度，从高到低排出风险缓解优先顺序。

风险分析在发生可能性/概率、后果/影响、与其他风险或过程的相互关系等方面进一步精确定义每个风险。风险分析首先仔细研究已识别的风险，其目的是搜集足够的信息用以判断风险起因、发生的概率及产生的后果。

为完成风险分析任务，必须分清什么是性能风险，什么是进度风险，什么是费用风险。

对技术性能有影响吗？达到什么程度？如果有影响，这个风险就产生性能影响。这些风险一般也具有相关的进度和费用影响，但应被认为是性能风险。

对进度有影响吗？达到什么程度？如果风险没有技术性能影响，就提出这个问题。如果风险确实影响关键路径，那么就同时影响了进度和费用，但仍然应被表示为进度风险。

风险仅仅影响研制费用吗？如果答案是肯定的，则没有性能影响或进度风险，风险只是费用风险。

工作分解结构是个非常有效的风险分析手段，可帮助确定风险对整个产品的综合影响。常用的风险分析方法还有：

1）专家个人判断和专家集体判断；

2）对历史数据进行统计分析；

3）对费用、性能和进度的预测值进行不确定性分析；

4）进行概率风险评估（probabilistic risk assessment）；

5）故障树分析、故障模式与影响分析；

6）与类似系统比较。

风险排序前，应先对风险进行分类，把相似的风险集合为一组。对风险分类有很多好处，一是有助于理解风险的性质，集合相似或相同的风险，便于建立经济有效的风险缓解计划；二是有助于识别等效的和重复的风险，把等效的和重复的风险合并；三是风险分类后，便于研制项目各职能部门跟踪和监测风险。例如计划和质量可靠性部门可能要把注意力集中在各自职能范围内的风险，以确保能够处理所有相关风险。

风险分类后就应进行风险分级和排序。风险分级和排序的目的是整理大量的风险，确定哪些风险是最重要的风险，哪些风险应该优先得到处理。

14.5.3　风险分级与排序

各类风险对研制项目的影响是不一样的。在风险分析的过程中，要对风险评定等级和排序。风险等级标示风险对研制项目潜在影响的程度。排序是确定风险的严重性，按风险危害程度从高到低排列，以便有条不紊地处理风险。

进行风险分级和排序，需建立一套明确的准则。技术专家是进行风险分级和排序的最佳人选。技术专家根据经验，结合定量分析技术，制定出风险发生概率准则和风险后果分级准则。表 14－1 表示风险发生概率或可能性准则，表 14－2 表示风险后果或影响准则。

表 14－1　风险发生可能性/概率等级准则

等级	可能性	发生的概率
1	最小	不可能，约 10%
2	低	不太可能，约 30%
3	中等	可能，约 50%
4	高	极可能，约 70%
5	最大	近乎确定，约 90%

表 14－2　风险后果等级和类型准则

等级	严重性	技术性能	进度	费用
1	轻微的	对技术性能不产生后果或产生极小后果	极小影响或没有影响	极小影响或没有影响
2	显著的	稍微降低技术性能，对研制项目产生微小影响或没有影响，可以允许	能够满足节点日期。后延＜×个月	预算增加，或单位生产成本增加＜×××（预算的 1%）

续表

等级	严重性	技术性能	进度	费用
3	重大的	中度地降低技术性能，对研制项目目标产生有限的影响	使进度稍稍后拖，能够满足关键节点，进度不浮动。后延<×个月	预算增加，或单位生产成本增加<××（预算的 5%）
4	危害性的	大幅度地恶化技术性能，可能危害研制项目的成功	研制项目关键路径受到影响。后延>×个月	预算增加，或单位生产成本增加<××（预算的 10%）
5	灾难性的	严重地恶化技术性能，不能够满足关键性能参数或关键技术临界值，将危害研制项目的成功	不能够满足关键的研制项目节点。后延>×个月	超过研制项目基线界限>××（预算的 10%）

借助于风险等级划分，研制项目管理人员就能够确定需要优先管理的风险事件。风险等级还帮助确认应该报告的风险区，也支持转阶段评审。因此，尽可能准确地评定风险等级是十分重要的。

表示风险等级的简单方法是风险报告矩阵。在风险报告矩阵中，风险发生概率和其后果的不同组合构成风险指数，分低、中等、高三个不同等级，分别用绿色、黄色和红色标识，如图 14－2 所示。

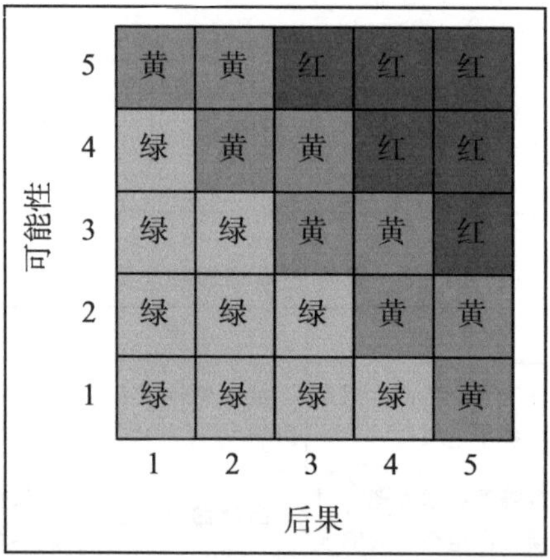

图 14－2　风险报告矩阵

低（绿色）、中等（黄色）和高（红色）三个级别风险分别表示风险“影响轻微、有某些危害、可能有重大危害”。

不同的研制项目可剪裁风险等级，以适应特定的风险管理要求。

14.5.4 风险分析的输入

下列信息源可作为风险分析的输入：

1）装备研制合同；

2）《研制任务书》；

3）研制项目风险管理的目的和目标；

4）风险管理计划；

5）风险管理过程其他步骤中产生的风险数据；

6）装备已有的可利用的信息和试验数据；

7）专家意见；

8）危害分析、故障模式与影响分析；

9）其他研制项目的经验教训数据和历史信息；

10）概率风险评估；

11）其他活动的技术分析，如电磁兼容性分析、电磁干扰分析、软件验证和确认等。

14.5.5 风险分析的输出

风险分析的输出是对风险发生的可能性、风险的后果的明确无误的评估以及采取行动处理已识别风险的时间表。这些评估信息被写入风险登记表。基于风险分析的输出，对所有风险按其等级进行排序，排序结果被写入风险排序表。

14.6 风险缓解策划

14.6.1 目的

风险缓解策划的目的是回答这个问题：研制项目采取什么措施

处理潜在的不利后果？

处理风险的常用方法有风险规避、风险控制、风险承担、风险转移等。风险缓解方案可采用其中的一个或数个方法。

（1）风险规避

风险规避是指更改设计方案、技术要求、规范或惯例，将风险降低到最低水平，即取消那些不确定的要求、消除高风险源代之以较低等级风险。风险规避包括权衡性能风险或其他能力风险，因此，它与要求分析同时进行。要实现规避风险，需了解各种要求和约束条件之间的先后次序，从若干备选方案中选择较低风险的方案。

风险规避的措施有：

1）降低新研制系统及设备性能改进的幅度；

2）研制较为简化的系统设备；

3）采用现有的系统及设备；

4）不采用或少采用新工艺、新材料、新技术；

5）及时了解上级、平级单位的有关情况，对技术方案的变动、进度和资金保障情况等要做到有一定的预见性；

6）研制项目指挥对研制项目的各类计划经常进行审查；

7）尽量避免与研制项目有直接关系的人员的变动。

总之，通过降低技术指标和功能的改进幅度，降低复杂性，从而有效地降低技术风险。进度风险和费用风险主要由技术风险引起，降低了技术风险，也就有效地降低了进度风险和费用风险。

（2）风险控制

风险控制是承认风险，并采取有效措施尽力减小风险的发生概率和减轻它的后果。风险控制措施有两个特点：一是要求相应的资源投入，二是需要额外的时间来实现风险控制。因此，选择风险控制方案要求对投入的资源和方案的预期效益进行权衡分析。美国武器装备研制累积了许多成熟的风险控制措施，我们可以从中选择借鉴，其中有：

1）多重研制——确定两个或多个分承制方，并行工作，各自拿出能够满足总承制方技术性能要求的设计方案。

2）备用设计——确定一种风险较低的设计方案，作为备用方案。

3）权衡研究——权衡研究是一种系统工程决策分析方法，能够解决复杂的设计问题。权衡研究的目的是综合和平衡一个系统设计的全部工程要求。精心实施的权衡研究考虑与不同设计方案有关的各类风险。

4）早期制造样机——在研制初期制造和试验的系统样机或关键设备样机可用来评估风险的性质。样机试验的结果可纳入设计和制造过程要求。此外，制造样机的方法对软件开发和确定人机接口技术参数也非常有用。

5）渐进研制——循序渐进的研制方法就是逐步地完善产品系统设计和生产，产品生产后，仍然对产品进行有计划的改进或软件完善，以求实现系统的最终能力。

6）技术预先研究——为武器装备研制提供较为成熟的技术。

7）健壮设计——健壮设计采用先进的设计和制造技术，可提高方案设计质量和产品质量。

8）开放系统设计——系统的接口（外部接口、内部接口、功能接口与物理接口）全部由公开标准与规范加以规定的一种设计。

（3）风险承担

风险承担是指风险因为其发生概率和产生后果的严重性相当低，被合理接受而不会对研制工作产生影响，因而有意识地或有准备地承担风险。但是应当预留出费用余量和进度余量，以应对各种阶段风险决策可能产生的任何问题。这种方案对已识别的风险不用做专门处理，因此最适用于低风险范畴的风险。

（4）风险转移

风险转移是方案设计和研制过程中重新分配风险，从而降低整个系统的风险。所谓重新分配是指将系统某个部分的风险重新分配到该系统的另一部分，或者使风险在订购方与承制方之间进行重新分配。风险转移是功能分析与分配过程的有机组成部分，是风险分担的一种形式而不是解除风险，它可能影响费用指标。例如，将某种保障功能由硬件执行转为由软件执行，或者相反。风险转移的效果取决于能否成功地使用系统设计技术。模块化设计和可靠性与维修性分配是支持风险转移的两种设计技术。

风险缓解策划就是识别、评估和选择缓解方案，依据研制项目约束条件和目标，把风险确定在一个可接受的水平。风险缓解策划的最终目的是确保项目的成功。风险缓解策划包括应做什么、什么时间完成、谁负责、实施风险缓解计划所需的资源等项内容。

风险缓解策划活动形成文件，纳入风险缓解计划。

14.6.2 任务

为每一个不可接受的风险确定缓解方案或预防和减轻措施。备选方案分析后，被选缓解方案纳入现有研制项目计划，或作为风险缓解计划单独形成文件。

风险缓解计划应是现实的、可实现的、可测量的、可形成文件的，包括下列内容：

1）已识别风险的描述性名称；

2）计划的日期；

3）对风险的简短描述（包括说明性能、进度、资源影响、出现的可能性、后果、风险是否在控制之内）；

4）风险为什么存在（导致风险的起因）；

5）缓解的备选方案（减小风险的全部可能方案）；

6）事件的定义、减小风险的活动、每项计划事项的成功准则、事后的风险水平；

7）风险状态（作简单的讨论）；

8）备选应急措施；

9）管理建议（预算或者时间是否需要分配，风险缓解是否已进入其他相关的研制项目计划）；

10）批准级别；

11）已确认的资源需求。

14.7 风险跟踪

14.7.1 目的

风险跟踪是测量风险缓解进展情况，目的是确保风险缓解活动取得成功。它要回答的问题是：

1）风险缓解活动进展情况怎样？

2）风险缓解行动是否有效地缓解了风险？

3）缓解行动是否在预算和进度约束条件内？

4）研制项目总体风险是增加了还是减小了？

5）如果研制项目总体风险减小了，是否已减小到不能再小的程度？

要做的工作包括：

1）把风险信息报告给所有受影响的职能部门；

2）监测风险缓解计划执行情况；

3）审查风险状态定期更新情况；

4）在风险报告矩阵中显示风险管理动态；

5）提醒研制项目管理部门风险缓解计划应实施和调整的时间。

风险跟踪涉及收集、更新、编制、组织和分析风险数据，报告风险趋势，确定某些风险随着时间的推移是减小、维持现状，还是增加。风险管理项目须建立一套畅通的专题报告程序，将跟踪结果及时报告给研制项目指挥。

用于风险跟踪的文件有：研制项目战技指标文件、技术报告、监测清单、进度进展报告、技术评审报告和备忘录、关键风险过程报告等。

随着研制的进展，将有更多的更新信息可用，风险事件发生的可能性及后果也可能发生变化。因此，在研制项目的整个持续期间，研制项目管理办公室应定期地重新评估已知的风险，全面检查研制项目，寻求新的风险事件。

14.7.2 任务

风险跟踪是在项目整个研制过程中，依据确定的指标，系统地跟踪和评估风险缓解行动的绩效，把跟踪结果信息反馈给风险识别、分析、缓解策划和缓解计划实施等项活动。

跟踪活动的关键是建立一套整个研制项目的管理指标体系。研制项目指挥依据这个指标体系评估研制项目在各个研制阶段的状态。指标体系的设计要能够提供早期预警，当风险出现的可能性/概率或后果/影响的严重性超过或接近预定的临界值或极限时，能够及时地采取管理行动缓解出现的风险。

随着系统设计越来越成熟，会有更多的信息可用来评估风险的等级。如果风险变化幅度很大，就应相应地调整风险缓解措施。如果风险的等级低于先前评定的等级，就可减少或取消特定的风险缓解行动，将节省的资金转为他用。如果风险等级升高，或发现新的风险事件，就应实施新的合适的风险缓解行动。

除了重新评估（识别和分析）风险，研制项目管理办公室还应不断地寻找新的风险缓解方案。备选的技术可能成熟起来，在市场上可能买到新的货架产品，或者在意想不到的地方找到新的信息，所有这些都可被用来缓解风险。

日常开展的活动有：

1）周期性地评估和审查全部已识别风险，更新风险管理过程每次迭代的结果；

2）识别现有风险的变化，开始对新风险的分析，降低不确定性；

3）验证风险缓解活动的成效；

4）确定研制项目期间风险等级的变化情况；

5）把风险提交给合适级别的行政指挥系统和设计师系统，由项目指挥正式决定是否接受风险；

6）如果风险未被接受，返回风险缓解环节。

14.7.3　风险跟踪的输入

风险跟踪输入如下：

1）风险排序表；

2）风险缓解计划；

3）风险跟踪要求；

4）用于缓解风险的资源；

5）相关的工程项目数据（费用和进度偏差，关键路径变化，研制产品性能指标）。

14.7.4　风险跟踪的输出

风险跟踪的输出为风险状态报告。

14.8　风险文件编制与报告

风险文件编制是记录、维护、报告风险识别结果、风险分析结果、风险缓解策划与实施结果、风险跟踪结果。文件编制包括研制项目指挥和决策者所用的全部计划和报告，以及项目管理办公室内部通用的报告格式。这些文件纳入风险缓解计划。

风险管理过程各个环节的活动都应被记录下来，并形成文件，以确保风险管理政策已制定，被理解，已落实，并被维护。风险管理过程中的各项活动都应记录在案，具有可追溯性，各项有关风险的决策都可找到其原因和依据。

项目管理办公室应制定并执行形成文件的程序，对文件资料的批准、发布、分放、更改等实施控制。项目管理办公室应确保：

1）在现场能够得到相应的、现行有效的文件和资料；

2）及时收回失效和作废的文件和资料；

3）对作废的文件和资料进行标识；

4）建立对内和对外文件和资料的发放、交流程序；

5）对需要由项目办公室或风险管理部门会签或批准的文件进行标识；

6）文件和资料的更改一般应由原先的评审和批准部门和人员进行评审和批准；

7）项目管理办公室或风险管理部门编制并保管文件和资料修改情况的总清单，并能根据需求随时提供；

8）建立文件资料档案管理制度，对风险管理过程中形成的文件及时整理、归档。

风险报告的目的是确保研制项目指挥获得所需的全部信息，做出及时而有效的决策。风险报告有助于协调风险管理小组成员之间的工作，合理分配资源，实施连贯一致而严格的风险缓解方案。风险报告的主要目的是向研制项目指挥提供关于风险演化的早期预警。

风险报告不仅含有风险报告矩阵，也提出标准的风险事件可能性及后果筛选准则。有关对费用、进度和性能影响的细节应记录在每一个风险缓解计划中。风险报告矩阵上标注的位置应显示，在风险缓解行动失败的情况下，研制项目指挥对风险可能性及其后果严重性的当前评估。随着风险缓解行动逐渐成功，在连续不断的评估中，风险报告矩阵上的黄色位置或红色位置将移动到绿色位置。对每个风险的描述应包括三项关键内容：

1）风险简介，包括名称和类型（性能、进度或费用）；

2）风险因果关系简介；

3）已计划的处理风险事件及后果的缓解行动，节点日期（风险减小里程碑）。

第 15 章　美国武器装备研制阶段的系统工程活动

15.1　引言

美国早在 20 世纪 70 年代建立了武器装备研制程序，武器系统研制分阶段进行，阶段之间设置里程碑决策点。国防部指示和指令从方案论证阶段到装备退役处置阶段都规定了重要的系统工程工作内容，意图通过系统工程实践，加强研制项目的管理。美国国防部在大量的采办项目的经验和教训中认识到，在费用可承受的条件下，产品质量的水平取决于产品满足或超越需求并使使用方满意的程度。项目成功的关键之一是尽可能早地定义产品需求，将系统工程设计质量渗透进产品。怎样将系统工程设计质量渗透进产品呢？美国采办项目的经验是：

1）每一研制阶段以前一阶段为基础，进一步定义系统技术解决方案。

2）每一系统工作分解结构反复迭代系统工程过程。

3）在每一个研制阶段，在每一系统工作分解结构层次，进行技术审查，通过技术审查认可各研制阶段的重大技术活动，确认各研制阶段的输出，决定是否转入下一个阶段。

我国国军标没有详细规定各研制阶段的系统工程任务，研究和借鉴美国各研制阶段的系统工程任务，对于我国武器装备研制项目的项目管理有重大意义。

15.2 装备解决方案分析阶段的系统工程

15.2.1 装备解决方案分析阶段系统工程的目的

20 世纪 80 年代中期，为避免军种采购带来的弊端，美国国防部建立了联合需求审查委员会（Joint Requirements Oversight Council，JROC），形成了以联合审查为主要特征的需求生成系统（requirements generation system，RGS）。在 RGS 中，作战需求由各军种根据自身作战需要提出，然后交由 JROC 审查，国防部负责把 C^3I 系统及三军通用项目合并，并指定某一国防部业务局或某一军种牵头实施。相对军种分散型需求生成来说，联合审查型需求生成是一个很大的进步，它有效提高了美军的采办效益与联合作战能力。但在 RGS 中，军种仍居主导地位，作战需求带有浓厚的军种特色，靠后期集成只能获得部分互操作能力。进入 21 世纪后，随着现代战争对一体化联合作战能力要求的不断提高，随着美军转型步伐的加快，RGS 的缺陷便显现出来，越来越难以适应发展联合作战能力的需要。

为了从根本上克服 RGS 的不足，更好地利用作战需求分析来提高美军转型的速度与质量，2002 年 3 月，国防部长在给参谋长联席会议副主席的备忘录中要求研究新的需求评估办法。2003 年，美军发布参谋长联席会议主席指示 CJCSI 3170.01C 及其实施指南，推出联合能力集成开发系统（joint capabilities integration and development system，JCIDS），为识别作战能力差距和军事需要提供了一种结构化方法。2012 年，参谋长联席会议主席批准 CJCSI 3170.01H 新版及其实施指南。

JCIDS 以国防部为主导，以能力为驱动，采用自顶向下的规划思路，旨在增加被提议的新能力的安全性和确保它们可用于联合作战目标，而不是仅用于单一军种。JCIDS 强调以国家安全战略、国防战略、军事战略、联合作战概念为指导，以发展面向联合作战的全谱军事能力为核心，以综合体系结构为集成手段，通过清晰的、严谨的需求分析流程，分阶段制定联合能力文件（JCD）、初始能力文件（ICD）、能力开发文件（CDD）和能力生产文件（CPD）等指导文件，保证联合作战概念对军队转型与装备发展的牵引作用。JCIDS 的分析过程主要由功能域分析、功能需要分析、功能解决方案分析 3 个结构化步骤组成[105]。

1）功能域分析（functional area analysis，FAA）旨在确定达成预期军事目标的所要执行的作战任务、作战任务条件和标准。FAA 主要依据已经批准的联合作战概念或联合未来概念体系来启动。

2）功能需要分析（functional needs analysis，FNA）旨在在全维作战环境中和给定标准下，评估当前与预期武力完成 FAA 步骤所确定使命任务的能力。FNA 步骤将 FAA 所确定的全维功能领域能力与相应作战任务作为基本输入，完成能力差距、重叠或冗余问题分析、能力差距原因分析、风险评估和能力差距优先级排序，明确弥补能力差距的时间安排。

3）功能解决方案分析（functional solution analysis，FSA）是在功能能力委员会（Functional Capabilities Board）监督下，由 JCIDS 分析发起者在作战司令部的支持下完成，旨在基于作战任务和目标，综合考虑非装备因素和装备因素，对消除功能需求分析阶段得出的能力差距的装备解决办案和作战原则、组织编制、培训、装备、领导能力、教育、人员和设施等联合变更建议（joint doctrine，organization，training，materiel，leadership and education，personnel，and facilities change recommendation）与政策方案进行分析、评估，最终确定解决特定功能领域或作战使用领域能力差距的最佳方案组合[106]。

分析过程借鉴了一些创新性实践，包括最佳商用实践、协同环境、建模与仿真和电子商务解决方案等。装备需要确认后，开始装备解决方案分析。备选方案分析论证采用系统工程过程确定优选方案。系统工程过程对能够提供所需作战能力的备选系统方案进行作战使用可行性评价和费用估算。备选方案分析论证既要评估被考虑方案的长处，也要评价它们的短处，还要进行关键假设条件或关键变量的敏感度分析。

美国当前的采办政策要求采办项目应有两家或多家承包商，并在里程碑 B 前做出样机。在装备解决方案分析过程中，系统工程过程还应支持制定已批准装备解决方案的技术开发策略。

15.2.2 装备解决方案分析阶段系统工程过程的输入

下列信息源是装备解决方案分析的系统工程过程的重要输入：

1）初始能力文件；

2）备选方案分析计划；

3）装备解决方案分析阶段放行准则；

4）作战持续保障备选方案。

15.2.3 装备解决方案分析阶段的关键系统工程活动

装备解决方案分析阶段的系统工程活动是一个逻辑性很强的流程。硬件和软件的全部分解活动同步进行。由于系统工程具有迭代性和递归性，系统工程活动的顺序即是完成的顺序，也是开始的顺序。活动可从任一顺序开始，通常平行进行。

（1）解释用户需要，分析作战能力和环境约束条件

本步骤的首要工作是汇总项目此阶段能得到的所有输入，包括初始能力文件、备选方案分析计划、本阶段的放行准则、总体战术系统的备选方案、相关的保障系统方案、训练系统方案和互操作系统方案等，然后分析和定义下列的相关约束条件：

1）环境约束——敌方对系统的威胁、使用环境、保障环境、作战原则、作战方案、操作人员安全和健康保障装备要求。

2）资源约束——工业基础、理论上可用的研制使用和保障预算、初始作战能力日期、全面作战能力日期。

3）技术约束——可使方案成熟的可用技术基础。

4）法律法规约束——国家关于装备采办的法律法规、采办政策、研制生产试验管理条例等。

装备解决方案分析第一步的关键是全面地、完整地、准确地详细描述装备解决方案的全部驱动因素，并把这些驱动因素作为一个整体进行管理，此外，被考虑的每一个备选方案应能够满足所有驱动因素的要求。这一步定义系统总体方案的预期，确定在上述每一个约束条件下的权衡空间和风险。确定权衡空间和风险就能够全面地分析系统备选方案，允许合理地选择优先系统方案。优先系统方案应能在提供所需的能力与项目的约束条件之间达到最佳平衡。

（2）编制方案性能和约束条件定义及其验证目标

这一步骤的活动是分析和分解系统性能和系统设计约束条件，将能力级分解到系统级，系统级性能和设计约束条件应可追溯到上一步骤定义的能力和约束条件。将各种能力和环境约束条件都分解至系统性能级，之后，还要再次分析系统性能，以确定每一个备选方案在全部项目约束条件下满足全部能力需要的程度。分析和评估每个方案的权衡空间和风险。清晰地定义每个系统备选系统方案的预期性能能力，并将预期性能能力与能力需要相关联。如果能力与约束条件不兼容，方案的性能只有经过权衡才能实现，那么就需对先前定义的能力或约束条件进行修改。

验证策划应确定试验评定策略，评定装备解决方案成熟的系统方案满足能力需要和联合作战概念的能力。

（3）将方案性能分解为功能定义和验证目标

本步骤进一步将方案系统性能分解到功能级。在分解过程中，应考虑全系统方案（作战系统、保障系统、训练系统）的功能和功能流定义，以及与其他可互操作系统的功能接口方式。这项分析的关键是理解在项目约束条件和风险水平下可以实现的功能级别。应依据期望的功能性能分析和评估权衡空间和风险。权衡应该在项目约束范围内进行，权衡的结果可能需要修改高级别的系统或方案的定义。

系统功能验证策划应能够试验并评定成熟系统方案的功能。

(4) 将方案功能定义分解为方案部组件和评估目标

本步骤是将方案的各项功能分配到将执行功能的方案部件。此项分析的关键是理解当多个系统作为一个功能实体工作时，或当系统部组件作为一个功能实体工作时，能够实现什么样的功能性能。硬件单元、软件单元、人素单元、物理接口、功能接口、标准、现有的和待研制的单元都应在方案中被考虑和定义。与先前几个步骤一样，本步骤的分解和分配层级将导致权衡停留在项目约束条件范围内。这些权衡需要反映在高一层级功能、系统和能力定义中，高一层级功能、系统和能力定义应进行相应的调整。

方案部组件验证策划应能够试验并评定关键方案部组件的确认。

(5) 编制部组件方案，包括支援/关键技术、约束条件、费用与风险动因

在这一时点，基本的方案设计要求应全部得到分析，得到定义，并与约束条件相适应。系统方案部组件应已经完成综合和证实，例如通过分析、建模与仿真、验证等，允许依照要求进行部组件验证，允许将部组件集成为一个完整系统，作进一步的验证和确认。本步骤的关键是研制方案部组件，用于验证总体方案的可行性，用于确定哪些技术需要进一步成熟，用于确认预期能力与项目约束条件之间可接受的权衡空间可以容纳多大的潜在风险。

(6) 分析并评估支援/关键技术部件与能力

按部件验证计划要求，评定方案的支援部件（enabling components）和关键部件。按部件要求评估评定结果，评估评定结果对已决定的整个方案能力和约束条件产生的影响。本步骤的关键是查清验证方案部件功能与期望能力过程中获得的试验与评定结果，决定所需的部件技术和可达到的性能水平。

可能还需要在可用的权衡空间内进行能力权衡，或在项目和方案的约束范围内进一步完善部件方案。

(7) 分析和评估系统方案与功能能力

按方案功能验证计划对系统总体功能进行评定。将方案部件进行集成，并从功能角度评估方案部件偏差其期望能力的程度。本步骤的关键是清楚使能部件集成为一个整体后如何工作，能否提供部件级或系统级的功能，得到的功能是否能够达到想要的总体能力。还要清楚为实现关键功能需要开展哪些技术开发工作。可能还需要在可用的权衡空间内进行能力权衡，或在项目和方案的约束范围内进一步完善功能方案。

(8) 分析和评估方案，验证系统方案的性能

按先前确定的验证目标，依据系统性能目标和约束条件，评定经过集成的总体方案。方案部件在整个方案范畴（作战、保障、训练等）内进行物理和功能两方面的集成。本步骤的关键是弄清楚系统总体方案能力是否能够满足使用方的需要，弄清楚在全部约束条件下可以实现的性能水平，弄清楚哪些使能技术（enabling technology）还需要进一步开发。本层次的决策包括可接受的技术风险与想要的性能之间的权衡。

(9) 分析和评估方案与定义的用户需要和确定的环境约束条件

基于部件、功能和系统性能的验证结果，确定最佳系统方案。各种技术途径的长处和短处形成文件归档，并纳入备选方案分析。可达到的性能的权衡应全面完整，并在初步系统规范中准确地详细描述。为把风险控制在可接受的水平，确定需要进一步开发的使能技术，并制定相应的技术开发计划。技术开发工作在初步系统规范指导下进行。

15.2.4 装备解决方案分析阶段的技术审查

(1) 初始技术审查

初始技术审查是一项多学科的技术审查，美军采办用来支持一个项目的初始项目目标备忘录（program objective memorandum）的上报。此项评审确保一个项目的技术基线足够严格，可支持有效的

费用估算，把费用风险控制在可接受的水平，也支持费用、技术和项目管理等方面专家独立评估费用估算。初始技术审查评估一个建议的方案的能力需求和装备解决方案技术途径，验证该项目的研究开发试验与评定、工程、后勤和项目基线是否反映全部技术挑战和风险。此外，初始技术审查保证最大限度地量化系统寿命周期费用的历史和将来的动因，准确地详细描述这些参数的不确定性范围，并将它们反映在项目费用估算中。

美国国防部规定，项目主任在费用分析要求说明（cost analysis requirements description，CARD）中定义项目和系统参数，以对应所有相关的设计费用动因。初始技术审查的成功也取决于独立专家对各项已识别的费用动因的评审结果。

初始技术审查应提供以下几项输出：

1）一份详细说明作战使用方案、候选装备解决方案和风险的文件；

2）所建议的项目的技术风险和费用风险的评估报告；

3）项目费用估算的独立评估报告。

初始技术审查的典型成功准则包括对下列各项放行问题的肯定回答：

1）CARD 类似文件是否准确地描述了关键的项目费用动因、研制（硬件、人的整合和软件）费用、生产费用、使用与保障费用？

2）CARD 类似文件的内容是否全面完整？

3）编制 CARD 类似文件的基本假设在技术和项目两个方面是否合理、完整、可行？

4）CARD 类似文件编制是否考虑了适宜的技术和项目的先进性？合适的专家是否参与了该类文件的评审？

5）费用估算中的风险是否已知并且可以管理？

6）CARD 类似文件中描述的项目是否可行？

（2）备选系统评审

备选系统评审（alternative systems review，ASR）是一项多学

科评审，用于确保所得到的一组需求符合用户的需求和期望，被评审的系统能够进入技术开发阶段。备选系统评审在里程碑 A 前完成，并为里程碑 A 提供足够的信息。在一般情况下，该项评审评估在装备解决方案分析阶段评定的初步装备解决方案，保证一个或多个建议的装备解决方案具备最佳的潜能，成本最低，经费上可以承受，作战有效而适用，可被研制，能够在可以接受的风险水平上为一项需要提供及时的解决方案。此项评审的关键在于透彻了解可用的可满足初始能力文件中说明的作战能力要求的系统方案，真正清楚每一个备选方案所固有的经济可承受性、作战效能、技术风险、适用性等。此外，还应评价和讨论每一个方案的竞争优势。

美国国防部要求项目行政总指挥和总设计师与军方费用估算人员密切协作，确定技术设计方案的细节和方案的潜在权衡，以及研制过程、试验要求、系统的寿命周期保障等。这些对项目的特殊要求必须并入到在里程碑 A 建立的应该发生的成本（should cost）和将要发生的成本（will cost）数据中，并随着项目的进展不断更新。行政总指挥和总设计师的输入是提供这种特殊数据的关键，也是保证成本估算人员充分了解项目技术、生产、保障等细节的关键。各个级别的行政指挥和设计师都应参与这个过程，而且还必须意识到，初始的应该发生的成本和将要发生的成本数据必须准确，必须在项目寿命周期内通过衡量指标持续地监测。

美军采办政策要求在技术开发阶段制造样机。因此，备选系统评审确定关键的系统单机，由两家或多家竞争的承包商在里程碑 B 前研制出单机的模型样机。制造样机的目的是减少技术风险，确认设计方案的可行性，确认费用估算值，评定制造工艺，完善各项需求。备选系统评审确定最可行的技术路线，但在里程碑 B 前，各项需求和系统方案可能还需要进一步完善。

通过审查不同的装备解决方案，备选系统评审有助于保证进行了充分的权衡研究，综合权衡后，选出或优化组合一个能够高效能、高效率地满足规定能力的最佳方案。能否进入技术开发阶段取决于诸多因素，如作战能力、优先方案、可用技术、研制经费、研制时间、研制队伍、基础设施条件、制造工艺等项目资源。

备选系统评审输出以下各项：

1）最佳系统方案和相应的产品保障方案；

2）影响全部关键性能参数的硬件和软件的体系结构性约束条件；

3）全系统软件方案的评估报告，包括全套交付/非交付软件（deliverable/non-deliverable software）、使用范围、风险等的概念性定义，如作战软件单元、软件工程环境、测试软件、维护软件、仿真/启动软件、训练软件、现役支持软件等）；

4）选择最佳方案的全部理由，包括多方案的相对研制费用、研制周期、系统性能（硬件、人、软件）、技术风险等；

5）项目所用的商用现货产品的相对风险评估报告，重点是主机平台环境设计（host platform environmental design）、诊断信息集成和维护方案兼容性；

6）技术开发阶段的风险评估报告；

7）降低方案风险的权衡研究和技术验证结果报告；

8）通用性、兼容性、互操作性和集成的联合要求；

9）效能和适用性的门限值和目标值；

10）技术开发阶段（硬件系统、软件系统和人员系统）的综合策划，包括关键单项设备研制清单、关键单项设备样机清单、关键单项设备验证清单、关键单项设备成本清单、关键路径任务清单、主计划、集成的主进度表；

11）工程与制造研制阶段的初始策划；

12）系统需求文件草案，这份系统需求文件包括最佳系统方案所需的所有软件单元的系统级说明。

备选系统评审非常重要，因为它是对多个系统方案的全面审查，保证系统需求与用户的需要相一致。备选系统评审力争将可能在后继阶段更改的需求数量减少到最小数目，因为在项目的后期更改需求，通常导致增加研制费用，延长研制周期。

备选系统评审用风险评估检核表考察备选方案的风险。肯定回答下列问题，视为备选系统评审通过：

1）最佳方案是否满足初始能力文件的要求？是否满足成本作为独立变量（cost as an independent variable）的政策要求？

2）选定的方案是否足够详细、理解无误？是否能够带着低技术风险进入技术开发阶段？

3）在策划技术开发阶段时，是否充分了解了系统软件的范围和复杂性：是否采取了相应的措施使软件技术风险可以管理并可以接受？

4）是否已经确认了样机的初步制造工艺，识别了制造工艺的风险？

5）竞争样机和初始研制的风险是否已知？是否可以管理？

6）技术开发人员的调配是否合适？

7）在现有的预算和进度安排下，技术开发工作是否可以实施？

8）系统技术基线是否详细说明了符合技术成熟度要求、项目费用和进度要求的初步系统规范？

9）技术开发、设计成熟和制造相关技术所需的投资是否已经确定并且拨付了资金？

10）设计方案的初始可生产性评估是否已经完成？

11）技术开发阶段的项目进度安排是否可行？

12）技术开发阶段的各种环境、安全、职业健康（environment，safety，and occupational health）风险是否被充分了解？是否可控制在可接受可管理的水平？

15.2.5　装备解决方案分析阶段的系统工程过程的输出

1）初步系统规范；

2）试验与评定大纲；

3）系统安全性分析报告；

4）系统工程计划；

5）持续保障的方案和技术；

6）能力研制文件草案的输入；

7）编制性能参数和初始关键性能参数的输入；

8）技术开发策略的输入，包括竞争性样机研制策划；

9）系统规范的项目保护要求和项目保护计划；

10）寿命周期持续保障计划；

11）备选方案分析的输入；

12）费用和人力估算的输入。

15.3 技术开发阶段的系统工程

15.3.1 技术开发阶段的系统工程的目的

在技术开发阶段，系统工程提供全面的迭代的过程，以完成下列活动：

1）将每一项所需的能力转化成系统性能需求。

2）按照使能技术和关键技术方案，调整用户定义的性能参数。

3）将发展的和成熟的技术集成到有竞争优势的技术成熟的关键系统单机的样机中。

4）对照性能、费用和进度约束条件，评定已经研制样机的解决方案，平衡全系统解决方案空间。

5）编制能够在可实现的性能与费用、进度和其他约束条件之间达到平衡的系统性能规范。

6）识别和管理包括可生产性风险在内的技术风险。

7）识别和评估发展的和成熟的技术方案的环境安全职业健康风险。

8）将成熟的技术从技术基础转移到特定的技术状态项中。

9）技术开发策略被批准后，展开系统的综合系统设计，包括功能分析、功能基线定义、初步设计。

10）对系统初步设计和分配基线进行验证，做出系统初步设计和分配基线是否成熟到可以进入工程与制造研制阶段的结论。

11）评估工业基础，识别潜在的制造资源。

系统工程过程对选定的系统样机进行成熟、制造样机和验证，完成全系统的初步设计，以低风险进入工程与制造研制阶段。研制竞争样机考虑对降低项目风险至关重要，需要在技术开发阶段进行全面的技术策划和逐项的实施。

研制竞争样机考虑因素包括以下各项：

1）决定哪些单机需要研制，项目面临的问题决定样机研制的范围。

2）鼓励方案采取不同的技术路线来实现作战能力。

3）知道研制样机的目的，例如降低风险、降低成本、减小尺寸、成熟技术、评估设计可行性、评估进度安排的可行性、评估可制造性、验证集成等。

4）研制项目或工程独特的技术状态项的样机。

5）处理达不到技术成熟度等级的问题。

6）确保竞争，用样机研制作为项目全面风险管理的一部分。

7）用竞争样机研制提升军工企业的兴趣。

8）证实方案，同时也应对其他关键的风险。

9）识别必须解决的关键问题，在里程碑前 0（pre - milestone 0）制定样机研制策略。建造样机，尽早发现问题。

10）开展正确的样机研制活动是关键。当模型不够用时才制造样机。决定研制样机的正确时机。

11）理解研制样机的目的。分解需求。研制样机，生产和销售产品。

15.3.2　技术开发阶段的系统工程过程的输入

下列信息源向支持技术开发的系统工程过程提供重要输入：

1）初始能力文件和能力研制文件草案；

2）已批准的系统方案；

3）放行准则；

4）试验与评定策略；

5）系统安全分析，包括安全需求/准则分析，更新最佳方案的初步危害清单；

6）综合保障方案和技术；

7）备选方案分析；

8）系统工程计划；

9）技术开发策略。

15.3.3 技术开发阶段的关键系统工程活动

（1）解释用户需要，分析作战能力和环境约束条件

本步骤汇总此阶段可得到的所有输入，如初始能力文件、能力研制文件草案、备选方案分析结果、已批准装备解决方案的证明、该阶段的放行准则、系统工程计划、竞争样机研制计划、技术开发策略、试验与评定策略，以及相应的综合保障方案和技术、训练系统、可互操作系统等。考察相关的约束条件可能还需要其他的分析和定义，例如：

1）环境——系统威胁、使用环境、保障环境、作战原则、作战方案等。

2）资源——工业基础、理论上可用的研制、使用与保障预算、预期的人员配备、初始作战能力部署日期、全部作战能力部署日期等。

3）技术——可用于技术开发和样机研制的技术基础。

4）法律法规——可适用的国家法律法规、武器装备研制管理条例等。

技术开发活动的关键是确保所需要的技术在各方面都已经充分成熟，研制了样机，并作为一个集成的总体进行管理，能够通过批

准的武器装备（武器系统及其保障系统）方案支持用户的需要。在此阶段，所有这些通过研制竞争样机和验证关键使能技术的成熟度实现。这不仅保证明确定义全部期望，而且还保证定义以上每个领域的权衡空间和风险，从而能够全面地分析技术可用性，合理地编制系统性能规范，在项目诸多约束条件下，通过可达到的性能，在满足全部所需要的能力之间实现最佳平衡。

（2）编制系统性能和约束条件规范，制定使能/关键技术和样机验证计划

本步骤进一步分析和分解系统性能和系统设计约束条件，从能力级分解到系统级，所有的系统性能和系统设计约束条件应可追溯到前面定义的能力和约束条件。将所有的能力和环境约束条件分解到系统性能级，再次分析分解后的能力和环境约束条件，由于可以更透彻地理解分解后的需要和限制条件，从而能够判定可用的技术能够满足全部需要和约束条件的程度。按可用的技术分析和评估权衡空间和风险。识别使能技术和关键技术。清晰地定义每项技术性能能力，使之与能力需要相关。如果因为能力和约束条件不能兼容，只有通过某些领域的权衡才能满足性能要求，那么就应更改原来定义的能力，或更改原来定义的约束条件。

验证策划应制定试验与评定要求，以验证使能技术和关键技术满足各项系统需求的能力。

（3）为使能/关键技术、样机和相关的验证计划编制功能定义

本步骤将系统性能分解到功能级，按可用的技术评定功能需求，定义使能技术和关键技术。考虑全系统（作战系统、保障系统、训练系统等）的功能和功能流程定义，以及该功能与其他可互操作系统（功能接口）的联接方式。这项分析的关键是弄清楚在项目约束条件和项目风险内可实现的功能水平。依照期望的功能性能，分析和评估权衡空间和风险。权衡空间是能够满足全部最低需求的可用的设计，而权衡是对某些需求的门限值作一些调整。权衡可能被要求保持在项目的约束条件内，也可能要求对高一级系统定义作些

更改。

为支持样机系统、子系统、组装部件、单机的研制，可能需要对已经定义的功能基线进行系统功能评审。系统功能验证策划应制定试验与评定要求，以验证系统功能和使能技术与关键技术的成熟度。

（4）将功能定义分解为关键部件定义和技术验证计划

本步骤将系统功能分配到将提供所要求功能的系统关键部件。功能分配的关键是理解多个子系统或系统单机，作为一个功能实体工作，能够实现什么样的功能性能。在系统规范中考虑和定义硬件单元、软件单元、物理接口、功能接口、相关标准、现有的和将研制的技术等。

如同此前的步骤，这个级别的分解和分配可能还要作一些需求的权衡，但不超出项目约束条件的范围。所作的权衡应反映到上一级别的功能定义、系统定义、能力定义和系统规范中，也就是说，这些工程实体要相应地更新。

可能需要对已定义的分配基线进行初步设计评审，以支持样机系统、子系统、组装部件或单机的研制。系统单机验证策划应包括确认关键系统样机的试验与评定和样机演示验证。

（5）设计/制定系统方案，确定使能/关键技术，更新成本/风险动因

到了这一步，应已经分析和定义了符合约束条件的全部系统设计需求。系统部件通过分析、建模与仿真、样机研制、演示验证等完成合成和证明，按要求对部件进行验证，将部件集成为一个完整的系统，作进一步的确认。

可能需要对已定义的初始产品基线进行关键设计评审（critical design review），以支持样机系统、子系统、组装部件或单机的研制。本步骤的关键一是制定系统方案和研制样机，用样机演示验证系统总体的可行性，用样机表明需要进一步成熟的使能技术和关键技术，二是确认可以接受的需求权衡空间（即足够保守的需求），确

保以低风险进入工程与制造研制阶段。

（6）按计划要求演示验证使能和关键技术部件

按系统部件验证计划要求评定系统的使能/关键技术部件。评定结果要依据系统部件要求进行评估，判断其对整个系统能力和约束条件的影响。本步骤的关键在于理解试验结果，了解系统部件功能能力，是证实了理想能力还是与理想能力不相符合；了解需要哪些使能/关键技术部件，可以达到什么样的性能水平。对系统能力可能需要进行权衡，也可能需要追加部件研制。当然，这些都要在项目和系统的约束条件下和权衡空间内进行。

（7）按计划要求演示验证系统和样机功能

系统功能验证计划是功能基线的一部分，按该计划的要求，试验和评定整个样机的功能，包括样机演示和评估。将系统部件集成，从功能的角度对其评估，确定集成后的系统部件是否能够达到要求的能力。本步骤的关键是弄清楚多个使能部件作为一个集成的整体的工作状态，使能部件集成后样机系统级、子系统级、设备组级和部件级的功能，以及实现的功能与所要求的系统总体能力的关系。弄清楚为实现关键功能，还需要哪些使能技术和关键技术成熟，这也极为重要。可能还需要权衡所要求的能力，完善功能，调整项目约束条件和系统约束条件。

（8）按照性能规范演示和模拟集成的系统

利用工程研制模型、建模与仿真和前面规定的验证目标，按照系统性能目标和约束条件，评定已集成的完整系统。在整个系统范畴（作战、保障、训练等），系统部件实现物理集成和功能集成。本步骤的关键是理解相对于需要的系统整体能力，在全部约束条件下可以实现的性能水平、需要进一步开发的使能技术和关键技术。这个级别的权衡包括关于可接受的技术风险与合意的系统性能和经济可承受性的决策。如果还没有任何技术成熟到可以注入当前的作战能力增量系统，就应识别能够缓解风险的非主流（off - ramp）技术。不成熟的技术应推迟到后续的武器系统的作战能力增量。

（9）依照定义的用户需要演示验证和评定系统方案和技术成熟度

根据部件、功能和系统性能的验证结果，编制系统性能规范。对可实现的性能进行全面的权衡，并在系统规范中详细说明。关键技术和使能技术应已经演示验证充分的成熟度，能够做到以低风险进入后续的研制阶段。

（10）过渡到集成的系统设计

基于竞争样机研制的结果和这些样机满足需求的成功或失败，在技术方法、费用和进度约束条件与全系统研制之间进行权衡。这可能需要基于样机结果调整顶层需求、经过修改的费用和进度估算以及其他约束条件。已实现的技术方面的和管理方面的业绩应反映在低风险初始全系统研制计划中。全系统研制是指全系统功能分析、系统级功能基线定义、全系统功能分配、系统级功能基线定义等。系统性能规范是开始集成系统设计工作的指导性技术要求，这项要求也包括初步设计评审。

（11）解释用户需要，完善系统性能规范和环境约束条件

此步骤包括理解在此项目阶段可得的所有输入，其中包括初始能力文件、能力研制文件草案、研制项目基线、系统工程计划、试验与评定主计划、项目保护计划、全寿命持续保障计划以及已经确认的系统综合保障方案和技术。用户和需求机构已经批准了一个最小组合的关键性能参数，此组关键性能参数包括在能力研制文件草案中，用于指导这个阶段的工作。随着设计的不断成熟，项目指挥可能对门限值和目标值进行权衡，经过需求机构的批准，完善关键性能参数的门限值和目标值。

在这些活动的整个过程中，项目指挥应始终透彻地理解关键性能参数、合格要求、其他特定的性能参数、来自技术开发阶段的已经成熟的技术等，确保特定系统的所有方面都充分的成熟，并作为一个集成的整体进行了管理。已完善的系统规范应考虑每一个全寿命周期过程和其约束条件，诸如系统可用性、保障性、后勤规模、训练、其他保障要求、研制和使用试验环境与场景、装备处置等。

(12) 编制系统功能规范和验证计划，发展系统功能基线

本步骤分解所要求的系统需求，生成系统的详细功能需求。系统需求是基于能力研制文件草案性能参数、所有其他需求和约束条件。这项功能分析与分解建立系统功能基线，下一个步骤对系统功能基线进行系统功能评审。项目指挥应保证，项目研制队伍按发展中的功能基线的要求，持续地监测系统费用、进度和风险，以确保分解后的功能与项目约束条件相一致。项目指挥应将适当的需求考虑分解为权衡研究，然后将它们纳入功能基线。

项目指挥应建立一个综合而简洁的技术性能衡量指标(technical performance measures) 和度量清单，用于验证系统是否持续满足项目期望和要求。

项目指挥应制定系统验证计划，在系统功能评审后，把系统验证计划放入已批准的功能基线。验证策划应考虑全部的接口功能和性能规范。

(13) 将功能性能规范发展为系统分配基线

本步骤将功能性能规范分配给系统功能需求和系统性能需求，系统功能需求和系统性能需求在全系统内分配，直至技术状态项级别。功能分配到每一个技术状态项，生成技术状态项级别的按初步设计规范的设计和验证计划。成熟的技术、可预见的作战环境、设计考虑以及其他后勤和产品保障等要素都应满足性能和保障性需要。项目指挥应制定试验与评定计划，验证硬件和软件的技术状态项的功能和性能，按照分配基线要求，监测项目的费用、进度和性能的状况。本阶段还要开展故障模式、影响及危害性分析、故障树分析和以可靠性为中心的维修分析等活动。

进行系统级初步设计评审，批准和建立全系统的分配基线。全系统级的每一个技术状态项都进行个体初步设计评审。分配基线包括系统的、与其他技术状态项的接口要求的、设计约束条件的、初步设计规范中说明的全部功能特性和接口特性。分配基线还应说明用于证实特定功能特性和接口特性实现状态的验证。

15.3.4 技术开发阶段的技术审查

技术开发阶段的技术审查为系统、子系统、装配部件和单机的样机的定义、研制和演示验证作准备。技术演示验证阶段的所有技术审查的范围应与技术开发策略、试验与评定策略和系统工程计划相一致。同样，项目可以开始或完成初始系统设计工作，为系统样机设计评审作好准备。

（1）支持样机研制的技术审查

系统、子系统、设备组和部件的样机的定义、研制和演示验证可能要求应用系统工程技术管理过程、系统工程技术过程和适当的样机技术审查。技术审查支持竞争的样机研制和多项系统工程技术审查，诸如样机功能评审、样机初步设计评审、样机关键设计评审等，有助于支持样机的技术路径和项目计划。这些技术审查可由项目办公室和样机承制方自行处理，但应遵守有关技术审查的有关规定。

（2）启动综合系统设计的技术审查

综合系统设计的技术审查应开展系统需求审查、系统功能审查、初步设计审查和技术准备评估。

15.3.5 技术开发阶段的系统工程过程的输出

1）实弹试验与评定豁免（live fire test and evaluation waiver）申请；

2）试验与评定主计划；

3）风险评估报告；

4）初步系统性能规范；

5）系统工程计划；

6）项目环境、安全和人员健康评定（PESHE）；

7）环境保护计划；

8）项目保护计划；

9）全寿命持续保障计划；

10）技术准备评估报告；

11）已评定的系统保障与维修的目标和要求；

12）缩减后勤规模的计划；

13）综合基线审查的输入；

14）信息支持计划的输入；

15）系统威胁评估报告的输入；

16）能力研制文件的输入；

17）采办策略的输入；

18）经济可承受性评估报告的输入；

19）费用和人力估算的输入；

20）系统安全性分析的输入。

如果初步设计审查在里程碑 B 前完成，并且与技术开发策略、试验与评定策略和系统工程计划一致，还要输出以下 2 项：

1）已经完成的、经过审查的、已经批准的系统分配基线；

2）初步设计审查报告。

15.4　工程与制造研制阶段的系统工程

工程与制造研制在里程碑 B 开始起步，里程碑 B 通常是正式的项目起始点。该阶段任务是开展设计工作，完成一个系统或一个能力的增量的研制；完成全系统的集成；研制经济可承受的切实可行的制造工艺；完成系统的制造、试验与评定。工程与制造研制的重中之重是确保作战保障性，特别是最小化保障规模。

工程与制造研制的目的是：

1）研制一个系统或一个能力的增量；

2）降低集成风险和制造风险；

3）开展保障性设计，确保武器装备可用性，最小化后勤规模；

4）集成硬件、软件和人员系统；

5）开展可生产性设计；

6）继续管理经济可承受性目标和要求，通过将要发生的成本和应该发生的成本推动生产率的增长，促进系统层次和部件层次的竞争；

7）确保关键项目信息和关键职能信息的经济可承受性和保护；

8）演示验证系统集成、互操作性、保障性、安全性和有效性。

在装备解决方案分析阶段和技术开发阶段选择和集成的成熟技术的基础上，工程与制造研制阶段对项目、系统体系结构、系统单元乃至硬件和软件的技术状态项进行全面的定义。在工程与制造研制的过程中，系统设计要求分配到主要子系统级，并根据研制试验和使用试验的结果和迭代的系统工程分析，对系统设计要求进一步完善。根据产品保障要求，按需求的详细设计进一步细化保障方案和策略。按照结构化的系统工程计划要求，系统工程有效的应用、有目的的监测度量和各类技术审查将大幅度地降低项目风险，及时地识别潜在的管理问题。

15.4.1 工程与制造研制阶段的系统工程的目的

工程与制造研制由两大块连续的活动构成：即一体化系统设计和系统能力与制造过程验证。工程与制造研制的系统工程工作一般完成一体化系统设计，包括在技术开发阶段没有完成的全部初始技术审查和工程与制造研制阶段的技术审查，以及系统能力与制造过程验证。工程与制造研制的开始标志是项目指挥有了系统或作战能力增量的分配基线，但还没有研制或将单机和子系统集成为一个完整的作战和保障系统。工程与制造研制的系统工程工作还完成技术开发阶段没有结束的任何剩余的初始系统设计活动，如系统需求分析、系统功能分析、初步设计审查等。工程与制造研制过程中的系统工程的主要目的是降低系统级风险。通过系统工程的实施，此阶段的工作集成单机和子系统，完成详细设计，用可生产的和可持续保障的设计满足性能要求，降低系统层次风险。工程与制造研制一般包括生产样机件或工程研制模型的验证。当必要的工业能力可用，研制的系统能够满足批准的需求，同时能够满足或超过放行准则和里程碑 C 进入要求，工程与制造研制活动则可以结束。本阶段系统工程的关键是综合试验、研制试验评定与使用试验评估、模拟与仿真在试验与评定中的应用、系统集成的演示等的表现是否可以接受。

15.4.2　工程与制造研制阶段的系统工程过程的输入

初步设计审查在里程碑 B 前完成之后，下列各项应是该阶段的系统工程过程的输入：

1）一个已经完成的、经过审查和批准的系统分配基线；

2）一份初步设计审查报告；

3）系统性能规范；

4）工程与制造研制阶段的放行准则；

5）研制项目基线；

6）能力研制文件；

7）系统工程计划；

8）信息支持计划；

9）试验与评定主计划；

10）项目环境安全职业健康评定；

11）全寿命持续保障计划；

12）项目保护计划的输入；

13）系统威胁评估报告的输入；

14）系统安全性分析。

15.4.3　工程与制造研制阶段的关键系统工程活动

（1）将技术状态项设计规范逐渐发展为系统产品基线

本步骤是开展系统的详细设计。详细设计包括所有的硬件部件和软件部件。工程技术人员应完成全套试制图样和软件文档，制造硬件部件和完成软件部件的编码，制定集成和试验与评定计划。试制文件包括制造图样、材料规范、软件设计规范和相应的验证计划。这些制造数据包应与全寿命持续保障计划和技术数据权利策略(technical data rights strategy)协调一致。

将已成熟过的技术和现有的设计(重复使用的产品或商用现货产品)整合到技术状态项和全系统的设计中。系统的决策和权衡研究应考虑持续保障、环境安全与职业健康和其他影响单机的全寿命和环境因素。项目指挥应确保，项目职能小组持续不断地依据详细设计评估费用、进度和性能，以便达到项目文件规定的经济可承受性目标。本步骤还需进行修理等级分析和维修任务分析。这两项分析根据已证明的可靠度预测系统的可靠性。

此阶段通常进行技术状态项的关键设计审查，为每一个技术状态项建立其产品基线，最终形成系统级的关键设计审查，从而建立整个系统的产品基线。关键设计审查的最终产出是产品基线和关键设计审查评估的技术基础条件。在关键设计审查前，系统的大多数制造图样应已经评定和批准。

(2) 制定产品基线制造、装配和编码

本步骤的任务是制造硬件部件和编码软件部件，外购或重复使用其他的部件和商用现货产品，以及根据集成试验与评定计划，对部件进行装配。在此时间节点，应已经编制了系统、子系统和部件的各项设计要求。项目指挥应管理各项设计要求，为发现的硬件和软件缺陷制定纠正行动计划。如没有任何技术成熟到可用于当前的系统能力增量，项目指挥就应寻求可降低风险的非主流技术，对可供选择的成熟的非主流技术进行整合、试验和评定。项目指挥应把不成熟的技术推迟到后续的系统能力增量，并确保项目专家小组持续不断地依照正在发展的产品基线评估费用、进度和性能。本步骤结束的标志是样机和工程研制模型，以及支持关键设计审查的研制试验。

(3) 研制性评定验证个体技术状态项

本步骤依据验证与评定计划，演示验证待集成部组件的物理特性、电气特性、软件特性和其他特性。开始硬件单元的测试和评定，启动软件的独立验证和评定。本步骤还特别注意商用部件的集成和测试。对部件和设备组进行试验，以决定它们是否能够在预期的使用环境中满足其要求和功能。对各个硬件和软件技术状态项进行研制性试验与评定，依照关键技术参数，评估技术的进展情况。继续监测风险、费用和进度状态，将在集成、验证或评定过程中发现的设计问题反馈给设计过程，对设计进行修改和完善。早期的部组件层次试验可以不开展如同最终系统级的试验审查。

（4）用研制与实弹评定和使用评估的综合性试验验证性能符合规范的状况

此步骤依据定义的子系统设计要求，验证子系统硬件和软件的性能，在预期的环境中演示验证子系统的硬件和软件。在子系统层次进行研制试验评定、使用试验评估和各类综合试验。继续监测风险、费用和进度的状态。

在总装车间完成分系统的集成和全系统的测试。总装车间应与在研制系统同步发展，通过网络与其他实验室和仿真中心连接，实现与其他系统的互操作性的评估。总装车间用于试验与评定，则需要按照验证与评定计划的要求进行验证和合格鉴定。

在这之后，实施试验准备审查，由项目指挥决定每个设备组或每个分系统的试验准备审查的程序和规模。项目指挥还要确保实施功能技术状态审核，以此验证硬件和软件的技术状态项的实际性能是否能够满足规范要求。

（5）用研制与实弹评定和使用评估的综合试验验证系统功能和约束条件符合规范的状况

本步骤将各个子系统集成为一个已定义的系统，在其使用环境约束条件下验证集成后的系统；证实系统符合性能和功能要求，评定系统在预期的环境中的使用情况。

本步骤包括对集成的系统所进行的综合试验评定、研制试验评定、实弹试验评定和使用试验评估。解决出现的所有集成问题和接口问题。监测和分析已集成系统的费用风险、进度风险和性能风险。

（6）用研制与实弹评定和使用评估的综合性试验演示验证系统符合规定的用户需要和环境约束条件

根据规定的作战使用要求，在要求的作战环境中，验证和评定集成的系统，以确保系统能够满足多种作战要求。定义试验环境和试验场景。持续不断地监测费用、进度和性能的状态。以上活动都涉及系统所在的体系的互操作性和各种接口。系统的任何互操作性问题和接口问题都应及时解决，使系统能够在下一阶段获得互操作性合格认证。此时应确认作战保障性，从而验证和评定产品保障包（product support package）的作战适应性和作战效能。这也包括验证嵌入到设计的关键持续保障使能技术是否成熟到能够支持生命周期持续保障计划。在为生产准备审查作准备时，本步骤应确认制造过程可控，并且不存在大的制造风险，此外，还应评估和控制技术风险。

15.4.4 工程与制造研制阶段的技术审查

进入到工程与制造研制后，在技术开发阶段没有完成的支持综合系统设计的初始系统设计都应完成。分配基线的建立代表着初始系统设计，在这之后，还需继续开展项目系统工程活动，需要完成详细系统设计，完成系统能力和制造过程验证，还需实施综合基线审查（integrated baseline review，IBR）、关键设计审查、试验准备审查、飞行准备审查（flight readiness review，FRR）、系统验证审查（system verification review，SVR）、功能技术状态审核和生产准备审查等项审查。

15.4.5 工程与制造研制阶段的系统工程过程的输出

1）产品基线；

2）试验报告；

3）试验与评定主计划；

4）产品保障单元要求；

5）风险评估报告；

6）系统工程计划；

7）全寿命周期持续保障计划；

8）技术准备评估报告；

9）项目的环境安全与职业健康评估报告；

10）能力生产文件的输入；

11）系统威胁评估报告的输入；

12）信息支持计划；

13）费用与人力估算的输入；

14）系统安全性分析报告，其中包括更新的环境安全与职业健康的风险分析、初步危害分析、安全性要求与准则分析、使用与保障危害分析、系统安全性危害分析、系统危害分析、威胁危害评估等。

15.5　生产与部署阶段的系统工程

生产与部署阶段在里程碑 C 处开始。在生产与部署阶段，系统应实现能够满足任务需要的作战能力。

本阶段的工作分为两个部分，一是初始小批生产，二是全面生产与部署，在两者之间实施全面生产决策审查。

按照系统工程计划的安排，在此阶段开展有效的系统工程活动，并用技术审查监督系统工程活动的整个历程，将及时地降低项目风险和识别潜在的管理问题。

15.5.1　生产与部署阶段的系统工程的目的

随着集成的部件逐步发展为一个系统，试验与评定过程经常会暴露一些问题，要求对系统进行改进或重新设计。由于试验环境越来越逼近用户的需要，所以所要求的改进可能更加复杂，更加精细。初始制造过程也可能暴露一些没有想到的问题。对产品稍加修改就有可能改善制造过程或保障过程。通过初始小批生产，完成制造能力的发展。全面生产和部署的系统工程活动为研制项目或能力增量项目交付所需数量的有充足资金保障的系统、保障装备和服务。通过生产与部署，作战部队实现初始作战能力。

15.5.2 生产与部署阶段的系统工程过程的输入

1）试验的评定结果；

2）生产和部署阶段的放行准则；

3）使用和保障阶段的进入准则；

4）研制项目基线；

5）能力研制文件和能力生产文件；

6）系统工程计划；

7）全寿命周期持续保障计划；

8）试验与评定主计划；

9）项目的环境安全与职业健康评定结果；

10）产品保障单元要求；

11）系统安全性分析，其中包括环境安全与职业健康风险分析的更新、安全性要求准则分析的更新、系统安全性危害分析的更新、系统危害分析的更新、使用与保障危害分析的更新。

15.5.3 生产与部署阶段的关键系统工程活动

（1）分析缺陷以确定纠正行动

利用项目当前可用的各种输入，诸如试验评定结果、维修报告、工程与制造研制的放行准则、能力生产文件、系统工程计划、试验与评定主计划、全寿命周期持续保障计划等，分析已知的缺陷。通过系统工程过程，提出可行的解决方案。制定并批准一份计划，对提出的解决方案进行构建、修改、验证、试验和评定。

（2）修改技术状态（硬件、软件和规范）以纠正缺陷

将提出的纠正缺陷的解决方案转化成适当的硬件、软件或规范

更改。按批准的计划创建、合并和验证修改。因为生产过程已经开始，所以产品更改可能包括改型。在实施生产合并时也应考虑对系统费用、进度和性能的影响。

（3）验证和评定生产技术状态

提出的纠正系统缺陷的解决方案在并入生产技术状态之前应进行验证和评定。由于更改的性质各异，这个过程可能要求分析推断、实验室试验或整个作战系统的试验与评定。批准的更改应并入产品基线，成为更新的技术状态。

15.5.4　生产与部署阶段的技术审查

该阶段的技术审查有综合基线审查、使用试验准备审查和物理技术状态审核。

15.5.5　生产与部署阶段的系统工程过程的输出

1）更新的生产基线；
2）试验评定结果报告；
3）试验与评定主计划；
4）风险评估报告；
5）全寿命周期持续保障计划；
6）项目的环境安全与职业健康评定报告；
7）环境保护与治理进度安排；
8）系统工程计划；
9）费用与人力估算的输入；
10）系统安全性分析。

15.6　使用与保障阶段的系统工程

使用与保障阶段的目的是满足作战保障要求，在系统的整个寿命期内，以最低的成本和最高的效率，满足系统战备完好性和作战保障要求，实现对系统的持续保障。当系统到达使用寿命终点时，对其作退役处理。使用与保障有两大任务，即持续保障和退役处理。

15.6.1　使用与保障阶段的系统工程的目的

在使用与保障阶段的持续保障的活动中，系统工程过程支持各项服役审查，识别安全性和战备完好性衰退问题的根源，并提出解决方案。此项工作包括参与有关产品保障包、工艺改进、改型、升级、未来系统能力增量等最佳方案的权衡研究和决策，考虑作战需要和剩余的服役寿命。互操作性或技术改进、零部件或制造工艺过时、飞机或系统老化问题、提前的失效、燃油或润滑油的变更、联合作战或军种通用化等，都可能预示需要升级系统或改进工艺。

另外一项工作是武器装备的退役处理。一般来说，武器系统的退役处理不是系统工程的工作，但早期的系统工程过程在设计过程中就考虑武器系统的退役处理要求，可使最终的退役处理能够顺利进行。

15.6.2　使用与保障阶段的系统工程过程的输入

1）服役使用数据；

2）事故数据；

3）用户反馈意见；

4）失效报告；

5）偏差报告；

6）项目环境安全与职业健康评定；

7）全寿命周期持续保障计划；

8）按可靠性增长曲线进行的可靠性评估；

9）系统安全性分析，包括环境安全与职业健康风险分析、危害分析更新、维护危害跟踪系统；

10）系统工程计划。

15.6.3 使用与保障阶段的关键系统工程活动

系统工程应在武器系统的使用与保障过程中持续进行，依据文件规定的性能要求和作战效能、适应性、风险衡量指标等，连续不断地评估已经部署的武器系统的技术健康状况。服役阶段的系统工程可提供系统趋势和持续保障备选方案的综合性技术评估，评估结果可用于监督选定方案的制定和实施。

（1）监测和收集全部服役使用数据

汇总项目在此阶段可得到的全部数据输入，如服役使用数据、维修偏差报告、用户反馈意见、系统或部件失效报告、事故数据、系统工程计划等，将得到的全部数据用于支持系统整个使用寿命期中的各种使用和保障的决策。经验证明，许多部署服役的系统，其服役期远超过原计划的服役期。随着对系统的使用状况的了解不断深入，有关数据的类型将发生改变。

（2）分析数据，找出问题的根源

如果部署的系统出现问题，系统工程过程将判定问题的根源，并提出解决方案解决问题。检索数据对问题的判定至关重要，因此应充分地利用和彻底地分析可用的各种数据，从中找出问题的症结和解决办法。这些分析可能查明系统设计是否存在缺陷，或者制造过程是否存在缺陷，或者操作人员是否没有按操作规程操作系统，或者系统没有在设计的环境中工作。

（3）确定系统风险和危害的概率与严重度

风险评估的技术、方法和原则，以及系统工程过程，可以确定硬件和软件的安全性危害，识别相关的风险，评估危害出现的概率和危害的严重度。

（4）采取纠正行动

纠正行动可能需要对过程、硬件、软件、保障、材料或维修作出更改。系统工程过程可用来制定适宜的纠正措施。

（5）整合和试验纠正措施

整合建议的纠正措施，通过试验，验证提出的纠正措施是否有效，经过纠错的系统或分系统是否适合于外场部署。

（6）评估改进后的系统的风险

纠正措施的有效性验证后，就应为系统做长期的打算，通过系统工程过程，对系统进行全面的风险评估和深入的系统分析，分析的内容包括系统的退化、系统的耐用性、系统的结构、系统的互操作性、系统的保障等。还应考虑在保障、训练、文档编写、技术状态和维修等方面进行改进将会出现什么情况。所有这些要素都影响系统的寿命周期费用，从而影响所需的经费。

（7）实施与部署

一经授权，就可以实施纠正行动或改进行动。系统部署后，应建立足够的补给程序、保障程序、训练程序和维修程序等。在这些活动中，始终要求编写更改文件和进行技术状态管理。在定期的服役审查中，有关的信息数据可用于评估服役健康状况、系统作战风险、系统战备完好性、费用、保障趋势、老化设备和停产产品等事项。

15.6.4 使用与保障阶段的技术审查

服役中审查（in－service review）是一项多学科的产品和过程评估，目的是确保受审查系统部署后能够完成指派的作战任务，系统存在的风险能够被充分理解，并能得到有效的管理。通过审查，检定服役的系统的作战使用状态。该项审查以量化的形式评估风险、战备完好性、技术状况、保障趋势等，根据评估结果，优先安排急需的保障经费。始终如一地应用适宜的项目的、系统工程的和后勤的管理计划和管理过程，以及低层次的利益相关者审查，有助于实现服役中审查的各项目标。保障队伍可以采用系统安全性工作小组和综合性后勤管理小组的形式，充分而有效地利用可用的政府的和商用的保障数据资源。根据轻重缓急安排服役安全性和战备完好性事项，统筹考虑系统服役工作状态、系统作战风险、系统战备完好性和下一步服役保障要求等。

服役中审查输出下列几项：

1）全面的系统危害风险评估报告。

2）战备完好性评估报告，找出系统存在的问题，如硬件的偏差、软件的偏差和生产的偏差。

3）系统问题的报告数量、解决率、趋势、更新的衡量指标。根据衡量指标优先安排预算要求。

这项审查应为项目指挥和其他利益攸关者提供他们需要的综合性信息，帮助他们排定优先事项，编制和执行下一个财年的预算要求。

服役中审查成功的主要标志是：

1）对系统问题进行了分类，可支持使用与保障需求决定过程。

2）以工作年（work year）为单位编制了所要求的预算，用于处理各类优先的系统问题。

3）量化了当前的系统作战风险和系统战备完好性的水平，并将当前的系统作战风险和系统战备完好性的水平与当前的使用预算、系统预算和采购预算联系起来。

4）量化了未来的系统作战风险和系统战备完好性的水平，并将未来的系统作战风险和系统战备完好性的水平与未来的使用预算、系统预算和采购预算联系起来。

15.6.5　使用与保障阶段的系统工程过程的输出

1）下一个系统能力增量的能力研制文件的输入；

2）现役系统的改型和升级；

3）系统安全性分析；

4）用于下一个服役中审查的数据；

5）项目的环境、安全性与职业健康评估报告；

6）维修程序的定期更新；

7）落实国家环境保护法的时间表；

8）系统工程计划[107]。

第 16 章　案例

16.1　联合空对面防区外导弹增程型

联合空对面防区外导弹是美国空军的新一代空地巡航导弹，具有隐形飞行、性能可靠、低成本的特点，使命是从敌防空区域以外摧毁敌人目标。空军目前在生产联合空对面防区外导弹基本型，同时研制联合空对面防区外导弹增程型（Joint Air - to - Surface Stand-off Missile - ER），项目规划和要点如图 16 - 1 所示。增程型的射程是基本型的两倍多，达 900 km 以上。这两个型号的硬件通用率是 70%，软件通用率是 95%。

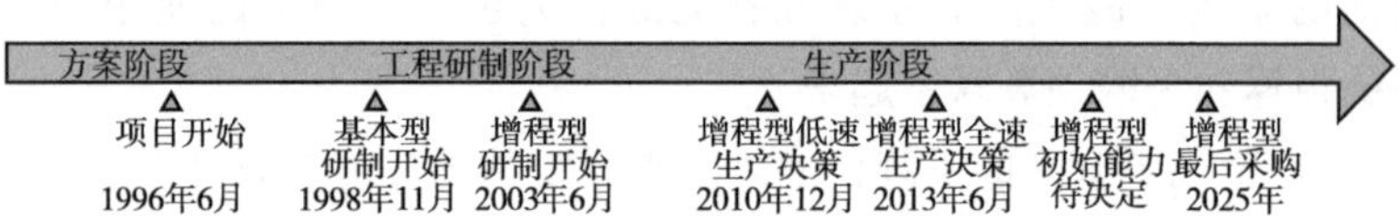

项目要点	
总承包商：	洛克希德·马丁公司
项目完成所需资金：	
研发：	0.844 亿美元
采购：	47.362 亿美元
资金总计：	48.207 亿美元
采购量：	3 747 枚

图 16 - 1　联合空对面防区外导弹研制项目规划与要点

增程型计划在 2010 年 12 月进入生产阶段，所有的关键技术和制造过程已经成熟，设计稳定。截至 2011 年 3 月，增程型进行 11 次飞行试验，仅失败 1 次。该项目计划继续进行飞行试验，以期验证增程型能够满足可靠性要求。项目已经完成了制造准备评估，并在试生产线环境证实了制造和质量的过程。增程型的成本可能要高于预测值，因为先前的成本估算过于乐观，另外还需飞行试验来实现可靠性要求。项目进展情况如表16-1所示。

表16-1 联合空对面防区外导弹研制项目进展（2011财年）

	截至1998年11月	最近2010年6月	百分比变化/%
研发成本/百万美元	1 004.7	1 462.3	45.5
采购成本/百万美元	1 252.9	5 738.7	358.0
项目总成本/百万美元	2 281.6	7 201.0	215.6
项目单位成本/百万美元	0.924	1.435	55.3
采购量总计/架	2 469	5 018	103.2
采办周期/月	75	87	16.0

注：最近成本包括基本型和增程型。

（1）技术成熟度

独立的评审小组将联合空对面防区外导弹增程型的5项关键技术全部评为成熟。这5项关键技术是发动机系统、发动机润滑系统、引信、低可见特征和全球定位系统。此项评审的目的是支持预定的增程型生产决策。

（2）设计成熟度

该项目办公室披露，联合空对面防区外导弹增程型的设计是稳定的。设计通过验证与确认。导弹飞行试验11次，失败1次。由于项目办公室没有给出设计图样的发放数目，还不能准确地评价项目设计的稳定度。不过，在系统性能责任全面安排下，承包商编制和管理了全部的设计图样。空军一直在谋求对导弹的设计实施更大的控制。空军批准了可能增加成本、要求改进或影响在产导弹安全性的技术状态更改，也批准了重大的技术状态更改。

（3）制造成熟度

项目办公室公布，联合空对面防区外导弹增程型计划在2010年12月进入生产阶段，其制造过程全部成熟。空军把联合空对面防区外导弹增程型的制造成熟度定为 8 级。这意味着，增程型的技术是成熟的，制造和质量的过程与程序已经在试生产线环境证实，为进入低速率生产作好了准备。此外，增程型和基本型目前在同一生产线上生产，两个型号导弹的硬件通用率是 70%，软件通用率是 95%。

(4) 项目的其他问题

增程型项目的成本可能要比预测值高。这是因为，首先，低于预测年度采购水平的采购量可能增加生产成本。其次，空军对联合空对面防区外导弹项目的当前成本估算可能过于乐观，估算是基于每年 280 枚导弹的生产率，不过这是基本型和增程型加在一起的生产率，自 2005 年以来就没有实现过。没有以预期的生产速率生产已经导致生产过程效率下降，生产期延长，效率下降与生产期延长增加了成本。不仅如此，洛克希德·马丁公司指出，低速率生产可能导致熟练工人流失，联合空对面防区外导弹的可靠性也可能受到不良影响。此外，空军认为，需要进行 20 次飞行试验才能充分验证增程型的 85%的可靠性目标。这些飞行试验将耗费 0.7 亿美元。

(5) 项目办公室的评论

联合空对面防区外导弹项目办公室指出，由于 10 次成功 1 次失败的飞行试验，对可靠性的关注减缓下来。预算的作战试验和可靠性评估项目之后不再需要进行补充的飞行试验，以期达到 85%的可靠性要求。事实上，研制试验后，增程型的可靠性达到 87%。增程型成本增加的风险来自于未预见到的预算削减，预算削减减少了生产量，驱动了单位价格上扬。此外，增程型的设计是稳定的，这已经被最后的 5 次飞行试验证明。这 5 次飞行试验用的是当前生产技术状态的产品，而且项目成功地完成了生产准备审查[108]。

16.2 F-35 联合攻击战斗机

美国国防部的联合攻击战斗机项目是研制一种能够同时满足海

军、空军、海军陆战队和美国盟国使用要求的隐形攻击机，其目标是通用率最大化和全寿命周期成本最小化。航母舰载型将补助海军的 F/A－18E/F。空军型将主要取代 F－16 战斗机和 A－10 攻击机，与 F－22 战斗机互为补充。短距起飞与垂直着陆型将更换海军陆战队现役的 F/A－18 战斗攻击机和 AV－8B 垂直起降攻击机。项目规划和要点如图 16－2 所示，项目进展情况如表 16－2 所示。

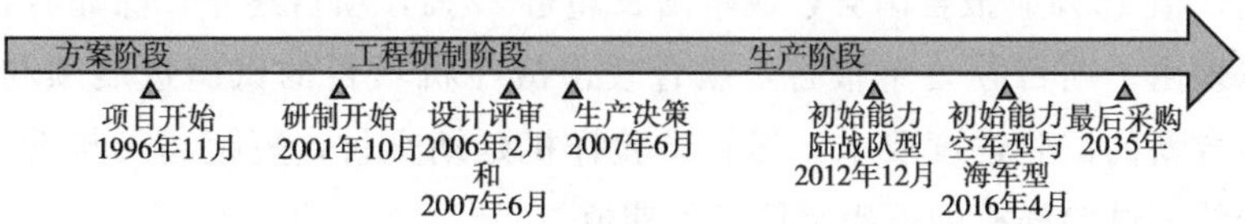

项目要点

总承包商：	洛克希德·马丁公司
项目完成所需资金：	
研发：	83.596 亿美元
采购：	2 151.46 亿美元
资金总计：	2 238.155 亿美元
采购量：	2 385 架

图 16－2　F－35 联合攻击战斗机项目进展与要点

表 16－2　F－35 联合攻击战斗机研制项目进展（2011 财年）

	截至 2001 年 10 月	最近 2010 年 8 月	百分比变化/%
研发成本/百万美元	38 402.1	53 663.1	39.7
采购成本/百万美元	170 372.1	229 467.6	34.7
项目总成本/百万美元	210 557.6	283 674.5	34.7
项目单位成本/百万美元	73.467	115.456	57.2
采购量总计/架	2 866	2 457	－14.3
采办周期/月	116	174	50.0

注：最近成本数据没有完全考虑成本和进度的变化。

联合攻击战斗机目前在生产中，但 3 项关键技术还没有成熟，制造过程还没有验证，试验还没有全部完成。持续的制造低效率、部件问题和技术变化表明，飞机的设计和生产过程不够成熟，不能够以计划的速率高效率地生产飞机。由于大多数研制试验和作战试验还没有做，将来设计更改的风险是明显的。为了应对种种的研制挑战，国防部在2010年2月重构了联合攻击战斗机项目。预测的成本增长突破了Nunn－McCurdy修正法案规定的单位成本的关键门限值。1983年的Nunn－McCurdy修正法案规定，成本增长超过原始估计值15%应报告国会，成本增长超过25%，项目终止，除非有特殊理由。项目办公室报告，联合攻击战斗机项目的试验进展顺利，符合新的试验进度要求，尽管试验样机延期交付，短距起飞与垂直着陆型试验样机的可用率低于预期值。

（1）技术成熟度

联合攻击战斗机项目在2001年进入工程研制阶段，当时8项关键技术都没有完全成熟。项目办公室报告，现在其中的5项关键技术已经成熟，其余的任务系统集成、故障预测与健康管理、雷达等3项关键技术接近成熟。不过，随着项目集成和针对这些技术的试验的展开，显著的研制风险依然存在。

（2）设计成熟度

联合攻击战斗机项目的设计在关键设计审查时并不稳定，但项目现在已经发放了99%的全部预期图样。不过，项目继续经历大量的设计更改。由于大多数的研制试验和作战试验还没有做，将来设计更改的风险以及对项目的潜在影响是明显的。

（3）制造成熟度

项目在2006年开始生产，截至2011年3月生产了58架飞机。联合攻击战斗机项目的制造过程仍然没有成熟，只有12%的关键过程处于统计控制状态。国防部削减了近期生产量，尽管如此，持续的制造低效率、部件问题和技术变化再次表明，飞机的设计和生产过程缺乏成熟，不能够以计划的速率高效率地生产飞机。管理一个庞大的依然不够成熟的全球供应商网络为高效率地和准时地生产飞机增加了新的复杂性。总承包商在改进制造过程。由于还需要完成大量的试验，如果发现问题，国防部可能要求项目改造生产过程，改变供应商基础，改进已经生产的和已经部署的飞机。

（4）项目的其他问题

在一项全项目范围评审之后，国防部在2010年2月重组了联合攻击战斗机项目，以应对各种研制挑战。重组增加了系统研制所需的时间和资金，添加了更多的飞机以支持飞行试验，减少了近期采购量，合并了更多的软件资源。预测的成本增长，包括2007年以来的1 040亿美元，突破了Nunn－McCurdy修正案规定的单位成本门限值。项目办公室计划在2010年11月进行一次里程碑评审，再次更新成本和进度估计值。

项目办公室报告，联合攻击战斗机项目的试验进展顺利，符合新的试验进度要求，三个型号都进行了首次飞行。不过，仍有几个问题可能影响试验。截至2010年12月，该项目向试验基地仅交付了8架飞机，此外，短距起飞与垂直着陆型试验样机的可用率低于预期值。项目继续在开发和集成大型复杂软件方面面临挑战。这些大型复杂软件是实现联合攻击战斗机能力所必需的。如果8架飞机的飞行试验继续延后，或软件开发继续拖延，将可能危害海军陆战队计划的初始作战能力日期。最后，试验结果的不确定的逼真度是个风险，因为项目依赖一个未经认可的实验室和仿真模型组成的网络来评价系统性能。

（5）项目办公室的评论

项目办公室指出，为了完成研制活动，联合攻击战斗机正在进行一项使用要求的技术基线审查。2010年预期10架中的8架飞机已经交付到试验基地。另外4架飞机预计在2011年6月交付。试验项目稍微超过了2010年的计划试验飞行和试验点度量，海军陆战队型试验落在计划之后。项目正在空军型和海军陆战队型任务系统试验飞机上做Block 1.0的任务系统试验。一半以上的机载系统软件在测试中，其中包括传感器融合架构。生存性试验已经开始，试验结果远超过预测结果。用AF－3飞机做的首次机载动态签名试验（dynamic signature test）将在 2010 年 12 月开始[109]。

16.3 三维探测远程雷达

美国空军三维探测远程雷达（three - dimensional expeditionary long - range radar，3DELRR）是一种远程、地基雷达，用于探测、识别、跟踪和报告飞机和导弹，包括高度机动和低可观测目标；可提供实时数据，可全天候和全地形工作。3DELRR 系统采用开放式架构，允许未来软件升级。美国空军十分重视在新计划中应用开放式架构。空军采购该型雷达用于替代老化的 AN/TPS - 75 雷达系统。AN/TPS - 75 雷达系统现在面临许多维修和可持续保障问题。三维探测远程雷达项目规划与要点如图 16 - 3 所示。

项目要点	
总承包商：	雷神公司
2015—2020 财年计划所需资金：	
研发：	2.501 亿美元
采购：	3.301 亿美元
资金总计：	5.802 亿美元
采购量：	1 台

图 16 - 3　三维探测远程雷达项目规划与要点

三维探测远程雷达于 2014 年 9 月进入系统研制阶段，所有关键技术接近成熟，截至 2015 年 1 月，项目的全部关键技术在相关环境中得到了验证，但没有在实际环境中验证。在系统研制开始前，项目采取多种途径降低技术风险和项目成本，采用了系统级样机竞争招标，并在成本与功能和性能要求之间进行了平衡。由于承包商的系统设计方案不同，该研制项目可能还存在某种程度的研制风险。无论采用哪家承包商，软件集成是一个大的风险区。项目办公室于 2014 年 10 月授予了系统研制合同。项目进展情况如表 16 - 3 所示。

表 16 - 3　三维探测远程雷达项目进展情况

	截至 2014 年 10 月
研发成本/百万美元	417.1
采购成本/百万美元	971.1
项目总成本/百万美元	1 388.1
项目单位成本/百万美元	39.660
采购量总计/台	35
采办周期/月	132

注：最近成本数据没有完全考虑成本和进度的变化。

技术成熟度与设计成熟度：三维探测远程雷达在 2014 年 9 月进入系统研制时所有的关键技术接近成熟。项目计划在系统研制阶段，通过在实际环境中验证，充分地成熟各项关键技术。项目办公室在 2014 年 10 月将系统研制合同授予雷神公司。分承包商提供的分系统和单机可能带来一些项目特有的研制风险。项目一直在跟踪一些总体风险。例如，三维探测远程雷达有一个软件密集型设计，由于潜在的系统集成挑战和重复使用代码等，软件开发本身就是一个风险。此外，三维探测远程雷达预期使用新的半导体技术，这将给成本和进度带来风险。特别是，系统预期每个辐射单元采用氮化镓基发射/接收模块来发射和接收电磁信号，而不是采用传统的砷化镓发射/接收模块。虽然氮化镓可能对项目产生一些风险，但其优点是效率高，功率低，冷却要求小于传统的半导体技术。

三维探测远程雷达项目在系统研制开始前，在技术开发阶段就开展了一系列的降低风险活动。项目进行了系统级样机招投标，对多家承包商进行了初步设计审查，实施了能力验证。项目办公室认为，这些风险降低活动能够成熟关键技术，细化技术要求和成本估算，评估制造成熟度[110]。

16.4 地面/空中任务导向雷达

地面/空中任务导向雷达（ground/air task oriented radar）是诺思罗普·格鲁曼公司为海军陆战队研制的一种有源电子扫描列阵、3维、中短程、多用途雷达，用于探测巡航导弹、喷气飞机、火箭、迫击炮、火炮等目标。该种雷达将替代现有的5种雷达；将以增量（block）的方式采办，后续增量主要是软件升级。美国审计署对执行防空和侦察任务的增量Ⅰ进行了的评估，对增量Ⅱ进行了观测。增量Ⅱ决定敌人的射击位置和来袭炮火的打击区域。地面/空中任务导向雷达项目规划与要点如图16－4所示。项目进展情况如表16－4所示。

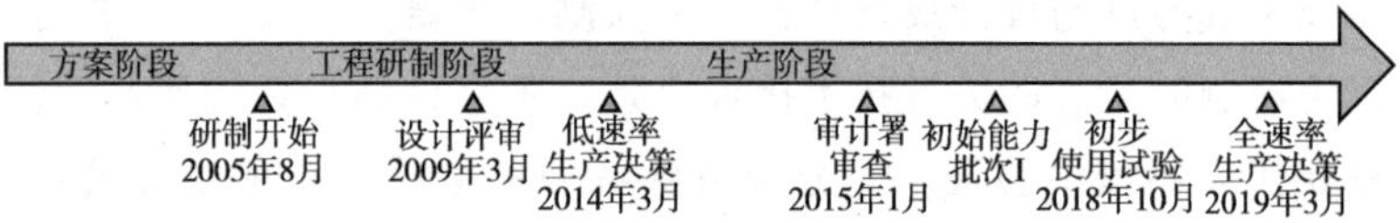

项目要点

总承包商：	诺思罗普·格鲁曼公司
项目完成所需资金：	
研发：	3.288亿美元
采购：	15.109亿美元
资金总计：	18.434亿美元
采购量：	41台

图16－4　地面/空中任务导向雷达项目规划与要点

表16－4　地面/空中任务导向雷达项目进展情况（2015财年）

	截至2005年8月	截至2014年8月	百分比变化/%
研发成本/百万美元	375.0	1 033.6	175.6
采购成本/百万美元	1 177.6	1 703.0	44.6
项目总成本/百万美元	1 552. 6	2 740.3	76.5

续表

	截至2005年8月	截至2014年8月	百分比变化/%
项目单位成本/百万美元	24.359	60.895	151.0
采购量总计/台	64	45	−29.7
采办周期/月	66	待定	待定

注：成本数据包括增量Ⅰ和增量Ⅱ。采办周期仅是对增量Ⅰ的计算。

(1) 技术成熟度与设计成熟度

地面/空中任务导向雷达项目报告，截至2014年8月，六项关键技术全部完全成熟，设计为生产进行了完善。项目的设计在2009年的关键设计审查时处于稳定状态，但预期的图样总量增加了，这是由于为便于生产，项目生成了更加详细的图样。当前已经发放了89%的图样。项目还将继续进行软件更改，以应对可靠性问题，计划在2016年升级雷达的发射与接收模块。并计划升级用于发射与接收模块中的半导体技术，将砷化镓换成氮化镓。氮化镓技术已经是一项成熟的技术，新的模块将与原有的模块一样匹配，可最小化设计更改。预期氮化镓技术将减少所需的模块数量，提高产品的性能，降低产品的成本。

地面/空中任务导向雷达的可靠性在增长，但仍存在一些可靠性问题。2014年6月，海军主管研发与采办的副部长召集专家组审查了项目的可靠性需求，评估了项目实现当前可靠性需求的能力。专家组发现，在项目计划的费用和进度的条件下，项目不能够实现当前的可靠性要求，可靠性需求没有反映海军陆战队的作战需要。专家组还发现，增量Ⅰ系统的硬件已经成熟，软件不稳定是导致可靠性问题的主要因素。项目管理人员提出，海军陆战队将重新审查可靠性需求，项目将继续完善软件。专家组认为，采用氮化镓可提高硬件可靠性。

(2) 制造成熟度

地面/空中任务导向雷达项目在2014年3月被批准进入生产阶段，生产过程已经在生产线上验证，但并没有达到可控的程度，在生产决策之前，项目推断，制造准备达到了国防部建议的水平，但没有达到美国审计署的最佳实践要求的制造过程可控的水平。

（3）项目的一些其他问题

项目的试验与生产的并行进行增加了项目风险。项目计划将增量Ⅰ的试验、增量Ⅱ软件的研制和试验、增量Ⅰ和增量Ⅱ的小批试生产同时进行。项目计划购买 15 套小批试生产产品用于增量Ⅰ和增量Ⅱ的初始作战试验，即现有资金可以购买量的 1/3。项目原计划实施砷化镓技术状态的作战试验，但国防部试验与评定主任表示出了对砷化镓技术状态的生产代表性的关注，因为原计划的大部分地面/空中任务导向雷达采购是氮化镓的技术状态。项目办公室称，用氮化镓进行的作战试验最早可能在 2018 年进行。虽然试验计划还没有最后确定，项目已经用氮化镓模块进行了 2 年的研制试验。

（4）项目办公室的评论项目一直按计划的进度进行，在 2010 年重新调整了基线，减少了预期的总项目成本。由于实施“购买力优化 2.0（better buying power 2.0)”和开展“应该发生成本（should cost)”活动，自 2012 年以来共减少了 14.7%的总成本。在进入小批生产前，项目通过了多项验证生产准备的审查和分析，最终在 2014 年颁发了生产合同。项目办公室还指出，项目将继续完善 2017 年需要的系统软件，那时将交付低速率生产硬件，系统可靠性有望提高。专家组认为，项目的硬件非常稳定[111]。

16.5 联合轻型战术车

联合轻型战术车（joint light tactical vehicle，JLTV）是美国陆军和海军陆战队的联合军种项目，是一种轮式作战车辆车族，将取代高机动性多用途轮式车辆（high mobility multipurpose wheeled vehicle)。高机动性多用途轮式车辆是美军目前最可靠的轻型越野车，其机动性、越野性、可靠性、耐久性和武器安装适应性极其优异，1991 年参加海湾战争。联合轻型战术车预期比高机动性多用途轮式车辆提供更好的载荷、性能和防护能力，能够用飞机和舰船输送，计划有双座和四座的多任务型号。联合轻型战术车项目规划与要点如图 16－5 所示。项目进展情况如表 16－5 所示。

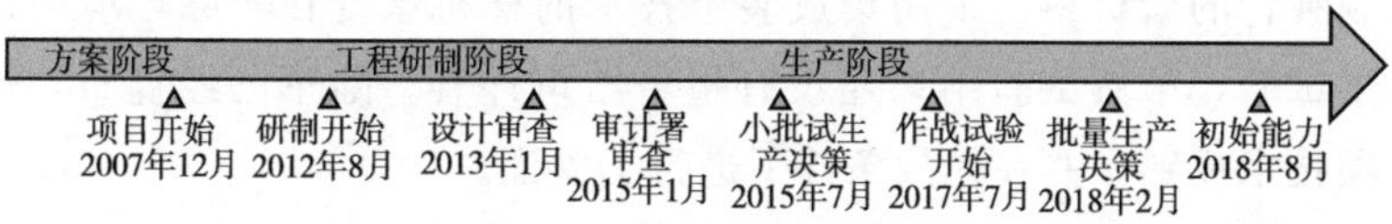

项目要点

总承包商：美国通用汽车公司、洛克希德・马丁公司、豪士科集团公司

2015—2020 财年计划所需资金：

研发：2.542 亿美元

采购：227.526 亿美元

资金总计：230.068 亿美元

采购量：54 599 台

图 16－5　联合轻型战术车项目规划与要点

表 16－5　联合轻型战术车项目进展情况（2015 财年）

	截至 2012 年 10 月	截至 2013 年 12 月
研发成本/百万美元	1 008.3	975.0
采购成本/百万美元	22 822.7	22 752.6
项目总成本/百万美元	23 868.6	23 727.6
项目单位成本/百万美元	0.436	0.434
采购量总计/台	54 730	54 730
采办周期/月	125	128

注：成本数据包括增量Ⅰ和增量Ⅱ。采办周期仅是对增量Ⅰ的计算。

联合轻型战术车的腹部防护装甲和侧身装甲关键技术完全成熟，已经在生产代表性车辆上集成和试验。国防部主管部门对 3 家承包商完成了设计理解审查和生产准备审查，评估了各家承包商的技术基线和制造成熟度。可靠性、可用性和维修性试验已经完成，但项目办公室还没有接到全部试验结果。预期不会根据试验的结果更改需求。陆军在 2014 年 12 月就小批试生产和批量生产进行了招标，计划在 2015 年 7 月发放生产承包合同。

（1）技术成熟度

腹部防护装甲和侧身装甲这两项关键技术完全成熟，早期的技术成熟度挑战来自于集成现有的能够满足重量要求的材料，而不是研制独特的新材料。采用集成装甲技术的样机系统在实际环境中进行了试验，虽然试验结果还没有报告给审计署。陆军已经宣布，这两项技术成熟，并在作战条件下进行了验证。

（2）设计成熟度

项目办公室在研制过程中没有进行正式的关键设计审查，而是在 2012 年年末至 2013 年年初期间对承包商进行了设计理解审查，审查是在细节级别进行的，类似于关键设计审查，以支持在授予系统研制合同时对成熟车辆设计的要求。此项审查证明，承包商将 90％的设计文件置于技术状态控制之下。2014 年 5 月，负责联合轻型战术车需求管理的人员建议，把需求中考虑的两个防护级别去掉一个。之前有两个附加装甲技术状态，以满足陆军和海军陆战队提出的不同防护级别要求。陆军和海军陆战队都将使用更高的防护级别技术状态。这将减少 40％的实弹试验和 2 千万美元的成本。

（3）制造成熟度

陆军认为，在系统研制阶段生产的小批量车辆不允许统计上的相关测量，因此排除过程能力指数数据的使用。作为替代，项目进行了一项制造准备评估，用制造成熟度来评定生产准备状况和制造风险。2014 年 8 月—9 月，项目对 3 家承包商实施了生产准备审查，检查了工艺准备、质量管理体系和生产策划等要素。联合项目办公室完成了这项审查，于 2014 年 12 月发布了小批试生产和批量生产的招标书。

（4）项目的其他问题

2014 年 6 月，项目完成了已计划的系统研制阶段的最终关键项目审查。虽然每个研制承包商确定了性能不符合水平，采办策略和近期发放的招标书允许潜在的小批试生产和批量生产承包商进行一些权衡，以便在军方成本门限值内实现性能的最大化。如果性能水平低于需求门限值，将不发放承包合同[112]。

参考文献

［1］ 阳东升，张维明，等．体系工程原理与技术［M］．北京：国防工业出版社，2013.

［2］ JAMSHIDI M，et al. 系统系工程原理和应用［M］．曾繁雄，洪益群，等，译．北京：机械工业出版社，2013：260.

［3］ Defense Acquisition University. Defense acquisition guidebook［M］. CreateSpace Independent Publishing Platform，2012：176.

［4］ 美国空军科学顾问委员会．空军能力发展的体系工程［R］．陈英武，姜江，译，2005.

［5］ Defense Acquisition University. Defense acquisition guidebook［M］. CreateSpace Independent Publishing Platform，2012：176－177.

［6］ Defense Acquisition University. Defense acquisition guidebook［M］. CreateSpace Independent Publishing Platform，2012：178.

［7］ 刘靖东．从“两弹一星”的实践看系统工程对我国导弹与运载火箭研制的启示［C］//首届中国两弹一星历史研究高层论坛论文，2009：222－224.

［8］ 袁家军．以航天系统工程优势建造国际一流卫星导航系统［J］．中国航天，2010（6）：3.

［9］ 朱明新，刁伟明．NASA 系统工程过程概要分析［J］．航天标准化，2010（4）：23－27.

［10］ 赵定海，黄玺瑛．广义的装备系统工程概念［J］．国防科技，2009（2）：25－29.

［11］ 曹禹，符志民．论系统工程与项目管理［J］．中国航天，2010（1）：28.

［12］ 钱学森，等．论系统工程（增订本）［M］．长沙：湖南科学技术出版社，1988：41.

［13］ MIL－SDT－499 Systems engineering management［S］，1969：8－19.

［14］ MIL－SDT－499 Systems engineering management［S］，1969：1.

［15］ 黄春平，侯光明．载人航天运载火箭系统研制管理［M］．北京：科学出

版社，2007：45.

［16］ NASA. NASA systems engineering handbook ［M］. Books Express Publishing，2007：168.

［17］ Department of Defense Systems Management College. Systems engineering fundamentals ［M］. CreateSpace Independent Publishing Platform，2001：97.

［18］ Department of Defense. Defense acquisition guidebook ［M］. CreateSpace Independent Publishing Platform，2012：207.

［19］ 中国人民解放军总装备部. GJB 6387—2008　武器装备研制项目专用规范编写规定 ［S］，2008.

［20］ 中国人民解放军总装备部. GJB 6387—2008　武器装备研制项目专用规范编写规定 ［S］，2008.

［21］ 国家科学技术工业委员会. GJB 3206—1998　技术状态管理 ［S］，1998.

［22］ Defense Acquisition University. DoD extention to：a guide to the project management body of knowledge ［M］，2003：177－186.

［23］ 金其明. 防空导弹工程 ［M］. 北京：中国宇航出版社，2004：291.

［24］ Department of Defense Systems Management College. Systems engineering fundamentals ［M］. CreateSpace Independent Publishing Platform，2001：111－113.

［25］ 张健壮. 武器系统全寿命周期费用分析 ［M］//中国宇航学会首届学术年会论文汇编. 北京：中国宇航出版社，2005.

［26］ 傅家骥，仝允桓. 工业技术经济学 ［M］. 北京：清华大学出版社，1996：127.

［27］ 中国人民解放军总参谋部. GJB/Z 20456—97　电子对抗装备寿命周期费用估算 ［S］：43－44.

［28］ Wikipedia. Configuration management. http：//en. wikipedia. org/wiki/Configuration_management.

［29］ 中国国家标准化管理委员会. GB/T 19017—2008/ISO 10007：2003　质量管理体系——技术状态管理指南 ［S］：1.

［30］ 国防科学技术工业委员会. GJB 3206—1998　技术状态管理 ［S］：1.

［31］ ANSI/EIA 649－B－2011 Configuration management standard ［S］：13－17.

［32］ 中国人民解放军总装备部. GJB 3206A—2010　技术状态管理 ［S］：2

-8.

[33] 金其明．防空导弹工程［M］．北京：中国宇航出版社，2004：431-432.

[34] Defense Acquisition University. Glossary of defense acquisition acronyms and terms［M］．15th ed. CreateSpace Independent Publishing Platform，2012：B-140.

[35] Department of Defense and Defense Acquisition University. Risk management guide for DoD acquisition［M］．5th ed. Defense Systems Management College Press，2003：85.

[36] Department of Defense Systems Management College. Systems engineering fundamentals［M］．CreateSpace Independent Publishing Platform，2001：130-132.

[37] 美军软件密集系统成功采办与管理指南［M］．刘丽华，谢建华，等，译．北京：总装备部电子信息基础部技术基础局．2003：371.

[38] 钟璐．软件工程［M］．北京：清华大学出版社，2005：239.

[39] ISO/IEC 9126-1991 Information technology — software product evaluation—quality charateristics and guidelines for their use［S］.

[40] 钟璐．软件工程［M］．北京：清华大学出版社，2005：240.

[41] 美军软件密集系统成功采办与管理指南［M］．刘丽华，谢建华，等，译．北京：总装备部电子信息基础部技术基础局，2003：373.

[42] 张箭，王晖，高飞．获得值管理在大型武器装备研发项目中的应用研究［J］．军事交通学院学报，2009，11（1）：88.

[43] Department of Defense Systems Management College. Systems engineering fundamentals［M］．CreateSpace Independent Publishing Platform，2001：99.

[44] 国防科学技术工业委员会．GJB 3273—98 研制阶段技术审查［S］，1998：6-7.

[45] Defense Acquisition University. Defense acquisition guidebook［M］．CreateSpace Independent Publishing Platform，2012：241-243.

[46] 国防科学技术工业委员会．GJB 3273—98 研制阶段技术审查［S］，1998：13-15.

[47] Defense Acquisition University. Defense acquisition guidebook［M］．CreateSpace Independent Publishing Platform，2012：249-250.

[48] 国防科学技术工业委员会 . GJB 3273—98 研制阶段技术审查 [S], 1998: 8 - 11.

[49] Defense Acquisition University. Defense acquisition guidebook [M]. CreateSpace Independent Publishing Platform, 2012: 244 - 245.

[50] Defense Acquisition University. Defense acquisition guidebook [M]. CreateSpace Independent Publishing Platform, 2012: 250 - 251.

[51] Defense Acquisition University. Defense acquisition guidebook [M]. CreateSpace Independent Publishing Platform, 2012: 260.

[52] 国防科学技术工业委员会 . GJB 3273—98 研制阶段技术审查 [S], 1998: 21 - 23.

[53] Defense Acquisition University. Defense acquisition guidebook [M]. CreateSpace Independent Publishing Platform, 2012: 261 - 263.

[54] Defense Acquisition University. Defense acquisition guidebook [M]. CreateSpace Independent Publishing Platform, 2012: 264 - 265.

[55] 国防科学技术工业委员会 . GJB 3206—98 技术状态管理 [S], 1998: 10 - 11.

[56] 中国人民解放军总装备部 . GJB 3206A—2010 技术状态管理 [S], 2010: 23.

[57] Defense Acquisition University. Defense acquisition guidebook [M]. CreateSpace Independent Publishing Platform, 2012: 266.

[58] 国防科学技术工业委员会 . GJB 3206—98 技术状态管理 [S], 1998: 11 - 12.

[59] 中国人民解放军总装备部 . GJB 3206A—2010 技术状态管理 [S], 2010: 24.

[60] Defense Acquisition University. Defense acquisition guidebook [M]. CreateSpace Independent Publishing Platform, 2012: 274 - 275.

[61] 国防科学技术工业委员会 . GJB 3273—98 研制阶段技术审查 [S], 1998: 30 - 31.

[62] Defense Acquisition University. Defense acquisition guidebook [M]. CreateSpace Independent Publishing Platform, 2012: 268 - 269.

[63] Defense Acquisition University. Defense acquisition guidebook [M]. CreateSpace Independent Publishing Platform, 2012: 274.

[64] Department of Defense. Defense acquisition guidebook [M] . CreateSpace Independent Publishing Platform，2013：296 - 299.

[65] Department of Defense. MIL - HDBK - 61A (SE) Configuration management guidance [S]，2001：172 - 173.

[66] Department of Defense. Defense acquisition guidebook [M] . CreateSpace Independent Publishing Platform，2012：203 - 206.

[67] Department of Defense Systems Management College. Systems engineering fundamentals [M] . CreateSpace Independent Publishing Platform，2001：168.

[68] 薛成位．弹道导弹工程 [M]．北京：中国宇航出版社，2002：145.

[69] Department of Defense. MIL - HDBK - 61A Configuration management guidance [S]，2001：110 - 111.

[70] European Cooperation for Space Standardization. ECSS - E - 10A Space engineering [S]，1996：39 - 42.

[71] Department of Defense. MIL - HDBK - 61A Configuration management guidance [S]，2001：111.

[72] 国防科学技术工业委员．GJB 2737—96 武器装备系统接口控制要求 [S]，1997：2.

[73] Department of Defense. Defense acquisition guidebook [M] . CreateSpace Independent Publishing Platform，2013：301 - 302.

[74] Department of Defense. Technology readiness assessment deskbook [M]. CreateSpace Independent Publishing Platform，2009：1 - 3～1 - 4.

[75] Department of Defense. Defense acquisition guidebook [M] . CreateSpace Independent Publishing Platform，2006：482.

[76] Department of Defense. Technology readiness assessment deskbook [M]. CreateSpace Independent Publishing Platform，2005：1 - 2.

[77] Defense Acquisition University. Defense acquisition guidebook [M]. CreateSpace Independent Publishing Platform，2006：482 - 483.

[78] Department of Defense. Technology readiness assessment deskbook [M]. CreateSpace Independent Publishing Platform，2009：c - 6～c7.

[79] Department of Defense. Technology readiness assessment guidance [M]，2011：9 - 12.

[80] Defense Acquisition University. Defense acquisition guidebook [M]. CreateSpace Independent Publishing Platform，2011：249，263.

[81] OSD Manufacturing Technology Program. Manufacturing readiness level deskbook [M]，2011：A4.

[82] OSD Manufacturing Technology Program. Manufacturing readiness level deskbook [M]，2011：2-1～2-8.

[83] OSD Manufacturing Technology Program. Manufacturing readiness level deskbook [M]，2011：4-1～4-11.

[84] 黄瑞松，刘庆楣．飞航导弹工程 [M]．北京：中国宇航出版社，2004：13.

[85] 曾庆来．航天型号研制管理工作手册 [M]．北京：宇航出版社，1996：95.

[86] 金其明．防空导弹工程 [M]．北京：中国宇航出版社，2004：504.

[87] 金其明．防空导弹工程 [M]．北京：中国宇航出版社，2004：195.

[88] 朱文冰．航天产品电子元器件的可靠性控制 [J]．电子工程师，2006：11.

[89] 曾庆来．航天型号研制管理工作手册 [M]．北京：宇航出版社，1996：23.

[90] 薛成位．弹道导弹工程 [M]．北京：中国宇航出版社，2002：280.

[91] 曾庆来．航天型号研制管理工作手册 [M]．北京：宇航出版社，1996：23.

[92] 薛成位．弹道导弹工程 [M]．北京：中国宇航出版社，2002：280.

[93] 李成智．中国航天技术发展史稿 [M]．沈阳：辽宁教育出版社，2006：881.

[94] 于景元．系统工程的发展与应用 [J]．工程研究，2009，1 (1)：32.

[95] 国务院，中央军委．武器装备研制设计师系统和行政指挥系统工作条例 [S]，1984.

[96] 中华人民共和国国史学会两弹一星历史研究分会．“两弹一星”工程的成功经验与启示 [J]．当代中国史研究，2013，20 (5)：41-49.

[97] DoDD 5000.1 Major system acquisitions [S]，1977：4.

[98] DoDD 5000.1 Major and non-major defense acquisition programs [S]，1987：3.

[99] DoDI 5000. 2 - R Mandatory procedures for major defense acquisition programs (MDAPs) and major automated information system (MAIS) acquisition programs [S], 1996: 4 - 6.

[100] DoDI 5000. 2 Operation of the defense acquisition system [S], 2003: 4 - 16.

[101] LARSON J L, PELLETIERE G A. Earth data and new weapons [M]. National Defense University, 1989: 35.

[102] DoDI 5000. 02 Operation of the defense acquisition system [S], 2008: 15.

[103] Defense Acquisition University. Test and evaluation management guide [M] . Defense Systems Management College, 2005: 14 - 2.

[104] DoDI 5000. 02 Operation of the defense acquisition system [S], 2008: 14 - 29.

[105] 陈国社，马亚平．武器装备体系作战需求分析框架研究 [J]．计算机仿真，2009：6.

[106] 张怀天，李承延．联合能力集成与开发制度发展历程研究与分析 [J]．硅谷，2010 (16)：77.

[107] Defense Acquisition University. Defense acquisition guidebook [M]. CreateSpace Independent Publishing Platform, 2012: 222 - 284.

[108] United States Government Accountability Office. Assessments of selected weapon programs [M] . Progressive Management, 2011: 83 - 84.

[109] United States Government Accountability Office. Assessments of selected weapon programs [M] . Progressive Management, 2011: 65 - 66.

[110] GAO - 15 - 342SP Assessments of major weapon programs [S]: 127 - 128.

[111] GAO - 15 - 342SP Assessments of major weapon programs [S]: 91 - 92.

[112] GAO - 15 - 342SP Assessments of major weapon programs [S]: 97 - 98.